汪祥胜 著

从灵魂到身体
——宪法学古今之变

知识产权出版社
全国百佳图书出版单位
—北京—

图书在版编目（CIP）数据

从灵魂到身体：宪法学古今之变/汪祥胜著 . —北京：知识产权出版社，2022.3
（黑骏马法律学术文丛/马长山主编）
ISBN 978-7-5130-7920-4

Ⅰ.①从… Ⅱ.①汪… Ⅲ.①宪法学—研究 Ⅳ.①D911

中国版本图书馆 CIP 数据核字（2021）第 243370 号

责任编辑：庞从容　　　　　　　　　　责任校对：王　岩
执行编辑：赵利肖　　　　　　　　　　责任印制：刘译文

从灵魂到身体——宪法学古今之变
汪祥胜　著

出版发行：知识产权出版社 有限责任公司	网　　址：http://www.ipph.cn
社　　址：北京市海淀区气象路50号院	邮　　编：100081
责编电话：010-82000860 转 8726	责编邮箱：pangcongrong@163.com
发行电话：010-82000860 转 8101/8102	发行传真：010-82000893/82005070/82000270
印　　刷：三河市国英印务有限公司	经　　销：新华书店、各大网上书店及相关专业书店
开　　本：710mm×1000mm　1/16	印　　张：15
版　　次：2022 年 3 月第 1 版	印　　次：2022 年 3 月第 1 次印刷
字　　数：246 千字	定　　价：88.00 元
ISBN 978-7-5130-7920-4	

出版权专有　侵权必究
如有印装质量问题，本社负责调换。

本书由教育部人文社会科学研究青年基金项目
"身体宪法学研究"(14YJC820047)资助出版

总序

法之界，思无疆

  修身养性、吟诗作赋、四海远游、把酒临风，常常是对古代文人的生动写照。时至今日，这依然是诸多学者的一种生活理想。在分工日益精细的当代社会，学者日渐脱离了文人生活的浪漫传统，变成了一个从事知识生产和传播的职业。也即学者只是一份谋生的工作，一种教书育人的职业选择；但这又是一份高尚的职业，难免代表着一种家国情怀，一份社会良心。因此，虽然不会有高官厚禄，也不能带来万贯家财，但还能够吸引很多人踏上学术之路，去闯荡"学术江湖"。

  "学术江湖"自有它的"行规"。就其理想状态而言，一是自由性，学者可以凭自己的兴趣和判断来决定研究什么、发现什么问题、提出什么样的理论观点。二是独立性，学术研究并不受前见影响、不受立场约束，而是秉持客观、中立的独立风格。三是创新性，学术研究的成果不能是既有研究的重述或者阐释，而必须是创新的。也即要么是前人从未涉及的拓荒性研究，要么是站在"巨人肩膀"上向前推进的超越性研究。四是反思性，学术研究既有证成性的，也有反思性的，但其底色还是反思性的，是通过批判反思来构建更加理想的生活图景。五是责任性，纯粹的为研究而研究并不是没有，但带着一种情怀的研究才是主流，其实是通过知识生产和理论学说来参与国家和社会的建设过程，这也是社会分工赋予学者的一份职责。有了这份情怀，才能去寻真知讲实话，表达社会良心，促进社会进步。事实表明，从古到今，也正是学术自由才为人类创造并汇聚了一片璀璨的思想星海，推动着人类文明的不断变革发展。可以说，学术自由和创新是学术研究的本性，也是"学术江湖"的底线。

  然而，学术研究在不同时代所面临的环境和条件，则是大不相同的。

每遇兴盛繁荣或者社会变革时期，都会引发巨大的思想解放和社会创新，农业革命、工业革命如此，信息革命也如此。在德国哲学家雅斯贝斯眼中，人类历史在公元前500年前后，经历了一次理性的觉醒，从此之后，每经历一次这样的理性洗礼，都会形成一次文明的飞跃，并且影响至今，从而构成了人类历史发展的"轴心期"，中国、西方和印度等地区的文化突破也正是在这个"轴心时代"同时出现，"普世价值"便寓于其中。如今，随着信息技术革命的飞跃发展，人类社会已经迈进了网络化、数字化、智能化的数字时代，这似乎形成了一种可以与人类理性觉醒相类似的"历史界限"——从"物理时代"转向"数字时代"，人类文明实现了新的突破。这个数字化的新"轴心"，并不一定会孕育出更多的"普世价值"，但却能够实现人类文明的重大转型和颠覆性重塑，进而生成了空前的巨大创新空间。数字经济、数字社会、数字中国、数字法治……这些无疑为学术自由和创新提供了广阔的"飞地"，"法之界，思无疆"也便成为法学繁荣的时代号角。

正是基于这样的学术期待，"黑骏马法律学术文丛"面世了。她作为知识产权出版社出版的开放性法学随笔"黑骏马法学漫丛"的姊妹系列，是在庞从容编辑的组织策划下，以扶植新秀、鼓励创新、繁荣学术为宗旨：在选题上，侧重具有基石性的重大问题、新兴领域的重点问题；在作者上，关注中青年骨干学者和优秀博士、博士后；在学科上，鼓励多学科的交叉融合研究，力图让本丛书成为法学天地中一道独特的风景线，以期为新时代的法学研究做出些许贡献。

2021年2月22日于上海

序

宪法学溯源

这是一部宪法学术史的作品。对于中国而言，宪法本是舶来品，宪法思想史的研究自然也是后起的。1905 年，清政府成立考察政治馆，开始翻译引进宪法文本及宪法学著作。民国伊始宪法成"名器"，掌权者频繁立宪、修宪，宪法学竟成显学。可惜的是，1949 年以后文脉、法脉咸新，炉灶另起，改宗斯大林宪法及维辛斯基法思想，宪法就此失范，宪法研究成了政治批判的工具。改革开放迎来宪法学研究的复苏，可是正所谓积重难返，真正基于思想史脉络的宪法学术史著作少之又少，这给宪法思想史的研究增添了难度。说心里话，作者当年选中这个题目时，作为导师的我也是心存忐忑。但是结果证明我的担忧是多余的，祥胜君孜孜矻矻，积十年之功终成精品。

作者采用的是史学与语义学相结合的方法，通过解读历史经典来梳理其中的宪法思想变迁，他选中的是两位声名显赫的思想大家：柏拉图和霍布斯。把两个相隔 2000 余年的人物放在一起进行研勘，最终得出一个核心命题：宪法思想的发展是一个从灵魂宪法到身体宪法的过程。

对灵魂宪法学——当然也是宪法学的开山祖柏拉图，国人并不陌生。有人研究，早在明万历年间其声名已远播华夏，1905 年前后国人已知柏拉图全部三十五篇对话的篇名，国学大师王国维先生还曾译过《理想国》的片段，1920 年有全译本的《理想国》问世。即便是在视洋如寇仇的二十世纪五六十年代，也还是有柏拉图著作的中文译本面世，这大概是得益于柏氏之共产主义思想吧！《理想国》大概算得上是人类思想史上第一本个人专著（他的老师与孔子一样述而不作），对人类思想的影响巨大，有人甚至放言：柏拉图就是哲学，哲学就是柏拉图。此言虽有夸张之嫌，不过若就政治法律研究而言，《理想国》的开山地位无人能撼。

同中国自古以来"货与帝王家"的"统治型"学术不同，《理想国》堪称是一本公民讨论公共事务的现场"素描"，是一次标准的公共理性商谈。想想看，三五好友在一起看完戏以后，到某人家里坐下来，边喝老酒边海阔天空地大侃：有没有正义？什么是正义？有没有城邦的正义？法律是强者的还是弱者的？公有制还是私有制符合正义？消灭家庭？共产共妻？教育？……这在古希腊是日常生活的一部分，但是在国人眼里，扯这些不能吃、不能穿的玩意儿，准是一群疯子。不过谁知这一扯就是两千多年！且正未有穷期。正是这种独立的、"无用的"学术传统为思想的缜密与进步插上了翅膀，推进了人类制度走向文明与精美。这种做学问的方法——概念逻辑是柏拉图的老师苏格拉底开创的，是当下盛行的语言分析法的先祖。正是概念逻辑的公共性，使公共论辩成为可能，也促成了知识增量与思想的体系化。

之所以称柏拉图的宪法学为"灵魂宪法学"，是因为柏拉图宪法学的基本出发点是灵魂。这个理论基于一个基本假设和一个类比：假设人的本性是灵魂，灵魂是人的宪法，再将城邦与人作类比。结论是城邦同样也是有灵魂的，这个灵魂就是城邦宪法，它是统治者的灵魂宪法的体现。

柏拉图认为灵魂由理性、激情与欲望三部分构成，不同人的灵魂中这三种要素所处的地位不同，形成了不同的"灵魂宪法"。哲人的灵魂宪法中理性占统治地位，爱荣誉者的灵魂宪法中激情占统治地位，富人的灵魂宪法中必要的欲望占统治地位，民主人的灵魂宪法中必要的欲望和非必要的欲望同时占统治地位，专制人的灵魂宪法中非法的欲望占统治地位。灵魂宪法决定了一个人的生活方式，当它处于最正义状态时，这个人就是最幸福和最自由的人，也是过上美好生活方式的人。但是并不是所有的人都这样幸运，只有哲人的灵魂中理性才能处于控制激情与欲望的状态，哲人的灵魂宪法因而是最本质的灵魂宪法，或最好的灵魂宪法。

城邦宪法取决于它的统治者不同的灵魂宪法。上述五种不同的人所具备的不同的灵魂宪法决定了他们统治下的城邦的不同宪法，这样的宪法追求的目的各不相同。哲人王制由哲人占统治地位，这样的城邦追求智慧；荣誉制由爱荣誉者占统治地位，这样的城邦追求荣誉；寡头制由富人占统治地位，这样的城邦追求财富；民主制由民主人（爱自由的人）占统治地位，这样的城邦追求民主与自由；僭主制由专制人占统治地位，这样的城邦追求感官快乐。如何方能在人的灵魂中建立哲人的灵魂宪法？它有赖于对身体的遗忘。身体是性别、欲望、隐私、属己和苦乐感觉的根源，对身体的宪法保护必然涉及两性区分、自我保存、性的规范、私有财产和家庭。基于身体的宪法妨碍了灵魂的完善,因此,身体及其延伸物在哲人王制中统统遭到遗忘——男女裸体参加训练、妻儿共有和财产共有。

柏拉图理想的城邦宪法是哲人王制宪法。哲人王制是可欲的,因为它与对人性(灵魂)的完美要求相一致。但是现实中的城邦宪法却是不断变化或堕落的,哲人王制宪法→荣誉制宪法→寡头制宪法→民主制宪法→僭主制宪法构成了从高到低的等级序列。城邦宪法从高级向低级的下滑与统治者的灵魂宪法中低的德性取代高的德性占统治地位相关。因此,"城邦的首要立宪行动就是在灵魂中建立宪法,即在灵魂中建立理性联合激情统治欲望的和谐秩序。灵魂中的立宪只能通过教育来完成,换言之,教育就是在灵魂中立法。在这个意义上,宪法的制定者与其说是'立法者',不如说是'教育者'"[1]。灵魂宪法的难题是,天下的人就像那个古格斯魔戒故事里的主人公一样,只要没有人看着,他们就会犯罪。[2]最后柏拉图的解决方案归于宗教,借助于末日审判来恫吓统治者。

灵魂宪法学的无解之处就是身体宪法学的立论之地。身体宪法学在霍布斯的《利维坦》中得到了清晰的呈现,因为这一学说的人性论、认识论、方法论、道德论、本体论和目的论都立基于身体,故而名之。

虽然与灵魂宪法学一样,身体宪法学也是从人出发,但其所关注的"人"却与前者迥异。霍布斯断然否定灵魂的存在,给灵魂以物质主义的解释。"'灵魂'只不过是人的心灵的另一个名称,它是由物质构成的,从内部受到只不过是基本情欲的驱使,这些情欲即嗜好和嫌恶。"[3] 对于霍

---

[1] 汪祥胜:《从灵魂到身体——宪法学古今之变》,本文没有特别标注的引文,均引自该著作,特此说明。
[2] 这是格劳孔讲的一个故事。一天,在暴风雨和地震过后,大地裂开了一道深渊。吕底亚人古格斯于是下去看看。他发现了许多新奇玩意儿,特别是有一匹铜马,马身上有一小窗户,里边躺着一具大号的尸体,手上戴着一只金戒指,他拿下金戒指就出来了。一次,他戴着金戒指去开会时无意中发现,当他将戒指上的宝石朝向自己的时候,别人就看不见他,朝外一转,别人就又看见他了。他就利用这个戒指的魔力想方设法当上了国王的使臣。到了国王身边,进一步利用魔戒勾引王后,共谋杀死国王,夺取了王位。最后格劳孔的结论是,没有一个人把正义当作对自己的好事心甘情愿地去做,"一个人只要能干坏事,他总会去干的"。"谁有了权而不为非作歹,不夺人钱财,那他就要被人当成天下第一号的傻瓜。"[古希腊]柏拉图:《理想国》,郭斌和、张竹明译,商务印书馆1995年版,第47页以下。
[3] [美]马克·里拉:《夭折的上帝:宗教、政治与现代西方》,萧易译,新星出版社2010年版,第47页。

布斯来说，人就是血肉之躯。在研究理路上，身体宪法学遵循的是近代自然科学的分析方法，先把宪法这一整体分解成不能再分解的构成要素，然后把这些要素重新组装起来，成为这些要素的综合体。经过这一番操作，霍布斯发现宪法的基本构成要素是身体中的意志，意志的本质是一种欲望，而欲望是激情的一部分，是在诸多欲望中经权衡后最终被采纳的那一种。在这种近乎"弯弯绕"的表述中，从激情中产生的欲望颇似当代哲学中的"二阶意志"。那么，在数不清的激情中，最强烈的激情——欲望是什么？是怕死！身体由各种激情所驱动，其中最强烈的激情是对暴死于他人之手的恐惧。"身体的恐惧唤醒了身体的自我保存的欲望，基于这种欲望产生了身体的自我保存权，后者是身体宪法学的道德基础。"

当处于自然状态下的人（自然人格）通过契约将自我保存意志统一为一个公共人格之时，国家就产生了。承当这一公共人格的人称为主权者。契约是"原初宪法"或"元宪法"，这是因为它已具备了现代宪法的一些基本要素：契约的本性是意志；契约的内容是主权者和臣民之间以"保护与服从"为主旨的权利-义务关系。这是一个奇妙的转换，把人人皆有的"怕死"或生存欲望变成了契约的基础，而生存权成为宪法的原初目的，不能不说这是一项伟大的创造。

洛克把霍布斯开创的身体宪法学进一步向前推进。"在洛克那里，身体的自我保存权不仅来源于身体的自我保存的欲望，而且源自身体的自我所有权。因此，身体的自我保存权不仅看作是自然权利，而且被看作是财产权；它除满足于单纯的身体的自我保存外，还满足于身体的舒适的自我保存。"于是在建国的原初契约中，公民的生命权、自由权和财产权（狭义）都是作为财产权（广义）来保护的，这是洛克哲学中最核心的也是最具特色的部分。洛克将财产权保护的意义提高到无以复加的地步，人们联合成为国家和置身于政府之下的主要目的是保护身体之自我保存的权利，即财产权。为了这一目的的实现，人民将共同体的权力转变为立法权，因此，关于立法权的宪法是社会的首要和基本的行为。但是财产权被侵犯的危险无处不在，它不仅来自退回自然状态中的自然权力，更来自政府权力。为此，政府权力需要分立为立法权和行政权（包括对外权），其中立法处于最高地位，行政权从属于立法权。这一点对于人的自由与解放是至关重要的，诚如马克思在批驳"自由的国家"的理论时所说："自由就在于把国家由一个站在社会之上的机关变成完全服从这个社会的机关；而且就在今天，各种国家形式比较自由或比较不自由，也取决于这些国家形式把'国家的自由'限制到什么程度。"[1]

说到这里，我们可以把灵魂宪法学与身体宪法学作一个比较了。

从哲学方法上来说，灵魂宪法学的立足点在"天上"——超验的灵魂，而身体宪法学之根却在"地上"——经验中的人，食色之人。这里一个根本性的转换是对"欲望"的伦理评价。在灵魂宪法学中，欲望与激情虽不是完全负面的，但却是应当受到理性控制的，而常人控制不了，因此就需要按照哲人的灵魂宪法来控制人。这内中就隐含了灵魂宪法的目的是改造人，造就完美的人。身体宪法学将这一切掉转过来，欲望与激情是身体的表现，是人格的基础，正是在不同欲望的比较中产生的"二阶欲望"——意志，它是宪法的基础，就此欲望获得正名，再进一步，欲望转化成公民社会的权利，保障欲望的实现成为宪法的目的。

从对人性平等与否的预设来看，两者也是不同的，灵魂宪法学预设人性的不平等，身体宪法学预设人性的平等。柏拉图认为不同的人其组成"质料"不同，其人性也不同，且是不能改变的，有如今人所说的颜色"基因"，是爹妈给的。他说人有金子做的人、有银子做的人、有铜铁做的人，金子做的人是统治者，银子做的人做军人，铜铁做的人只能做工务农，养活前两个等级的人。不同人性的人各得其所、各安其位就是正义。这同中国的"性三品"说如出一辙。毫无疑问，此种人性预设下的宪法其原则是人的不平等。身体宪法学则与此相反，它的人性预设是平等的，大家彼此彼此，都是凡人，因此大家可以签约。既然契约是大家以平等的身份签订的，法律面前人人平等就顺理成章，特权就违背原初宪法。在一个贫富、智愚、良恶不等的社会中提出人人平等，这是一个伟大的创造，是人在规范上的解放。

人性平等与否的不同预设，直接回答了一个重要的宪法学问题：谁是立法者？灵魂宪法学中不同的人其"灵魂宪法"是高下不等的，只有哲人的"灵魂宪法"才配成为城邦的"灵魂宪法"，其结论当然是只能由哲人来立法。身体宪法学的预设就已经隐含了立法者的预设：每个人都是原始契约的签约者，他们自然也是平等的立宪者。现代宪法根据自然人签订的契约制定，而非像古典宪法一样从灵魂宪法中寻找；现代宪法是身体意志制定出来

---

[1] [德] 马克思：《哥达纲领批判》，载《马克思恩格斯全集》（第19卷），人民出版社1965年版，第30页。

的，而非通过灵魂理性从自然中发现出来的。这是现代人民主权的最初表达。

从立宪权的不同归属可以推导出政治体的最高政治原则：人治或法治。依据灵魂宪法学，哲人是城邦的立宪者，自然，哲人的灵魂就具有宪法"仓库"的性质，哲人的话就具有高于宪法的效力，即哲人超越法律，哲人至上是最高政治原则，结论是人治。事实上，柏拉图就明确地说过，哲人的话高于宪法。身体宪法学就很简单：既然人人都是立法者，这个社会的最高政治原则就只能是法律至上，没有任何人可以超越法律，因为那样就有违人人平等的原初宪法原则。不同的立宪者还决定了宪法不同的目的：灵魂宪法是（哲人）依照自己的灵魂（理性）改造人（民）的宪法，而身体宪法则是人民为自身的物质利益而治权的宪法。

宪法目的的不同同样决定了两者对于经济制度的不同预期。灵魂宪法的目的既然在于改造人，而改造的对象正是人的物欲，那么，使民"无物"就是人性改造的釜底抽薪之举，它对社会制度的选择必定是使民身无长物的公有社会。相反，身体宪法学的根基就是人的欲望，为了保护财产人们才签订契约，它从头到尾充斥了对权力的不信任，因此，它的理想社会必定是个人所有制的社会。与此息息相关的是，灵魂宪法追求的是城邦的整体利益，而身体宪法追求的是个人利益。

上面说的都是灵魂宪法学的不是，那么，一向喜欢论辩的希腊人难道就没有人出来反对吗？有的，声称吾爱吾师、吾更爱真理的亚里士多德在《政治学》里就对此进行了抨击，提出了建立在财产个人所有基础之上、贯彻良法之治的宪法主张，愚以为此可以看作是身体宪法学的源头。当然，灵魂宪法学并非完全的无稽之谈，它的最大贡献是开创了宪法追求正义的先河，提出了改造社会的任务，它激发了无数代理想主义者的热忱，刺激出无数的乌托邦理想与实践。

是为序。

2020 年 4 月 26 日于苏州·高尔夫花园寓所

Contents 目录

导　论 —— 001
　　一、研究的缘起和方法 —— 001
　　二、研究现状 —— 004
　　三、研究的思路和结构 —— 009

上篇　古典灵魂宪法学

第一章　人性论、认识论和方法论 —— 015
　　第一节　人性论 —— 015
　　第二节　认识论 —— 019
　　　　一、基础：灵魂的理性 —— 019
　　　　二、范围：整全知识 —— 023
　　第三节　方法论 —— 024

第二章　道德基础 —— 028
　　第一节　关于正义的意见 —— 028
　　　　一、正义是法律 —— 029
　　　　二、正义是助友损敌 —— 032
　　　　三、正义是统治者的利益 —— 034
　　　　四、正义是契约 —— 038

第二节　灵魂的正义 —— 040
　　一、城邦与灵魂的构成 —— 040
　　二、从城邦的正义到灵魂的正义 —— 046

第三章　从灵魂宪法到城邦宪法 —— 051
第一节　从完美的灵魂宪法到完美的城邦宪法 —— 053
　　一、善的理念与宇宙秩序 —— 053
　　二、哲人的灵魂宪法 —— 058
　　三、哲人王制城邦宪法 —— 063
第二节　从不完美的灵魂宪法到不完美的城邦宪法 —— 073
　　一、从爱荣誉者的灵魂宪法到荣誉制城邦宪法 —— 074
　　二、从寡头者的灵魂宪法到寡头制城邦宪法 —— 075
　　三、从民主者的灵魂宪法到民主制城邦宪法 —— 077
　　四、从僭主的灵魂宪法到僭主制城邦宪法 —— 078

第四章　灵魂德性的教育 —— 082
第一节　辅助者的教育 —— 083
　　一、音乐教育 —— 083
　　二、体育教育 —— 087
第二节　统治者的教育 —— 088
　　一、哲学教育 —— 089
　　二、哲学教育与诗学教育之争 —— 093

下篇　现代身体宪法学

第五章　人性论、认识论与方法论 —— 099
第一节　人性论 —— 099
第二节　认识论 —— 103
　　一、基础：身体的感觉 —— 103
　　二、范围：原因知识 —— 106
第三节　方法论 —— 108
　　一、通过词语进行推理 —— 108
　　二、分析-综合的方法 —— 111

第六章　道德基础 —— 117
第一节　身体的恐惧 —— 118
第二节　身体的自我保存权 —— 129

第七章　从意志到宪法 —— 140
第一节　从意志到契约 —— 140
一、意志 —— 140
二、契约：统一的意志 —— 141
第二节　从契约到宪法 —— 149
一、契约与主权权力 —— 149
二、契约与正义 —— 159
三、契约与宪法 —— 166

第八章　身体自由的法律保护 —— 171
第一节　自然的身体自由与法律 —— 171
一、自然的身体自由 —— 171
二、法律：人为制造的锁链 —— 175
第二节　法律下的身体自由 —— 178
一、身体外在的自由 —— 179
二、身体内在的自由 —— 186

第九章　身体宪法学的推进 —— 192
第一节　道德基础的重构 —— 193
一、身体的自我所有权 —— 193
二、作为财产权的身体的自我保存权 —— 196
第二节　政府权力的宪制化 —— 200

结　语 —— 206
参考文献 —— 210
后　记 —— 220

导 论

一、研究的缘起和方法

对于中国而言，宪法是清末西学东渐的舶来品。据考证，"郑观应1882年在近代中国首次使用宪法语词"。[1] 中国近代知识分子学习西方宪法是当时内忧外患的情势逼迫而引发的。正如梁启超所说：

> 法者，天下之公器也。变者，天下之公理也。大地既通，万国蒸蒸，日趋于上，大势相迫，非可遏制。变亦变，不变亦变。变之变者，变之权操诸己，可以保国，可以保种，可以保教。不变而变者，变之权让诸人，束缚之，驰骤之，呜呼，则非吾之所敢言矣！[2]

继西方器物之后，西方宪法作为救国图存的工具进入了近代知识分子的视野。他们学习西方宪法是基于以下认知：西方的富强与宪法有着因果关系，即宪法是因，富强是果。宪法与富强这种因果关系用传统儒家"道器""体用"论来表述就是，"富强是道，宪法是器"，"富强为体，宪法为用"。王人博指出，"富强为体，宪法为用"是中国近代以来影响最大、最深的一个宪法认知范式，对西方宪法的研究变成在宪法与富强之间探询因果关系的实用性思考。[3] "富强为体，宪法为用"的宪法认知范式的实质是工具主义宪法学，它忽视了宪法的人性基础，从而偏离了宪法的本性（nature）。休谟（David Hume）曾言："一切科学对于人性或多或少有些关系，任何学科不论似乎与人性离得多远，它们总会通过这样那样的途径回到人性。"[4] 对宪法学而言，回到人性也就意味着回到宪法的本性。正如

---

[1] 周威：《郑观应首次使用宪法语词考》，载《上海政法学院学报（法治论丛）》2017年第3期，第65页。
[2] 梁启超：《论不变法之害》，载《梁启超全集》（第一卷），北京出版社1999年版，第14页。
[3] 参见王人博：《宪政的中国之道》，山东人民出版社2003年版，第5—17页。
[4] [英]休谟：《人性论》（上册），关文运译，商务印书馆1980年版，第6页。

西塞罗（Marcus Tullius Cicero）指出："我们需要解释法的本质问题，而这需要到人的本性中去寻找。"[1]

中国共产党十六届三中全会通过的《中共中央关于完善社会主义市场经济体制若干问题的决定》提出："坚持以人为本，树立全面、协调、持续的发展观，促进经济社会和人的全面发展。"正是在这次会议上通过《中共中央关于修改宪法部分内容的建议》，经十届全国人大二次会议讨论修改，最后正式通过了《中华人民共和国宪法修正案》，即1982年《宪法》的第四次修改。这次修改凸显了"以人为本"的价值理性，"国家尊重和保障人权"正是这一价值理性的集中体现。通过"国家尊重和保障人权"入宪，"以人为本"在宪法上具体体现为对公民的基本权利和广大人民的根本利益的尊重和保护。习近平总书记指出：

> 我们要依法保障全体公民享有广泛的权利，保障公民的人身权、财产权、基本政治权利等各项权利不受侵犯，保证公民的经济、文化、社会等各方面权利得到落实，努力维护最广大人民根本利益，保障人民群众对美好生活的向往和追求。[2]

尊重和保障人权最终关系到宪法的有效实施，"尊重和保障人权、保证人民依法享有广泛的权利和自由，宪法才能深入人心，走入人民群众，宪法实施才能真正成为全体人民的自觉行动"[3]。

宪法上坚持"以人为本"，就是对人的本性和宪法的本性的复归。何为人的本性？古典宪法学和现代宪法学对这一根本问题的回答截然相反：前者认为是灵魂，后者认为是身体。我们把以灵魂作为根本出发点的古典宪法学称为灵魂宪法学，把以身体作为根本出发点的现代宪法学称为身体宪法学。对古典灵魂宪法学和现代身体宪法学的研究，本书都从六个方面展开：人性论、认识论、方法论、道德论、本体论和目的论。人性论探讨的是宪法赖以存在的人的本性，认识论探讨的是认识宪法的人性基础和范围，方法论探讨的是认识宪法的途径，道德论探讨的是宪法存在的道德基础，本体论探讨的是宪法的本性及其论证过程，目的论探讨的是宪法追求

---

[1] [古罗马]西塞罗：《论共和国 论法律》，王焕生译，中国政法大学出版社1997年版，第189页。
[2] 《习近平谈治国理政》，外文出版社2014年版，第141页。
[3] 《习近平谈治国理政》，外文出版社2014年版，第141页。

的目标。正是由于古典宪法学和现代宪法学在人性论上存在根本分歧,二者在宪法的认识论、方法论、道德论、本体论(宪法的本性)和目的论上都存在根本差异。古典灵魂宪法学与现代身体宪法学谁更能反映宪法的本性?二者究竟孰优孰劣?我们唯有把二者在上述各方面进行全面对比之后,才能作出有力的回答。

在宪法学成为一门独立的学科之前,关于宪法的讨论和思考存在于"政治学"或"政治哲学"之中。《理想国》这部"柏拉图最伟大的政治哲学著作,或者说古今最伟大的政治哲学著作"[1],其标题就是宪法(politeia,又译为"政体")。亚里士多德的《政治学》第二至六卷论述的都是宪法或政体。政治学或政治哲学囊括了宪法学(以及其他法学学科)、伦理学等人文学科,这种传统从古代的柏拉图、亚里士多德、西塞罗、阿奎那、奥古斯丁一直延续到现代的霍布斯、洛克、斯宾诺莎、维科、孟德斯鸠、库朗热。继奥斯汀把法理学作为一个独立的学科之后,戴雪切断了宪法与其他学科之间的联系,使宪法学无论从研究对象还是研究方法上都成为一门独立的、自治的学科。詹宁斯由此称戴雪是"将法学方法适用于英国公法的第一人"[2]。他在1885年出版的《宪法法律研究导论》(雷宾南把该书译为《英宪精义》)的开篇中,就强调宪法学者既要区别于以布莱克斯为代表的研究古代宪法的法学大师,还应区别于史学家和政治学家(事实上,戴雪整本书都是围绕这一问题展开的),并认为如果对他们的著作加以仔细审察,法律人会发现"那个称为'宪法'的领地整个是一个迷宫,涉入其中的漫游者会困惑于其中的非现实性、好古癖和墨守成规倾向"[3]。这种专业化的分工在施特劳斯(Leo Strauss)看来本身就是现代性危机的一部分,因为这种专业化只不过大批量地造就了尼采所谓的"我们学者"[4]。当宪法学自愿弃绝了与政治学的联系,独居一隅后,宪法学

---

[1] 成官泯:《试论柏拉图〈理想国〉的开篇——兼论政治哲学研究中的译注疏》,载《世界哲学》2008年第4期,第86页。

[2] 转引自[英]马丁·洛克林:《公法与政治理论》,郑戈译,商务印书馆2002年版,第197页。

[3] [英]戴雪:《英宪精义》,雷宾南译,中国法制出版社2001年版,第89页。本文采用的是郑戈的译文。[英]马丁·洛克林:《公法与政治理论》,郑戈译,商务印书馆2002年版,第23页。

[4] 转引自甘阳:《政治哲人施特劳斯:古典保守主义政治哲学的复兴》,载[美]列奥·施特劳斯:《自然权利与历史》,彭刚译,生活·读书·新知三联书店2003年版,第27页。

界再也没有出现像《理想国》和《利维坦》这样气势恢宏、自成一体的伟大作品,对传统的维系更多地散落在政治学、哲学、历史学乃至神学之中,而很少出现在宪法学之中。

古典灵魂宪法学和现代身体宪法学分别在柏拉图的《理想国》和霍布斯的《利维坦》中得到了充分的体现。细读这两部伟大的作品是进入古典灵魂宪法学和现代身体宪法学的便捷门径。除了倚重这两本著作之外,本书还借助了两位作者的以下著作:柏拉图的《苏格拉底的申辩》《游叙弗伦》《斐多》《吕西斯》《克拉梯楼斯篇》《阿尔喀比亚德》《蒂迈欧篇》《法义》;霍布斯的《法律要义:自然法与民约法》《论公民》《论物体》《哲学家与英格兰法律家的对话》。洛克对霍布斯创立的现代身体宪法学进行了重大推进,对他的身体宪法学的研究主要围绕《人类理解论》和《政府论》展开,除此之外还包括他的《论宗教宽容:致友人的一封信》和《教育漫话》。

除了细读经典文本,本书采用的另一研究方法是古今对比,即古典灵魂宪法学和现代身体宪法学之间的对比。古典灵魂宪法学和现代身体宪法学的对比主要是从人性论、认识论、方法论、道德论、本体论和目的论六个方面展开,二者的对比既体现在柏拉图的灵魂宪法学与霍布斯的身体宪法学之间,也体现在柏拉图的灵魂宪法学和洛克的身体宪法学之间。只有将古典灵魂宪法学与现代身体宪法学作直接的对比,细心倾听各自代表性人物在核心问题上的争执,我们才能发现两种宪法学各自的优劣,才能对我们应该选择什么样的宪法学作出有根据的判断。

二、研究现状

从纯粹法学视角对灵魂宪法学或身体宪法学进行研究的著作寥若晨星,对它们的研究更多散见于其他领域(尤其是政治哲学)的研究之中。在这里,主要就柏拉图、霍布斯和洛克的著作(尤其是《理想国》《利维坦》《政府论》)的研究中涉及灵魂宪法学或身体宪法学内容的几种代表性观点作一个简述。

(一)国外研究

施特劳斯是柏拉图、霍布斯和洛克的卓越读者,他在三人的政治哲学著作中敏锐地发现了政治和法律(包括宪法)的道德基础的古今变化。施特劳斯在他的早期著作——《霍布斯的政治哲学：基础与起源》（1936年出版）——中认为，霍布斯把现代政治和法律的道德基础建立在自然权利而不是自然法之上，从而与古典学说彻底决裂。[1] 施特劳斯在他的中期著作——《自然权利与历史》（1953年出版）——中认为，政治和法律的道德基础的古今变化鲜明地体现为"natural right"的古今变化——由古典的自然正义/正确（natural right）转变为现代的自然权利（natural rights）。[2] 古典的自然正义学说的代表人物是苏格拉底、柏拉图和亚里士多德，现代的自然权利学说的代表性人物是霍布斯和洛克。"所有现代自然权利论的导师中，最为著名和影响最大的就是约翰·洛克。"[3] 但第一个与古典自然正义相决裂的却是霍布斯，他是现代自然权利的创立者。[4] 古典的自然正义根源于"人的自然构成的等级秩序"，即灵魂的等级秩序；现代的自然权利学根源于自我保存的欲望。[5] 洛克从霍布斯创立的自我保存的自然权利中推衍出了财产的自然权利和追求幸福的权利，这使得他的自然权利学说不仅与霍布斯，而且与古典的自然正义学说区分开来。施特劳斯认为，古典的自然正义在霍布斯和洛克那里转变为自然权利，从而产生了包括宪法学在内的"现代性危机"。

沃格林（Eric Voegelin）同样从古今对比的角度对柏拉图、霍布斯和洛克的政治哲学著作作了精深的研究，相比施特劳斯侧重于政治哲学的道德基础的古今变化研究，沃格林侧重于政治哲学的人的本性的古今变化研究。沃林格认为，柏拉图、霍布斯和洛克的政治哲学体现了他们寻求秩序

---

[1] 参见［美］列奥·施特劳斯：《霍布斯的政治哲学：基础与起源》，申彤译，译林出版社2001年版，第186页。

[2] 施特劳斯在早期著作（如《霍布斯的政治哲学》）中多用"自然法"（natural law）的概念，但以后他基本把natural law保留给基督教的托马斯主义传统，而用natural right来同时指古希腊的柏拉图和亚里士多德学说和近代以来霍布斯的"天赋人权"学说。甘阳：《政治哲人施特劳斯：古典保守主义政治哲学的复兴》，载［美］列奥·施特劳斯：《自然权利与历史》，彭刚译，生活·读书·新知三联书店2003年版，第11页注25。

[3] ［美］列奥·施特劳斯：《自然权利与历史》，彭刚译，生活·读书·新知三联书店2003年版第168页。英文参见 Leo Strauss, *Natural Right and History*, Chicago: The University of Chicago Press, 1953。

[4] ［美］列奥·施特劳斯：《自然权利与历史》，彭刚译，生活·读书·新知三联书店2003年版，第185页。

[5] ［美］列奥·施特劳斯：《自然权利与历史》，彭刚译，生活·读书·新知三联书店2003年版，第128、185页。

的努力，而"在存在的所有领域中，法律都是秩序的本质"[1]。寻求秩序又与对人的本性的理解息息相关，"自从有文字记载以来，处在历史中的人就一直关注于获得对自身人性的理解，并根据所获得的洞见来塑造有秩序的生活（order his life）"[2]。在《柏拉图与亚里士多德》的第一部分用专章对《理想国》进行了重点解读。[3] 他认为，在柏拉图那里，作为城邦秩序的城邦宪法的本质特征不是来自它的模式，而是来自城邦统治者的灵魂的秩序。[4] 在《新政治科学》中，沃格林评述《理想国》时进一步指出，灵魂的真正秩序为度量和划分现实中形形色色的人之类型以及他们在其中得以表达自身的社会秩序的类型提供了标准。[5] 霍布斯在《利维坦》中基于不同的人性来寻求秩序，他"把人的本性设定为不过是激情的存在"[6]。由于霍布斯不承认灵魂的秩序本源，《利维坦》中的宪法秩序是建立在一切激情中最强烈的激情——对死亡的恐惧——之上。在沃格林看来，人的本性在洛克那里被进一步拉低，"财产"彻底取代了对灵魂的秩序和人格的关切，人竟对自己的人身享有一种所有权。沃格林非常不满地指出："政治思想史还没有哪一种对人之尊严的攻击堪比于此；洛克将人的人格当作一种资本性商品，将其归类于一种不受干扰的经济用途，而且人对这种经济用途享有自然权利。"[7] 正是从这种人的本性出发，洛克的宪法秩序才满足于对财产的保护。沃格林从人的本性的古今变化洞察出了现代政治秩序（包括宪法秩序）的危机。

---

[1] Eric Voegelin, "The Nature of the Law", in Eric Voegelin, *The Nature of the Law and Related Legal Writings*, in *The Collected Works of Eric Voegelin*, V. 27, Baton Rouge and London: Louisiana State University Press, 1991, p. 24.

[2] Eric Voegelin, "Equivalences of Experience and Symbolization in History", in Eric Voegelin, *Published Essays*, 1966-1985, in *The Collected Works of Eric Voegelin*, V. 12, Baton Rouge: Louisiana State University Press, 1990, p. 166.

[3] [美]埃里克·沃格林：《柏拉图与亚里士多德：秩序与历史》卷三，刘曙辉译，译林出版社2014年版，第96—184页。该章另一中译本收入刘小枫选编的《〈王制〉要义》之中，[德]沃格林：《〈王制〉义证》，载刘小枫选编：《〈王制〉要义》，张映伟译，华夏出版社2006年版，第164—261页。本书主要参照后一译本。

[4] 参见[德]沃格林：《〈王制〉义证》，载刘小枫选编：《〈王制〉要义》，张映伟译，华夏出版社2006年版，第210—211页。

[5] [美]埃里克·沃格林：《新政治科学》，段保良译，商务印书馆2018年版，第68页。

[6] [美]埃里克·沃格林：《新政治科学》，段保良译，商务印书馆2018年版，第189页。

[7] [美]沃格林：《政治观念史稿·卷七：新秩序和最后的定向》，李晋、马丽译，华东师范出版社2019年版，第179页。

奥克肖特（M. J. Oakeshott）在《〈利维坦〉导读》中把西方政治和法律思想总结为三种传统：第一种传统的主导概念是理性和自然，第二种传统的主导概念是意志和人造物，第三种传统的主导概念是理性意志。第一种传统的代表作是柏拉图的《理想国》，第二种传统的代表作是霍布斯的《利维坦》，第三种传统的代表作是黑格尔的《法哲学原理》。[1] 霍布斯的政治和法律思想有两个主题：意志和人造物。人被视为一个绝对意义的存在，这个意识既不受任何标准、规则或理性的制约，也不受任何计划或目的限制，霍布斯将这种义务完全缺失的状态称为自然权利。[2] 国家、主权者和宪法都是人造物，即个人绝对意志自由创造的产物。霍布斯以这种方式颠覆了政治法律思想中以柏拉图为代表的"理性-自然"传统（自然法传统），从而成为一种新的传统的开拓者。

施米特（Carl Schitt）在《霍布斯国家学说中的利维坦》中认为，霍布斯在《利维坦》中对于奇迹的问题采用的是双重态度。一方面，霍布斯将"什么是奇迹"的决定权归于作为公共理性的国家，臣民必须在身体外在言行上服从国家的决断；另一方面，个人在内心是否真的相信这一奇迹，则任由私人理性判断。施米特认为，私人理性和公共理性、内在信仰（fides）和外在认信（confessio）之间的区别，打开了通向自由法治和立宪国家的通道。[3]

剑桥学派的代表人物斯金纳（Quentin Skinner）在《霍布斯与共和主义自由》中对霍布斯的自由观与古典的共和主义自由观进行了深入的对比研究。斯金纳认为霍布斯是共和主义自由论的最可畏对手，他对它的质疑之举，构成了英语世界政治思想史上的一次划时代事件。这种质疑在《利维坦》中得到了最终、最完善的表达。古典的共和主义自由观的敏感点是："仅凭专断权力的存在，便可颠覆公民联合体内部的自由，从而使公民联合体内部的成员从自由人身份降为奴隶身份。"[4] 简言之，自由就是

---

[1] [英]奥克肖特：《〈利维坦〉导读》，应星译，载渠敬东编：《现代政治与自然》，上海人民出版社2003年版，第175—176页。

[2] [英]奥克肖特：《〈利维坦〉导读》，应星译，载渠敬东编：《现代政治与自然》，上海人民出版社2003年版，第224页。

[3] [德]卡尔·施米特：《霍布斯国家学说中的利维坦》，应星、朱雁冰译，华东师范大学出版社2008年版，第93页。

[4] [英]昆廷·斯金纳：《霍布斯与共和主义自由》，管可秾译，上海三联书店2011年版，序，第3页。

免于支配和依附。在《利维坦》中，霍布斯将自由定义为"运动之无外在障碍"。依共和主义的自由观，只有在自由国体而非君主国体之下，我们才能做自由人；依霍布斯的自由观，即使在绝对君主国体之下，我们也完整地保佑我们的自然自由。[1] 斯金纳为什么在自由问题上坚持不懈地苦斗？斯金纳认为主要是因为在英格兰内战期间，激进的会议派著作家们提出了一系列主张，而霍布斯意识到急需以和平的名义对它们进行反驳。这是剑桥学派的一贯解读方法，"哪怕最抽象的政治理论著作，也不可能超然于当时的战斗之外，相反，它们永远是战斗的组成部分"[2]。

麦克弗森（C. B. Macpherson）在《占有性个人主义的政治理论：从霍布斯到洛克》中把霍布斯和洛克的政治理论的人性基础归结为"占有性个人主义"（Possessive Individualism），这一概念认为"个人实质是自己人身或能力的所有人，为此他对社会无所亏欠"[3]。麦克弗森认为占有性个人主义在霍布斯那里"体现得最为清晰和全面"[4]。霍布斯是第一个打破自柏拉图以降从自然目的或上帝意志推导出权利和义务的做法，而从人的本性和社会本质推导出权利和义务的人。麦克弗森最后指出，现代自由主义民主理论所遭遇的困境正是根植于占有性个人主义。

（二）国内研究

在国内，林来梵在《"身体宪法学"入门随谭》一文首次提出了"身体宪法学"。该文通过日常生活的故事把平常高高在上的宪法与个人的身体密切关联起来，认为每个人身体其实都是自己国家的宪法构建的产物，从身体可解读出宪法的密码。[5] 作者最后呼吁国内学界要像重要"身体政治学"、"身体社会学"和"身体伦理学"研究的一样重视"身体宪法学"的研究。梁成意的《西方现代宪法的危机与中国宪法学的困境》中对柏拉

---

[1] [英]昆廷·斯金纳：《霍布斯与共和主义自由》，管可秾译，上海三联书店2011年版，第158页。

[2] [英]昆廷·斯金纳：《霍布斯与共和主义自由》，管可秾译，上海三联书店2011年版，第8页。

[3] [加]C. B. 麦克弗森：《占有性个人主义的政治理论：从霍布斯到洛克》，张传玺译，浙江大学出版社2018年版，第3页。

[4] [加]C. B. 麦克弗森：《占有性个人主义的政治理论：从霍布斯到洛克》，张传玺译，浙江大学出版社2018年版，第273页。

[5] 林来梵：《"身体宪法学"入门随谭》，载《浙江社会科学》2009年第1期，第120—124页。

图-亚里士多德式的古典宪法的品格与霍布斯式的现代宪法的品格进行了对比研究。[1] 王利的《国家与正义：利维坦释义》是解读《利维坦》的力作。他在书中认为，在政治上，利维坦是绝对的；在道德上，利维坦是正义，其底色就是自然权利。[2] 汪栋在《霍布斯公民科学的宪法原理》中认为，霍布斯的公民科学由自然权利和宪法两部分组成，自然权利是基础，宪法是自然权利的推论，换言之，民主政体、权力制衡、共和主义和法治等宪法理论都蕴含在自然权利之中。[3]

此外，下列论著与本书的论题有不同程度的关联。张文涛的《哲学之诗——柏拉图〈王制〉卷十义疏》，王玉峰的《城邦的正义与灵魂的正义——对柏拉图〈理想国〉的一种批判性分析》，李猛的《自然社会：自然法与现代道德世界的形成》，王军伟的《霍布斯政治思想研究》，吴增定的《利维坦的道德困境：早期现代政治哲学的问题与脉络》和《有朽者的不朽：现代政治哲学的历史意识》，孔新峰的《从自然之人到公民：霍布斯政治思想新诠》，洪琼的《激情与政治：霍布斯政治哲学新释》，艾克文的《霍布斯政治哲学中的自由主义》，刘科的《霍布斯道德哲学中的权利》，霍伟岸的《洛克权利理论研究》，王楠的《劳动与财产——约翰·洛克思想研究》，林国荣的《自然法传统中的霍布斯》，钱永祥的《伟大的界定者：霍布斯绝对主权论的一个新解释》，等等。

三、研究的思路和结构

本书遵循古今对比的思路，结构分为上、下篇。上篇是"古典灵魂宪法学"（共四章），下篇是"现代身体宪法学"（共五章）。古典灵魂宪法学在柏拉图的《理想国》中得到了充分的体现，现代身体宪法学在霍布斯的《利维坦》和洛克的《政府论》中得到了充分的体现。上篇前四章和下篇前四章分别论证的是柏拉图的灵魂宪法学和霍布斯的身体宪法学，这两部分都从人性论、认识论、方法论、道德论、本体论和目的论六个方面展开论述。第九章探讨的是洛克的身体宪法学，论证一方面把洛克的身体宪

---

[1] 梁成意：《西方现代宪法的危机与中国宪法学的困境》，人民出版社2011年版，第5—72页。
[2] 王利：《国家与正义：利维坦释义》，上海人民出版社2008年版，第281页。
[3] 汪栋：《霍布斯公民科学的宪法原理》，知识产权出版社2010年版，第13—14页。

法学与柏拉图的灵魂宪法学进行对比，另一方面把洛克的身体宪法学与霍布斯的身体宪法学进行对比。

第一章探讨的是柏拉图的灵魂宪法学的人性论、认识论和方法论。人的本性是灵魂，认识的基础是灵魂的理性，认识的范围是整全知识，认识的方法是辩证法，这是本章依次论述的内容。第二章探讨的是柏拉图的灵魂宪法学的道德基础。该章首先论述了柏拉图对"正义是法律"、"正义是助友损敌"、"正义是统治者的利益"和"正义是契约"四种习俗主义正义观的辩驳；接着论述了柏拉图从城邦的正义发现灵魂的正义，并使后者成为灵魂宪法学的道德基础的过程。第三章探讨的是柏拉图的灵魂宪法学的本体论，即探讨柏拉图关于宪法的本性及其论证过程的论述。在柏拉图的灵魂宪法学中，宪法分为城邦宪法和灵魂宪法，并且城邦宪法根源于灵魂宪法，即体现宪法的本性是灵魂宪法。该章首先论述了柏拉图如何从完美的灵魂宪法推导出完美的城邦宪法，完美的灵魂宪法指的是哲人的灵魂中理性联合激情统治欲望的和谐秩序，哲人的灵魂宪法模仿的是宇宙秩序，而宇宙秩序源于善；哲人的灵魂宪法外化的城邦宪法——哲人王制——是最完美的城邦宪法。接着论述了柏拉图如何从不完美的灵魂宪法推导出不完美的城邦宪法，其中包括从爱荣誉者的灵魂宪法推导出荣誉制城邦宪法，从寡头者的灵魂宪法推导出寡头制城邦宪法，从民主者的灵魂宪法推导出民主制城邦宪法，从僭主的灵魂宪法推导出僭主制城邦宪法。第四章探讨的是柏拉图的灵魂宪法学的目的论。柏拉图的灵魂宪法学的目的是通过教育培养德性，教育就是灵魂中立法。该章首先论述了辅助者的教育，其中包括音乐教育与体育教育；接着论述了统治者的教育，其中包括哲学教育及其与诗学教育的争论。

第五章探讨的是霍布斯的身体宪法学的人性论、认识论和方法论。人的本性是身体，认识的基础是身体的感觉，认识的范围是原因知识，认识的方法是分析-综合法，这是该章依次论述的内容。第六章探讨的是霍布斯身体宪法学的道德基础。霍布斯身体宪法学的道德基础是身体的自我保存权，而身体的自我保存权又根源于身体的恐惧。该章首先论述了身体的恐惧，接着论述了身体的自我保存权。第七章探讨的是霍布斯如何从个人的意志推导出宪法，即探讨霍布斯关于宪法的本性及其论证过程的论述。该章首先论述了从个人的意志到契约的产生过程，接着论述了从契约到宪法的产生过程，最后得出了宪法的本性即意志的结论。第八章探讨的是霍布斯的身体宪法学的目的论。霍布斯的身体宪法学的目的是通过法律对身体自由进行保护。身体的自由包括自然的身体自由与法律下的身体自由。该章首先论述了自然的身体自由与法律的关系，接着论述了法律保护下身体自由的内容，其中包括身体外在的自由和身体内在的自由。第九章讨论的是洛克的身体宪法学。洛克的身体宪法学是对霍布斯的身体宪法学的推进，该章首先论述了洛克对霍布斯的身体宪法学的道德基础——身体的自我保存权——的重构，其中包括对身体的自我保存权的来源、性质和内容的重构。该章接着论述了洛克对正常状态下和非正常状态下政府权力的宪制化所做的努力。

上 篇

古典灵魂宪法学

第一章 人性论、认识论和方法论

第一节 人性论

《理想国》的真正书名是宪法（politeia）[1]，它本质上讨论的是国家（城邦）宪法或国家（城邦）体制[2]。在这个意义上可以说，《理想国》是西方第一部有关宪法的著作，柏拉图（Plato）是宪法学的创始人。谈到柏拉图的宪法学说，人们不得不把它与苏格拉底（Socrates）的宪法学说联系在一起，这是因为柏拉图的著作基本采用的是对话形式，在这些对话中，他从来不以自己的名义说话，我们能听到的是对话中角色的声音，苏格拉底是其中最主要的角色。又由于苏格拉底一生"只言说，从不著述"，他的学说又多半来自柏拉图的著作。因此，在柏拉图所有的著作中，我们无从得知其中哪些思想是苏格拉底的，哪些是柏拉图自己的。这就产生了

---

[1] 中文《理想国》不是对书名的直译，而是译自该书中苏格拉底所称的由"言辞"所建立起来的城邦——"kallipolis"。这个词由"美好"和"城邦"两个字合成，意即"美好城邦"，其原文对应的地方是527c2，布鲁姆的英译本把它翻译为"beautiful city"。Plato, The Republic of Plato, translated, with notes and interpretive essay by Allan Bloom, New York: Basic Books, Inc., 1968, 527c, p. 206. "理想"这个词在中译本中出现了10次，与原文实词对应的一共三处，其余为作者的自由添加。除527c2部分以外，还包括471c："你的国家如能实现，那是非常理想的"，理想对应的希腊文仍然是"好"；另一处是472d："如果一个画家，画一个理想的美男子"，理想对应的希腊原文是"样板"。参见张文涛：《哲学之诗——柏拉图〈王制〉卷十义疏》，华东师范大学出版社2012年版，第5页注3。19世纪，本杰明·乔伊特（Benjamin Jowett）将politeia翻译为"aconstitution"，意为"对国家地方行政官，特别是最高行政官的安排"。[美]杰拉尔德·施图尔茨：《Constitution：17世纪初到18世纪末的词义演变》，载[美]特伦斯·鲍尔、约翰·波考克主编：《概念变迁与美国宪法》，谈丽译，华东师范大学出版社2010年版，第29页。在英文中，也有人用regime来翻译politeia。在汉语中，国内学者刘小枫主张把"politeia"译为《王制》，需注意的是王指的是"哲人王"，与我国传统中的"圣王"相区别。本文关于柏拉图的书名依旧采用《理想国》这一约定俗成的译法，在行文表达中根据表达习惯使用"宪法"、"王制"、"政制"或"政体"。

[2] [美]克吕格：《〈王制〉要义》，载刘小枫选编：《〈王制〉要义》，张映伟译，华夏出版社2006年版，第5页。

思想史上著名的"苏格拉底问题",即到底什么是真正的苏格拉底学说问题。鉴于这个问题仍未彻底解决,本书中苏格拉底的宪法学说和柏拉图的宪法学说在同一个意义上使用。柏拉图或苏格拉底的宪法学在人性论、认识论、方法论、道德论、本体论和目的论上都与灵魂紧密相关,我们把他们的宪法学称为灵魂宪法学。

苏格拉底是灵魂概念的创造者,正是这一概念的创造使苏格拉底区别于他的前人[1]。不仅如此,苏格拉底认为人的本性即灵魂,"人就只能是灵魂"[2]。A. E. 泰勒的话颇能代表学界的共同看法:

> 苏格拉底创造了灵魂(soul)的概念,它从此统治着欧洲的思维。在两千多年的时间里,对于一个文明的欧洲人来说,他有一个灵魂是一个标准的假定。灵魂是他正常醒着时的智力和道德性格的所在地。并且因为这个灵魂既等于他本人,也无论如何是有关他的最重要的事物,所以,他生活中的最高事务是对它作出最大的努力和为它做出最好的事情。[3]

苏格拉底把灵魂作为人的本性与他"认识你自己"的终生使命紧密相连,在《申辩篇》中,苏格拉底认为他的使命在于提醒人们不要只顾自己的身体,还要照顾好自己的灵魂。苏格拉底在辩词中曾言:"我尝试着劝你们中的每个人,不要先关心'自己的',而要关心自己。"[4]约翰·伯奈特(John Burnet)对此话作如下评论:"这其实是以另外的方式说'关系灵魂',因为灵魂是真正的自己,而身体是附属性的身外之物,是'自己的'。"[5]

---

[1] 苏格拉底之前有关灵魂的各种解释都不包含"自我"的概念。在荷马的词汇中,灵魂指的是"生命的气息""生命的原料""生命的动力",强调的是赋予身体以生命的"灵魂",而不是形成人之自我意识的灵魂。因此,在荷马的希腊文中,我们找不到"我希望"或"我想要"等类的词语。自然哲学家关注的则是万事万物的灵魂,即万物有灵论,而不是人的灵魂,有关灵魂概念在苏格拉底那里发生了根本性的转变。参见邓安安:《古希腊人的魂(ψυχη)概念——从荷马到柏拉图》,载成功大学历史学系:《西洋史集刊》第二期,1990年,第1—24页;另参见刘莘:《苏格拉底:灵魂与身体》,载《重庆师范大学学报(哲学社会科学版)》2009年第6期,第30—36页。
[2] [古希腊] 柏拉图:《阿尔喀比亚德》,梁中和译/疏,华夏出版社2009年版,第161页。
[3] [英] A. E. 泰勒:《苏格拉底传》,赵继铨、李真译,商务印书馆2015年版,第68页。
[4] [古希腊] 柏拉图:《苏格拉底的申辩》,吴飞译/疏,华夏出版社2007年版,36c,第127页。
[5] [古希腊] 柏拉图:《苏格拉底的申辩》,吴飞译/疏,华夏出版社2007年版,第127页注3。

《斐多》的副标题是"论灵魂",在这篇专门研究灵魂的对话中,苏格拉底讲述了他生命中"第二次起航"的历程,他年轻时候沉浸于自然哲学的研究,但后来发现自然哲学不能解释安排世间万物的真相。他举例说,自然哲学能从身体上解释他为什么坐在那里,但它不能解释他待在监狱中的真正原因——雅典人判他死刑。苏格拉底认为自己选择待在那里,接受雅典的不义判决,只能从灵魂的德性方面作出解释。[1]苏格拉底认为世间万事万物产生并和谐有序的原因是灵魂,这样一来,传统的自然问题就被赋予了一种目的论的解释。苏格拉底进而认为人的存在由灵魂与身体两部分构成,灵魂占有身体而使它有了生命。灵魂是绝对的实体,它的本性是"神圣的、不朽的、智慧的、一致的、不可分解的,而且永不改变的";身体是合成的物体,它的本性正好相反,它是"凡人的、现实的、多种多样的、不明智的,可以分解的,而且变化不定的"。[2]身体能用感觉去认识,灵魂只能用智慧去捉摸。因此,身体是看得见的事物,而灵魂是看不见的事物。灵魂和身体之间存在着冲突,灵魂的本性在于理性,身体的本性是激情和欲望,身体阻碍灵魂去实现真正的理性。苏格拉底在《斐多》中没有对灵魂进行划分,人的本性是灵魂,灵魂的本性是理性。

在《理想国》中,苏格拉底对灵魂展开了更深入的哲学探讨,耶格尔(Werner Jaeger)甚至断言:"柏拉图《理想国》的最终趣旨在于研究人的灵魂。"[3]《理想国》中的苏格拉底提出了著名的灵魂三分结构:理性、激情和欲望。由于激情通常是理性的"天然盟友"或"辅助者"[4],灵魂和身体的冲突主要表现为灵魂内部理性和欲望的冲突。灵魂三部分之间的秩序安排被称为灵魂宪法,这是柏拉图赋予 constitution 一词的崭新含义,也

---

[1] 参见[古希腊]柏拉图:《斐多》,杨绛译,生活·读书·新知三联书店2011年版,98c-99b,第67—68页。

[2] [古希腊]柏拉图:《斐多》,杨绛译,生活·读书·新知三联书店2011年版,96a-99d,第64—68页。

[3] Werner Jaeger, *Paideia: The Ideals of Greek Culture*, Vol. II, translated Gilbert Highet, Oxford: Oxford University Press, 1971, p. 199.

[4] [古希腊]柏拉图:《理想国》,郭斌和、张竹明译,商务印书馆1986年版,440c、441a,第166、167页。英文版参见 Plato, *The Republic of Plato*, translated, with notes and an interpretive essay by Allan Bloom, New York: Basic Books, Inc., 1968。除特别说明外,凡译文没有变化的,仅列中译本的出处;凡译文有改动的,仅列英文本的出处。本书中同时参见中译本和英文版的引文的脚注都采用相同形式。另外,柏拉图的著作还注明斯特方编码。

是他对灵魂的探讨不同于《斐多》的地方。灵魂宪法与城邦宪法存在相互对应的关系，并且前者是后者的根源，这是柏拉图对城邦的探讨与前人不同的地方。

《理想国》要探讨的主题被柏拉图巧妙地隐藏在它戏剧性的开篇之中，这个素为名家称道的开篇可看作是全书内容的缩影。[1] 我们先来看第一个场景：

> 我昨天下到（went down）比雷埃夫斯港（Piraeus），同阿里斯同（Ariston）的儿子格劳孔（Glaucon）一道，去朝拜女神，同时我也想要看看人们怎样搞这场节庆，因为他们头一回举办。本地人的游行我觉得挺好，当然，色雷斯人（the Thracians）搞的游行看起来也毫不逊色。做过祈祷、看完了游行，我们便动身回城。[2]

苏格拉底"下到"比雷埃夫斯港，联想到《理想国》第七卷中著名的洞穴比喻，哲人从太阳照耀的外面世界下降到幽暗的洞穴。如果说太阳指的是善的理念，那么"洞穴就是灵魂"[3]。沃格林立马想到了赫拉克利特的名句："灵魂的深渊，无论你如何跋涉，也找不到尽头。"[4] 在现代哲人之中，卢梭深谙古人关于灵魂的教诲，在《社会契约论》第一版中他写道："在人的构成中，灵魂对于人体的作用是哲学的深渊。"[5] 因此，"下到比雷埃夫斯港"就是下到灵魂的深渊。

---

[1] 据说柏拉图对开篇进行了多次改写。[古希腊] 第欧根尼·拉尔修：《名哲言行录》，徐开来、溥林译，广西师范大学出版社2010年版，第151页。

[2] Plato, *The Republic of Plato*, translated, with notes and an interpretive essay by Allan Bloom, New York: Basic Books, Inc., 1968, p. 3. 该书的以下译文除了参考郭斌和与张竹明的中译本，还参考了王扬的中译本和徐学庸的中译本。[古希腊] 柏拉图：《理想国》，王扬译注，华夏出版社2012年版；[古希腊] 柏拉图：《〈理想国篇〉译注与诠释》（上、下册），徐学庸译注，安徽人民出版社2013年版。

[3] [美] 罗森：《哲学进入城邦——柏拉图〈理想国〉研究》，朱学平译，华东师范大学出版社2016年版，第330页。

[4] [古希腊] 赫拉克利特：《赫拉克利特著作残篇》，T. M. 罗宾森英译，楚荷中译，广西师范大学出版社2007年版，第57页；译文参见 [德] 沃格林：《〈王制〉义证》，载刘小枫选编：《〈王制〉要义》，张映伟译，华夏出版社2006年版，第173页。

[5] 转引自 [美] 弗朗西斯·福山：《历史的终结及最后之人》，黄胜强、许铭原译，中国社会科学出版社2003年版，第173页注1。

玻勒马霍斯（Polemarchus）[1]远远望见了苏格拉底，就打发一个奴隶过去命令他留下。在这小小场景中，苏格拉底、玻勒马霍斯和奴隶代表城邦宪法中的三个阶层——哲人、绅士（gentlenmen）和生产者，他们对应着灵魂宪法的理性、激情和欲望三部分。绅士不但掌握了城邦的财富，而且掌握了城邦的权力。他不仅能差使奴隶，连哲人也在其掌控之中，这暗示了当时城邦宪法的败坏。城邦宪法的败坏又根源于统治者的灵魂宪法的败坏，绅士的灵魂宪法中激情占统治地位，他崇尚的是身体的力量和权力，"要么留在这儿，要么就干上一仗"[2]；哲人的灵魂宪法中理性占统治地位，他崇尚的是智慧，"要是我们婉劝你们，让我们回去，那不是更好吗？"[3]苏格拉底"同意"留下，智慧与权力达成了妥协，于是一个微型的共同体就形成了。这拨人"跟着玻勒马霍斯来到了他家里"，他的父亲克法洛斯（Cephalus）加入了这个共同体。在形成这个共同体的宪法中克法洛斯处于统治地位，年长是他统治的资格。等克法洛斯离去之后，哲人苏格拉底才在共同体的宪法中占统治地位，哲人的使命是对那一拨年轻人进行哲学教育，让他们见到善的理念，从而在他们灵魂中建立好的宪法。苏格拉底下到比雷埃夫斯港，是为了拯救年轻人的败坏的灵魂宪法。

第二节　认识论

一、基础：灵魂的理性

在希腊语中谈到"知"的时候使用的单词是"oida"（知道），"oida"是"edio"（看）的完成式，"看了"就理解为"知道了"这种认知状态。柏拉图正是从"看"来理解"知识"，"关于那些能看到每一事物本身，

---

[1] 玻勒马霍斯（Polemarchus）这个词在希腊语中的意思就是"战争统帅"，他是古希腊称之为"绅士"（Kalosgathos）的那类人。他类似于城邦宪法中的护卫者阶层。

[2] [古希腊] 柏拉图：《理想国》，郭斌和、张竹明译，商务印书馆1986年版，327c，第2页。

[3] [古希腊] 柏拉图：《理想国》，郭斌和、张竹明译，商务印书馆1986年版，327c，第2页。

甚至永恒事物的人们，我们应该说什么呢？我们不应该说他们具有知识而不是具有意见吗？"[1]但是，在柏拉图那里知识的获得不是通过肉眼"看"（horao），而是通过灵魂之眼"看"（theoreo，也翻译为"观照"）：

> 知识是每个人灵魂里都有的一种能力，而每个人用以学习的器官就象眼睛。——整个身体不改变方向，眼睛是无法离开黑暗转往光明的。同样，作为整体的灵魂必须转离变化世界，一直至它的"眼睛"得以正面观看实在，观看所有实在中最明亮者，即我们所说的善者。[2]

灵魂的认识能力不是后天培养的，而是灵魂本身固有的，"不是要在灵魂中创造视力，而是肯定灵魂本身有视力"[3]。

为了更清楚地描述灵魂的认识能力与事物之间的关系，柏拉图用"线段喻"来作说明。柏拉图首先把世界分为可见世界和可知世界，与之相对应的灵魂的认识能力称为意见（opinion）和知识（knowledge）。意见的对象可感而不可知，知识的对象可知而不可感。接着柏拉图又把这两个世界进一步划分为两个部分：可见世界的下面部分是事物的影像，上面部分是影像的原物，包括动物、自然物和人造物，对这两个部分的认识能力分别是想象（imagination）和信念（trust）。通过感觉对事物的认识非常有限，因为它无法判断同时引起相反感觉的事物。例如，我们手指上靠外的三个手指头，中间的那个无名指，它相对于中指来说是小的，但相对于小指又是大的，人们凭借感觉就无法对它作出是大还是小的判断，这时就需要从可见世界上升到可知世界。在可知世界，下面一段是数学的对象，对它的认识能力称为思想（thought）。数学讨论的是"纯数本身"，而不是"可见物体或可触物体的数"[4]。"纯数"是不能再分割的"一"——不包含"多"的"一"，每个"一"都和所有别的"一"完全相等。"一"是一个

---

[1]　[古希腊] 柏拉图：《理想国》，郭斌和、张竹明译，商务印书馆 1986 年版，479e，第 226 页。

[2]　[古希腊] 柏拉图：《理想国》，郭斌和、张竹明译，商务印书馆 1986 年版，518c，第 277 页。

[3]　[古希腊] 柏拉图：《理想国》，郭斌和、张竹明译，商务印书馆 1986 年版，518d，第 278 页。

[4]　[古希腊] 柏拉图：《理想国》，郭斌和、张竹明译，商务印书馆 1986 年版，525d，第 289 页。

同质性的纯数字概念，它把万事万物的具体差异抽象掉。这正是制定城邦宪法的思维，城邦中每个阶层的公民被视为同质性的灵魂，彼此之间在身体上的差异被抽象掉。可知世界最上面一段是哲学的对象——理念，对它的认识能力称为理性（intellection）。数学推理与理性推理的差别在于，前者是从假设下降到结论，后者是从假设上升到原理，即善的理念。

由"线段喻"可知，灵魂中唯有理性具有观照理念的能力。理念在希腊语中有两个词，即 eidos 和 idea[1]，它们都源于希腊语动词"edio"（看），理念即灵魂之眼（理性）所看的东西。理念是"多中之一"，即众多具体事物所呈现的统一性（共性）：

> 一方面我们说有多种美的东西、善的东西存在，而且说每一种善的、美的东西又都有多个，我们在给它们下定义时也是用复数形式的词语来表达的……另一方面，我们又曾说过，有一个善本身、美本身，以及一切诸如此类者本身；相应于上述每一组多个的东西，我们又都假定了一个单一的理念，假设它是一个统一者，而称它为每一个体的实在。[2]

理念是同一类具体事物所呈现的共性，即事物的类本性。同类事物不论有多少，它们对应唯一的理念，有多少类事物就有多少理念。作为同类的事物分有理念并从它那儿得名，"在凡是我们能用同一名称称呼多数事物的场合，我觉得我们总是假定它们只有一个形式或理念"[3]。理念不只是事物的类本性，还是事物摹仿的原型、模型、样板或标准，柏拉图在说虔敬的理念或样式时指出：

> 那么我请你教教我，这个样式究竟是什么，好让我盯住它，把它当作一个标准。这样一来，像你和其他人所做的这类事情，我就可以说虔敬，若不像，我就说不虔敬。[4]

---

[1] eidos 和 idea 在英文中分别译为 form 和 idea，在汉语中有"形式""形状""样式""相""形相""理念""理式"等不同的译法。
[2] [古希腊]柏拉图：《理想国》，郭斌和、张竹明译，商务印书馆1986年版，507b，第263—264页。
[3] [古希腊]柏拉图：《理想国》，郭斌和、张竹明译，商务印书馆1986年版，596a，第388页。
[4] [古希腊]柏拉图：《游叙弗伦》，顾丽玲编译，华东师范大学出版社2010年版，6e，第46—47页。

作为标准的理念必定是绝对真实："任何有一点点够不上真实存在事物的水平，就是绝对不能作为标准的。因为任何不完善的事物全是不能作为别的事物的标准的。"[1]依柏拉图之见，在"线段喻"中，理念具有最高的真实性，其他三种认识对象依据真实性高低依次是数学的对象、实物和影像。灵魂的理性何以获得观照理念的能力呢？那是因为有超出可见世界和可知世界的"善"（good，又译为"好"）。

《理想国》中苏格拉底用神秘的口吻说，他担心他的能力无法把善解释清楚，"单凭热情，画虎不成，反惹笑话"[2]。因此，苏格拉底没有对善进行直接的论述，而是论述善的儿子来揣摩和解释善，这就是《理想国》中有名的"太阳喻"，"善在可见世界中所产生的儿子——那个很象它的东西——所指的就是太阳"[3]。

人的眼睛能看见东西，是因为太阳光把视觉和可见事物连接起来。眼睛从太阳那儿取来一种射流，获得视觉能力。"太阳一方面不是视觉，另一方面是视觉的原因，又是被视觉所看见的。"[4]太阳具有双重能力：既赋予眼睛以视觉能力，又使可见事物得以显现；因为有了太阳作为第三者保障，"视觉"与"可见事物"最终得以"同一"，其中的逻辑关系是 A = B，必然有 C。[5] "太阳跟视觉和可见事物的关系，正好象可理知世界里面善本身跟理智和可理知事物的关系一样。"[6]可知世界的善的理念既给予理性以认识能力，又给予可知事物以真理。"这个给予知识的对象以真理给予知识的主体以认识能力的东西，就是善的理念。"[7]善的理念使"理性"与"可知事物"的同一成为可能。在《理想国》中，善的理念既让

---

[1] ［古希腊］柏拉图：《理想国》，郭斌和、张竹明译，商务印书馆1986年版，504c，第259页。

[2] ［古希腊］柏拉图：《理想国》，郭斌和、张竹明译，商务印书馆1986年版，506d，第263页。

[3] ［古希腊］柏拉图：《理想国》，郭斌和、张竹明译，商务印书馆1986年版，508b-c，第266页。

[4] ［古希腊］柏拉图：《理想国》，郭斌和、张竹明译，商务印书馆1986年版，508b，第266页。

[5] 参见贾冬阳：《"出离"与"返回"——柏拉图"洞穴比喻"的临界启示》，载萌萌学术工作室主编：《政治与哲学的共契》，上海人民出版社2009年版，第180页。

[6] ［古希腊］柏拉图：《理想国》，郭斌和、张竹明译，商务印书馆1986年版，508c，第266页。

[7] ［古希腊］柏拉图：《理想国》，郭斌和、张竹明译，商务印书馆1986年版，508e，第267页。

正义的理性、灵魂的理念、宪法的理念成为可知，又让灵魂的理性获得认识这些理念的能力。

二、范围：整全知识

古希腊哲学在苏格拉底那里发生了一次革命性的转向，即从对自然事物的研究转向了对人间事物的研究。西塞罗曾言，苏格拉底是"第一个将哲学从天上降至城邦中的人，并且将她带回了人的家乡，促使她对人生与道德、善与恶发问"[1]。柏拉图笔下的苏格拉底对人间事物的研究总是以事物"是什么"的问题提出："虔敬是什么？""勇敢是什么？""灵魂是什么？""正义是什么？""城邦是什么？""法是什么？"事物"是什么"就是对事物的理念的追问，也就是对事物的存在（to be）的追问。由于事物的理念指的是某一类事物的本性，事物的存在也是作为某一类事物而存在。相比于具体事物的（数目）无限和变化，类事物是有限和不变的：

> 尽管有无限多的事物，但事物种类和等级的数目却是有限的，也就说，当我们提出"什么是"这一问题时，所意指的存在者数目有限。这些有别于个体事物的种类和等级，既不可变也不生灭。[2]

诸多类事物组成了整全（the whole）。整全的特质就是"理性的异质性"或"本性的异质性"[3]，即构成整全的类事物彼此是不可替代和不可通约的。由于这些异质性的类事物是整全的一部分，事物的存在不仅仅作为类事物而存在，而且作为整全的一个部分而存在（to be a part）。事物形成整全可以理解为一个过程，每一事物都是作为整全生成过程中的一个环节而存在，"生成"就是成为类事物或成为整全的一部分。在这一过程之中，作为部分之总和的整全并不是在某个部分之上，而是在部分之外，也就是说它"高于存在"（beyond of being）。由此可见，存在是有等级的，

---

[1] 转引自[美]郝兰：《哲学的奥德赛——〈王制〉引论》，李诚予译，华夏出版社2016年版，第10页。
[2] [美]施特劳斯：《古典政治理性主义的重生——施特劳斯思想入门》，郭振华等译，华夏出版社2011年版，第207页。
[3] [美]施特劳斯：《古典政治理性主义的重生——施特劳斯思想入门》，郭振华等译，华夏出版社2011年版，第207页。

某些事物是依赖于超越它们之外的其他事物而存在。基于事物存在的等级，苏格拉底作出了人间事物与非人间事物（神圣之物或自然之物）的区分，不了解这种区分，"也就无从了解人间事物本身特质之所在"[1]。因此，苏格拉底转向对人间事物的研究并没有忽视对神圣之物或自然之物的研究，相反，他把对神圣之物或自然之物的研究作为对人间事物的研究的先决条件。

柏拉图的哲学是"对整全知识的探求"[2]，《理想国》提供给我们的是对于宪法的整全知识的哲学探究。有关宪法的整全知识包括了灵魂的知识，"人类灵魂是整全中唯一向整全开放的部分，因此比其他事物更接近整全"[3]。正基于此，宪法在《理想国》中不仅包括城邦宪法，还包括灵魂宪法，并且后者是前者生成的原因。灵魂宪法生成的原因是宇宙秩序，而宇宙秩序生成的是善的理念或神。如果说灵魂宪法是城邦宪法生成的人为原因，那么宇宙秩序、神和善的理念是城邦宪法生成的非人为原因[4]。因此，关于宪法的整全知识还包括宇宙知识、神的知识和善的知识。

第三节　方法论

在《斐多》中苏格拉底谈到他年轻的时候由于追随当时自然哲学家研究自然的方法而导致对自然研究的失败，这种研究方法"将世界上的事物与过程，追溯到世界上别的事物和过程那里去，以此把握这些事物和过程的原因，从而理解它们"[5]。苏格拉底认为，通过这种研究方法无法获得关于事物的真正知识。他开启了"第二次起航"，即不借助事物本身去研究：

---

[1]　[美]列奥·施特劳斯：《自然权利与历史》，彭刚译，生活·读书·新知三联书店2003年版，第123页。

[2]　[美]列奥·施特劳斯：《什么是政治哲学》，李世祥等译，华夏出版社2011年版，第2页。

[3]　[美]列奥·施特劳斯：《什么是政治哲学》，李世祥等译，华夏出版社2011年版，第30页。

[4]　肯宁顿（Kennington）认为，苏格拉底的"哲学的观念"要求区分两种因果关系，人为的因果关系（human agency）与不归之于人的因果关系，后者是比前者更深层次的因果关系。肯宁顿：《施特劳斯的〈自然权利与历史〉》，高艳芳译，载刘小枫选编：《施特劳斯与古今之争》，华东师范大学出版社2010年版，第133页。

[5]　[美]列奥·施特劳斯：《霍布斯的政治哲学：基础与起源》，申彤译，译林出版社2001年版，第171页。

以后啊，我不想追究真实了。我决计要小心，别像看日食的人那样，两眼看着太阳，看瞎了眼睛。他得用一盆水或别的东西照着太阳，看照出来的影像。看太阳是危险的。如果用眼睛去看世间万物，用官感去捉摸事物的真相，恐怕我的灵魂也会瞎的。所以我想，我得依靠概念，从概念中追究事物的真相。[1]

概念即命名，柏拉图关于命名最集中的探讨出现在《克拉梯楼斯篇》中，该篇的副标题是"关于名词的正确性"。这篇对话在苏格拉底与语言约定论者（赫摩给内斯）和语言自然论者（克拉梯楼斯）之间展开。赫摩给内斯主张，名词之所以有正确性，是因为人为的约定与同意，而且人们可以任意地变更相互之间的约定，以获得一个新名词的正确性。[2] 克拉梯楼斯主张，名词有合乎事物本性的正确性，因此，谁了解名词，则他就了解事物。[3] 作为辩论者的苏格拉底没有单方面赞成语言约定论或语言自然论，而是指出二者都有部分的正确性，但也都有可能引出假知识。因此，必须在一定的条件下接受任何一方面的主张。柏拉图认为名词与事物之间存在着一种本性上的联系，但是二者之间的联系并非完全对应，在名词无法完全描述事物的条件下，其正确性需要约定，否则就会产生假的主张。为了统合这两种看似矛盾的主张，柏拉图把语言论与理念论结合起来，提出了自己的主张。无论是自然事物，还是人造事物，都有自己恒定不变的理念或本性，语言的正确性是因为其所描述的对象（事物）所具有的理念。从这个角度看，名词是一种工具，它的功能是表达、教导和分辨事物的本性。[4] 在《克拉梯楼斯篇》中，柏拉图的理念论是一种模仿的理论，名词用字母及音节来模仿事物的理念，即事物的理念是原型，名词是理念的摹本，摹本没有等同于原型或理念的能力，因而名词与理念和事物之间

---

[1] [古希腊] 柏拉图：《斐多》，杨绛译，生活·读书·新知三联书店2011年版，99d-e，第69页。
[2] [古希腊] 柏拉图：《克拉梯楼斯篇》，彭文林译注，联经出版社2002年版，384d，第6页。
[3] [古希腊] 柏拉图：《克拉梯楼斯篇》，彭文林译注，联经出版社2002年版，435d-e，第140页。
[4] [古希腊] 柏拉图：《克拉梯楼斯篇》，彭文林译注，联经出版社2002年版，388c，第24页。

存在着一种有程度差别的对应或相似的关系。[1]"名词的制造"或"命名"并非一种人人可为的技术,掌握这种技术的人成为立法者(命名者),他是在人之中"最少有的工匠"。"设立法律者必须知道合乎本性的每一个,才能用声音以及音节来创立名词,而且他看着那个自己是名词(的相),藉以制造及建立名词。"[2]命名不但需要有立法者,还需要有人对他的工作进行监督和评价,这种人被称为辩证法家。立法者与辩证法家的关系类似于造船者与舵手的关系,前者的工作需要后者来监督。辩证法家是那种"知道怎么发问及回答的人"[3]。辩证法家必然具有观照事物理念的能力,否则无法做好监督工作。辩证法(dialogoi)在希腊文中的原义是"来来回回"(dia)地"说"(logoi)。[4]辩证法是一种对话形式或问答方式,柏拉图把它运用于哲学探讨,尤其是与他的理念论建立紧密的联系。柏拉图的辩证法就是研究理念的学问[5],他的哲学也因此被称为"辩证法"。在"线段喻"最高部分(理念)正是通过辩证法推理才上升到善的理念(绝对原理):

> 至于说到可知世界的另外一部分,你要明白,我指的是逻各斯本身凭着辩证的力量而达到的那种知识。在这里假设不是被用作原理。而是只被用作假设。即,被用作一定阶段的起点,以便从这个起点一直上升到一个高于假设的世界,上升到绝对原理,而且在达到绝对原理以后,又回过头来把握那些以绝对原理为依据提出来的东西,最后下降到结论。在这过程中不靠使用任何感性事物。而只使用理念。从一个理念到另外一个理念。并且最终归结到理念。[6]

区别于"线段喻"中把假设当作原理直接推出结论的数学推理,辩证

---

[1] [古希腊]柏拉图:《克拉梯楼斯篇》,彭文林译注,联经出版社2002年版,导论,第48页。
[2] [古希腊]柏拉图:《克拉梯楼斯篇》,彭文林译注,联经出版社2002年版,389e,第29页。
[3] [古希腊]柏拉图:《克拉梯楼斯篇》,彭文林译注,联经出版社2002年版,390c,第32页。
[4] 余纪元:《〈理想国〉讲演录》,中国人民大学出版社2011年版,第152页。
[5] 汪子嵩、王太庆编:《陈康:论古希腊哲学》,商务印书馆1990年版,第208页。
[6] [古希腊]柏拉图:《理想国》,郭斌和、张竹明译,商务印书馆1986年版,511b-c,第270页。

法推理是从假设上升到善的理念（绝对原理），再从善的理念推衍出其他事物。在辩证法推理中，只有经受过辩证诘难的假设才能作为推理的前提加以接受，换言之，辩证法推理的前提是"非假设"。从这个意义上可以说，辩证法能"清除假设"或"不依赖假设"：

> 辩证法是唯一的这种研究方法，能够不用假设而一直上升到第一原理本身，以便在那儿找到可靠根据的。当灵魂的眼睛真的陷入了无知的泥沼时，辩证法能轻轻地把它拉出来，引导它向上，同时用我们所列举的那些学习科目帮助完成这个转变过程。[1]

语言（包括名词）对事物进行命名之后还需要辩证法，根本原因在于语言只是事物理念的摹本，而不是事物理念或本性。也就是说，语言只是关于事物理念的意见（opinion），而不是关于事物理念的知识（knowledge）或真理（truth）。这些意见是事物理念或本性最初进入人们视野的东西，它们是人们获得知识或真理的起点，"无视人们关于事物本性的意见，就等于抛弃了我们所拥有的通向实在的最为重要的渠道，或者抛弃了我们力所能及的最为重要的真理的足迹"[2]。由于语言与事物本性之间有程度差别的对应性，这些意见之间必然存在矛盾和冲突。辩证法正是通过揭示这些意见之间的矛盾并克服这些矛盾从而获得有关事物本性的知识和真理。因此，柏拉图避开事物，在语言中寻求庇护，他"不是转向语言本身，而是转向语言的矛盾性"[3]。

---

[1] [古希腊]柏拉图：《理想国》，郭斌和、张竹明译，商务印书馆1986年版，533c-d，第300页。

[2] [美]列奥·施特劳斯：《自然权利与历史》，彭刚译，生活·读书·新知三联书店2003年版，第125页。

[3] [美]列奥·施特劳斯：《霍布斯的政治哲学：基础与起源》，申彤译，译林出版社2001年版，第175页。

第二章 道德基础

《理想国》从开篇到结尾一以贯之的一个问题是"什么是正义（justice）"。这意味着宪法学的建立必须以解决"什么是正义"这一道德问题为基本前提，即正义是宪法学的道德基础。[1] 柏拉图对正义的分析方法是辩证法，即通过对话揭示出关于正义的意见的矛盾，从而探寻一个没有矛盾的正义的定义。因此，要知道"什么是正义"首先需要从习俗主义关于正义的纷繁多样的意见出发。

第一节 关于正义的意见

当柏拉图提出"什么是……"的问题时，意味着他要阐明所问事物的自然（本性），即事物的理念或特征。[2] 因此，对"什么是正义"的追问也就是对自然正义的追问。对"自然正义"的寻找有赖于自然（希腊文 physis，拉丁文 natura，英文 nature）的发现，只要自然不为人所知，自然正义也就不为人所知。[3] 在哲学出现之前，人们没有将 nomos（习俗

---

[1] 梁娥在《哲学的新论》中，开宗明义就阐述了提出问题的重要性。她认为，问题的提法，不单规限而且引导答案的答法——不管是对的，还是错的。一门哲学的特色，是由提出问题而不是由所认定的答案决定的。答案只是一堆事实，问题则提供一个架构，将事实的图像显示出来。转引自张德胜：《儒家伦理与秩序情结——中国思想的社会学诠释》，巨流图书公司1989年版，第35页。我们常说提出有意义的问题比找到正确的答案重要说的就是这个哲学道理。哲学的价值正在于它提出有意义的问题，以此指引人们思考的方向。柏拉图以"什么是正义"的问题贯穿《理想国》的整个对话，表达了他对道德问题的关注。

[2] [美] 列奥·施特劳斯、约瑟·克罗波西主编：《政治哲学史》（上册），李天然等译，河北人民出版社1993年版，绪论，第5页。

[3] 在希腊人时期，"自然"（physis）首先是指事物的本性或本质，只在很少的情况下才用来指"自然物总和或聚集"，即"自然界"或"宇宙"，而到了近代科学勃兴和唯物主义哲学发达以后，"自然"逐渐变得和"自然界"同义。[英] 柯林伍德：《自然的观念》，吴国盛、柯映红译，华夏出版社1999年版，第47—52页。

或法律)[1]和 physis（自然）区分开来思考，或者说自然被等同于习俗或法律。习俗或法律的正当性由权威来保障，而最好的权威是祖传。习俗或法律之所以是正义或正当的，因为它是"我们自己的且由来已久"，换言之，"祖传的就是好的"[2]。于是人们往往把法律的起源与诸神联系起来，因此早期的法律都是神法，"所有的法律都盖有神的印章"[3]。当哲学发现自然之后，当人们逐渐认识到 nomos 是人们约定的或制定的，而不是自然形成之时，nomos（法律）和 physis（自然）的区分就随之出现了。自然一经发现，人们便不再把正当的根据诉诸祖传，而是自然，由"祖传就是好的"转向"由其自然就是好的"，即自然正义。在根除了来自祖传的权威，哲学发现自然乃是最高的权威。这种转变对宪法哲学发展意义重大，因为哲学，尤其是宪法哲学一旦屈从于权威，就失去了它的本色，蜕变为意识形态，即为某一特定阶层作辩护。因此，对正义的哲学首先必须以权威受质疑为前提，而《理想国》中的克法洛斯正是权威的代表。

一、正义是法律

第一个与苏格拉底辩论正义的人是克法洛斯。柏拉图通过克法洛斯的出场，一是引出了《理想国》所要讨论的主题，二是提出了第一个关于正义的习俗观点。苏格拉底把克法洛斯看成"漫长的人生旅途的老旅客"，所以请教他"这条路是崎岖还是坎坷"[4]，这是一个典型的礼节性提问，它让站在"老年门槛"的克法洛斯有机会展示他对爱欲和灵魂的看法。克法洛斯认为，随着年龄的增长他逐渐摆脱了身体欲望的羁绊，而要求言谈

---

[1] nomos 一词本来是指人们在社会共同体中形成的风俗习惯，没有伦理规范和风俗习惯的区别，人和人之间的关系是靠风俗习惯（未成文法）来调节的。在希腊城邦国家形成以后，产生了人制定的法律（nomos），不过当时还没有分清法律同风俗习惯、未成文法（习惯法）的区别，仍用 nomos 来称呼。后来希腊和波斯之间以及希腊城邦之间缔结的协议和条约也叫 nomos。王克金：《自然法思想的起源和它的形而上学的本性》，载《法制与社会发展》2008年第3期，第24页。
[2] Leo Strauss, *Natural Right and History*, Chicago: The University of Chicago Press, 1953, p. 83.
[3] [德]海因里希·罗门：《自然法的观念史和哲学》，姚中秋译，上海三联书店2007年版，第4页。
[4] [古希腊]柏拉图：《理想国》，郭斌和、张竹明译，商务印书馆1986年版，328e，第3页。

的兴趣在与日俱增，因此，很想愿意与苏格拉底成为朋友。[1] 克法洛斯借用诗人索福克勒斯的话，把从年轻时的性爱中解脱形容为"像从一个又疯又狠的奴隶主手里挣脱出来"一样。[2] 他认为与年老幸福相关的不是年龄，而是性格。性格即灵魂的类型，柏拉图由此交代灵魂如何进入《理想国》。这种问答引起了苏格拉底的疑问，因为在大多数人看来，他老来的幸福是因为他"家财万贯"。于是苏格拉底问："据您看有了万贯家财最大的好处（the greatest good）是什么？"[3] "善"或"好"第一次出现在《理想国》。克法洛斯认为，财富最大的好处是避免不义和不虔诚，有了财富就用不着为了亏欠"神的祭品"和"人的债务"而心惊胆战了[4]，"不义"先于"正义"出现。苏格拉底似乎从克法洛斯身上得到了他想要的答案："克法洛斯，您说得好极了。不过讲到'正义'嘛，究竟正义是什么呢？难道仅仅有话实说，有债照还就算正义吗？"[5] 正义也进入了《理想国》。

克法洛斯的正义观包括两个维度："神的维度"（不欠神的祭品）和"人的维度"（不欠人的债务）。[6] 正义包括"诸神的法律"和"城邦的法律"，即"神法"和"人法"。城邦法律的权威来自诸神，若没有诸神的惩罚，就没有人去遵守法律和恪守正义。在诸神权威之下，合法事物与正义事物合一。克法洛斯相信私有财的神圣性，它不仅需要得到法律上的确认，而且尊重别人的财产就是正义，拿走别人的财产就是不义。克法洛斯的出场是头戴花圈，并说他是刚从神庙上供回来；克法洛斯最后的离

---

[1] 布鲁姆认为，克法洛斯与苏格拉底所理解的言谈形成了尖锐的对立：对克法洛斯来说，言谈只是一般的闲聊，它是一种老年人打发光阴的方式；对苏格拉底来说，言谈是灵魂中高级的爱欲活动，具有哲学意味；克法洛斯喜欢言辞已是毫无暮年；对苏格拉底来说，言谈是他一生的爱欲满足。参见[美]布鲁姆：《人应该如何生活——柏拉图〈王制〉释义》，刘晨光译，华夏出版社2009年版，第30页。

[2] [古希腊]柏拉图：《理想国》，郭斌和、张竹明译，商务印书馆1986年版，328e，第3页。

[3] [古希腊]柏拉图：《理想国》，郭斌和、张竹明译，商务印书馆1986年版，333d，第4页。

[4] [古希腊]柏拉图：《理想国》，郭斌和、张竹明译，商务印书馆1986年版，331b，第6页。

[5] [古希腊]柏拉图：《理想国》，郭斌和、张竹明译，商务印书馆1986年版，331c，第6页。

[6] 牛博文：《哲学抑或宗教——论克法洛斯的多重身份》，载《社科纵横》2014年第7期，第79页。

开，是以他要到别处去献祭为由。这种场景与《法义》的开篇有些类似。《法义》叙述的是三位老人——雅典异乡人、克里特的立法者克勒尼阿斯和斯巴达的立法者墨吉罗斯——为一座将要建立的城邦制作法律，参与者的对话发生在从克里特的首都克洛索斯到宙斯神庙的朝圣路上，即去往神圣之中。正因为法律来源于诸神，"神会是万物的尺度"，所谓立法不过对神法的"模仿"。[1]《法义》开篇第一个词就是"神"，雅典异乡人首先发问："神还是某个人，对你们而言，异乡人啊，可归为制定礼法的起因？"[2]克勒尼阿斯答道："神，异乡人噢，神，这样说最恰当。在我们这里是宙斯，但在这位拉克岱蒙老兄那里，我认为，他们会说是阿波罗。"[3]克勒尼阿斯两次强调了"神"。克里特和斯巴达的法律都来自神，前者来自宙斯，后者来自阿波罗，由于宙斯是众神之王，那么克里特的法律是最古老，也是最好的法律。克勒尼阿斯之所以认为这是最恰当和最正义的回答，是因为他通过神捍卫了克里特法律的权威性和正当性。

克法洛斯把正义等同法律，这是典型的传统正义观。在希腊语中，"克法洛斯"（Cephalus）是"头"的意思，意味着首领、权威。在第一场关于正义的对话中，克法洛斯处于支配地位。他之所以处于支配地位，只是因为他是父亲，父亲是祖传的代表。苏格拉底认为克法洛斯所说的正义就是"实话实说，有债再还"，他忽略了克法洛斯的正义的神学维度。"苏格拉底遗忘了神圣事物，而它正是克法洛斯专注的首要事物，苏格拉底使讨论成了仅关乎人的正义的讨论。"[4]苏格拉底通过举例驳斥了克法洛斯的正义观：如果甲在乙头脑清晰的时候借了一件武器，在乙发疯的时候把武器还给他就是不正义；另外，对疯子说真话也是不正义的。[5]克法洛斯简单地回答了一句"你说得对"，然后就面带微笑去献祭了。克法洛斯离开后再也没有回来，他的正义的权威由诸神保障，他不需要与人辩论，也

---

[1]《柏拉图〈法义〉研究、翻译和笺注》（第二卷《〈法义〉译文》），林志猛译，华东师范大学出版社2019年版，716b-c、713b，第78、77页。

[2]《柏拉图〈法义〉研究、翻译和笺注》（第二卷《〈法义〉译文》），林志猛译，华东师范大学出版社2019年版，624a，第1页。

[3]《柏拉图〈法义〉研究、翻译和笺注》（第二卷《〈法义〉译文》），林志猛译，华东师范大学出版社2019年版，624a，第1页。

[4] [美] 布鲁姆：《人应该如何生活——柏拉图〈王制〉释义》，刘晨光译，华夏出版社2009年版，第32页。

[5] [古希腊] 柏拉图：《理想国》，郭斌和、张竹明译，商务印书馆1986年版，331c，第6页。

不屑于与人辩论。克法洛斯离去后，苏格拉底占据了谈话的支配位置，他与那些年轻人在脱离神学背景下对"什么是正义"进行哲学探讨。

二、正义是助友损敌

克法洛斯走后，苏格拉底与克法洛斯的儿子玻勒马霍斯继续了"什么是正义"的谈话。玻勒马霍斯作为中年人的代表，他的正义观受父辈影响很大。在他父亲在场时，他完全支持他父亲的正义观，还引用诗人西蒙尼得（Simonides）的观点——欠债还债就是正义——来巩固他父亲的论点，诗代表了传统的权威，这也是诗第一次在《理想国》中出现。只有在他父亲离去后，在苏格拉底的继续反驳之下，玻勒马霍斯才承认他父亲的正义观是错的，并且与西蒙尼得所说的观点大相径庭。苏格拉底认为像西蒙尼得这样大智慧的人，人们不能随便怀疑，但他要求玻勒马霍斯按理性推理弄明白他所言到底是什么意思。布鲁姆（Allan Bloom）分析指出："玻勒马霍斯被迫学习如何论证；这是踏上从对祖传秩序的无条件接受通往以理性为基础的新政制之路的第一步，在新政制中，父亲的意见的权威及其财产的权力毫无作用。"[1]苏格拉底通过理性推导认为诗人西蒙尼得所理解的正义是"给每个人以恰如其份的报答"，也就是他所谓的"还债"。在苏格拉底的启发之下，玻勒马霍斯把正义重新定义为："把善给予友人，把恶给予敌人。"[2]苏格拉底使得玻勒马霍斯的正义脱去铜臭味，并向人性更高、更普遍的方向延展。

玻勒马霍斯把正义理解为"帮助朋友，伤害敌人"[3]，即"助友损敌"，这是一种政治的正义观。现代宪法学者施米特对这种政治的正义观进行了充分发挥，提出了政治宪法学。何为政治？施米特答曰："政治就是敌我的划分。"[4]苏格拉底对"助友损敌"的正义的定义从三个层次来进行辩论。苏格拉底第一层次辩论的是施加善恶技艺的性质。根据玻勒马

---

[1] [美]布鲁姆：《人应该如何生活——柏拉图〈王制〉释义》，刘晨光译，华夏出版社2009年版，第35页。

[2] [古希腊]柏拉图：《理想国》，郭斌和、张竹明译，商务印书馆1986年版，332d，第8页。

[3] [古希腊]柏拉图：《理想国》，郭斌和、张竹明译，商务印书馆1986年版，334b，第12页。

[4] [德]卡尔·施米特：《政治的概念（1932）》，刘宗坤等译，载舒炜编：《施米特：政治的剩余价值》，上海人民出版社2002年版，第163—164页。

霍斯对正义的定义，正义实质是施加善恶的技艺。苏格拉底认为如果把施加善恶的技艺理解为像工匠式的技艺，这将是非常危险的。因为工匠式的技艺既可以被正义地使用，也可以被不正义地使用，正义者既是好的看守者，也是高明的小偷；既善于管钱，也善于偷钱；既是说实话者，也是说谎者。因此，必须在这种技艺之上有一种对人和共同体而言是好的主导性技艺（master arts）或知识：

> 正义必须是一种主导性技艺，统治着那些产生局部好的来为整体的好服务的技艺。换言之，正义是关于整体的好的知识，所有其他技艺都不知道这种好，但都以其为前提。[1]

立法正是这种主导性技艺或关于整体的好的知识，能掌握这种立法技艺的人只有哲人，因为哲人是面向整全知识的人，他知道什么对共同体和人而言是好。进而言之，其他技艺唯有以遵守法律这一主导性技艺为前提才是正义。

苏格拉底在第二个层次辩论的是对"朋友"和"敌人"的定义。人类在区分"敌友"时容易犯错，即把"看上去是"当成"是"，结果把"好人当成敌人，把坏人当成朋友"。[2] 苏格拉底引导玻勒马霍斯修正关于正义的定义：所谓的朋友不仅是"看上去好的人"，而且还是"实际上真正好的人"，所谓的敌人不仅是"看上去坏的人"，而且"其实是真的坏人"。[3]

苏格拉底第三个层次辩论的是对"伤害"的理解。在玻勒马霍斯看来，伤害别人就是剥夺别人的财产，各城邦为占有这些稀缺资源而彼此竞争，乃至处于战争状态。苏格拉底则从灵魂固有的德性来理解伤害：伤害就是夺走了灵魂中固有的德性。而正义是灵魂的一种德性，它不可能伤害别人，无论是朋友还是敌人。正如好人不能通过他的德性使人变坏，因为这与好的本性相反；正义的人也不能使人失去正义，这与正义的本性相抵触。正义是一种绝对的好，它不会伤害任何人，无论是朋友还是敌人。苏

---

[1] [美] 布鲁姆：《人应该如何生活——柏拉图〈王制〉释义》，刘晨光译，华夏出版社2009年版，第42页。

[2] [古希腊] 柏拉图：《理想国》，郭斌和、张竹明译，商务印书馆1986年版，334c，第12页。

[3] [古希腊] 柏拉图：《理想国》，郭斌和、张竹明译，商务印书馆1986年版，334c，第12页。

格拉底把人类作为一个整体来考虑，人与人之间没有朋友和敌人之分，也不存在竞争与战争的基础，这是一种非政治的正义观。

三、正义是统治者的利益

第三个对话的是色拉叙马霍斯（Thrasymachus），他是有名的智术师，色拉叙马霍斯的希腊文原义是"勇于战斗"。在克法洛斯与玻勒马霍斯所代表的老中两代不知正义为何物的社会背景中，恰恰给了能言善辩的智术师登台献技的机会。色拉叙马霍斯像野兽一样打断苏格拉底和玻勒马霍斯的谈话，并且一出场就对苏格拉底发难：

> 如果你真是要晓得什么是正义，就不该光是提问题，再以驳倒人家的回答来逞能。你才精哩！你知道提问题总比回答容易。你应该自己来回答，你认为什么是正义[1]

色拉叙马霍斯的开场白就揭示出哲人与智术师的区别：哲人在于提问，而智术师在于提供答案并宣称知道一切答案，他爱智慧但不一定拥有智慧。色拉叙马霍斯声称自己拥有关于正义的知识："正义不是别的，就是强者的利益。"[2]他把玻勒马霍斯的"朋友与敌人"换成了"强者与弱者"，这代表了城邦的正义观。强者是指那些在城邦掌握权力并成为统治者的人，统治者的利益通过他制定的法律体现出来：

> 每一种统治者都制定对自己有利的法律，平民政府制定民主法律，独裁政府制定独裁法律，依此类推。他们制定了法律明告大家：凡是对政府有利的对百姓就是正义的；谁不遵守，他就有违法之罪，又有不正义之名。因此，我的意思是，在任何国家里，所谓正义就是当时政府的利益。政府当然有权，所以唯一合理的结论应该说：不管在什么地方，正义就是强者的利益。[3]

克法洛斯的正义就是遵守法律，色拉叙马霍斯则指出了比法律更为根

---

[1] [古希腊] 柏拉图：《理想国》，郭斌和、张竹明译，商务印书馆1986年版，336c，第16页。

[2] [古希腊] 柏拉图：《理想国》，郭斌和、张竹明译，商务印书馆1986年版，338c，第18页。

[3] [古希腊] 柏拉图：《理想国》，郭斌和、张竹明译，商务印书馆1986年版，338e-339a，第19页。

本的宪法问题——谁统治？正义与宪法在《理想国》中首次关联了起来。"因敬重或恐惧而遵守法律的人，只不过在服务于强者的利益，不管强者是单个人，民众中的大多数，还是城邦内任何在政治上相关的团体。"[1] 色拉叙马霍斯与霍布斯一样，认为唯一的正义就是统治者所制定的法律，即把正义等同于合法性。但与霍布斯不同的是，色拉叙马霍斯的正义仅凭统治者这一事实就足以保障，而无须通过向统治者授权的契约，也无须保护被统治者的权利。

对于色拉叙马霍斯的正义观，苏格拉底从三个层面进行驳斥。苏格拉底首先用驳斥玻勒马霍斯的方法来质疑色拉叙马霍斯，就像判断敌我容易出错一样，统治者在判断什么是自己的利益时也会出错，他会制定出对自己不利的法律。因此，统治者（强者）只有拥有何为自己的利益的知识时，正义才是强者的利益。也就是说，正义不可能仅仅是统治者（强者）的权力，而是与知识相结合的权力。这与苏格拉底的"德性即知识"的命题只有一步之遥。色拉叙马霍斯承认知识在正义中的重要性，这一点使他与克勒托丰（Cleitopnon）区分开来[2]，也正是这一点使得苏格拉底可以驯服他，最后他们成为朋友。但是色拉叙马霍斯想当然认为，统治者知道自己的利益所在，这些知识是完全自知的，真正的统治是不会犯错的，他总是制定出对自己有利的法律。

其次，苏格拉底在"正义究竟是为了谁的利益"上进行了辩论。色拉叙马霍斯把正义定义为一种统治技艺，而这种技艺是为了统治者的利益。苏格拉底认为，所有的技艺都有其支配或统治的对象，它的唯一目的就是使其对象完善。也就是说，技艺是为了对象的利益，而非为了技艺使用者的利益，否则就不能成为技艺。医术成为一门技艺在于它能把病人的身体治好，建筑术成为一门技艺在于它能把房子盖好。医术和建筑术都是为了其对象（身体和房子）的利益，而不是为了医生和建筑师自己的利益——赚钱。同理，统治作为一门技艺它应该是为了被统治者（弱者）的利益，而不是为了统治者（强者）的利益。由于正义基于统治技艺，因此，正义也是为了弱者的利益。这样，苏格拉底就把色拉叙马霍斯关于正义的定义

---

[1] [美] 布鲁姆：《人应该如何生活——柏拉图〈王制〉释义》，刘晨光译，华夏出版社2009年版，第48页。
[2] 克勒托丰认为："遵守统治者的命令是正义。"[古希腊] 柏拉图：《理想国》，郭斌和、张竹明译，商务印书馆1986年版，340a，第21页。这是一种趋近法律实证主义的正义观。

完全颠倒过来了。既然每项技术的从事者都是为了对象的利益，而不是自身的利益，那么要他们把技术贡献给社会，就必须给他们报酬。社会给予统治这门技艺的报酬是"名"、"利"或者"惩罚"。好人不会为了"名"或"利"而去当官，因此，"只得用惩罚来强制他"，对好人最大的惩罚是"你不去管人，却让比你更坏的人来管你"。[1]

苏格拉底和色拉叙马霍斯的辩论最后集中在"正义与非正义谁有利"这一问题上。色拉叙马霍斯认为不正义比正义有利：

> 最不正义的人就是最快乐的人；不愿意为非作歹的人也就是最吃亏苦恼的人。极端的不正义便是大窃国者的暴政，把别人的东西，无论是神圣的还是普通人的，是公家的还是私人的，肆无忌惮巧取豪夺……但是那些不仅掠夺人民的钱财、并且剥夺人民的身体和自由的人，不但没有恶名，反而被认为有福。受他们统治的人是这样说，所有听见他们干那些不正义勾当的人也是这么说。一般人之所以谴责不正义，并不是怕做不正义的事，而是怕吃不正义的亏。所以，苏格拉底，不正义的事只要干得大，是比正义更加有力，更如意，更气派。[2]

苏格拉底认为对色拉叙马霍斯上述观点的辩驳不是件小事，而是"牵涉到每个人一生的道路问题——究竟做哪种人最为有利"[3]。苏格拉底又从三个层次对这一观点进行驳斥，认为正义比不正义有利。

第一，正义是智慧善好，而不正义是愚昧无知。苏格拉底把正义者理解为知识的拥有者，而知识在本性上不是竞争性的，"没有人为了享有知识而需要剥夺别人的知识，像一个人为了使用别人的金钱而夺取它一样"[4]。有知识的人不想在言行上胜过其他有知识的人，他只想胜过无知的人。然而，不正义者贪得无厌，他不但要胜过不同类（无知的人），而且要胜过

---

[1] [古希腊] 柏拉图：《理想国》，郭斌和、张竹明译，商务印书馆1986年版，347b-c，第30页。

[2] [古希腊] 柏拉图：《理想国》，郭斌和、张竹明译，商务印书馆1986年版，344a-c，第26—27页。

[3] [古希腊] 柏拉图：《理想国》，郭斌和、张竹明译，商务印书馆1986年版，344e，第27页。

[4] [美] 布鲁姆：《人应该如何生活——柏拉图〈王制〉释义》，刘晨光译，华夏出版社2009年版，第44页。

同类（有知识的人）。苏格拉底由此得出结论，正义与智慧善好同类，不正义与愚蠢无知同类。

第二，正义比不正义有力量。苏格拉底认为，正义不但是城邦建立的基础，还是维持城邦的势力或力量的基础。不正义不但使城邦不能采取一致行动，而且使城邦之间彼此为敌、相互仇恨。苏格拉底还认为当不正义发生在个人身上时，不正义不但使此人"自我矛盾，自我冲突，拿不出主见，不能行动"，而且"使他和自己为敌，并和正义为敌"[1]。

第三，正义的人比不正义的人幸福。苏格拉底认为对这一论点的论证"不是一件小事，而是一个人应该怎样采取正当的方式来生活的大事情"[2]。苏格拉底为此提出了"功能论证"（functional argument）。苏格拉底认为，每一件事物都有它的功能（ergon, function），事物的功能是指"非它不能做，非它做不好的一种工作（work）"[3]。例如，看是眼睛的功能，听是耳朵的功能。事物如果很好地发挥了其功能，则该物就取得了其"aretê"（音译为"阿瑞忒"）。基托（H. D. F. Kitto）认为：

> "阿瑞忒"这个词被普遍地运用于所有领域中，其含义简单来说就是"卓越"（excellence）。它的用法可以由其所处的特定上下文得以限定。一匹赛马的"阿瑞忒"在于它的速度，一匹拉车的马的"阿瑞忒"在于其力量。如果这个词用在人身上，在一般的语境中，它意味人所能有的所有方面的优点，包括道德、心智、肉体、实践各方面。[4]

英文一般把"aretê"翻译为"virtue"（德性或美德）。灵魂最基本的功能是"生活"（living），"生活"是希腊词灵魂（psuche）的基本含义。当灵魂很好地发挥其功能，即生活得好时，灵魂就取得其特有的德性。"正义是灵魂的德性"，因此，"正义的人生活得好"[5]。"生活得好"是希

---

[1] [古希腊] 柏拉图：《理想国》，郭斌和、张竹明译，商务印书馆1986年版，352a，第39页。
[2] [古希腊] 柏拉图：《理想国》，郭斌和、张竹明译，商务印书馆1986年版，352d，第39页。
[3] Plato, The Republic of Plato, translated, with notes and an interpretive essay by Allan Bloom, New York: Basic Books, Inc., 1968, 352e, p. 32.
[4] [英] 基托：《希腊人》，徐卫翔、黄韬译，上海人民出版社2006年版，第166页。
[5] Plato, The Republic of Plato, translated, with notes and an interpretive essay by Allan Bloom, New York: Basic Books, Inc., 1968, 353e, p. 33.

腊词幸福（eudaimonia）的原义，"生活得好的人必定快乐、幸福"[1]。与之相反，当灵魂不能很好地发挥其功能时，灵魂就不正义，人就活得不好，就会不幸福。

四、正义是契约

前面与苏格拉底对话的是三位非雅典公民，接下来参与对话是柏拉图的两位兄弟——格劳孔和阿德曼托斯（Adeimantus），他俩是雅典潜在的政治家。格劳孔和阿德曼托斯把一些新的元素引进了对话，以寻求苏格拉底的启蒙与帮助。首先向苏格拉底请教的是格劳孔，他问有没有一种正义之所以可欲，仅仅因为它自身，而不是它的后果。"因为它自身"也就是根据正义的自然或本性，从而，格劳孔是第一个把自然作为标准带入谈话的参与者。正义自然或本性是通过它的起源，而非它的终点来理解。回溯到正义的起源也就是回到现代社会契约学者所说的自然状态。在"自然状态"下，人们做不正义事是有利（good），但忍受别人做不正义事则是有害（bad）。当弱者发现"遭受不正义所得的害超过于不正义所得的利"之时，于是为了自我保存（self-preservation，又译为"自我保全"），相互之间就订立契约（set down a compact）：不允许别人行不正义；作为回报，自己不行不正义。[2] 正义是一种契约，它保护的是弱者的利益，这与色拉叙马霍斯的观点——正义保护的是强者的利益——相反。订立契约是源于弱者无力自保的恐惧："正义的本质就是最好与最坏的折衷——所谓最好，就是干了坏事而不受罚；所谓最坏，就是受了罪而没法报复。"[3]巴克（Ernest Barker）把这句话概括为："正义是恐惧之子。"[4]格劳孔关于正义与契约的观点被霍布斯继承和发展，自然状态下人们由于对暴死于他人之手的恐惧而缔结了社会契约，而正义就是"遵守社会契约"。

建立在恐惧之上的契约代表的不是自然正义，而是一种约定正义，它

---

[1] [古希腊] 柏拉图：《理想国》，郭斌和、张竹明译，商务印书馆1986年版，354a，第42页。

[2] [古希腊] 柏拉图：《理想国》，郭斌和、张竹明译，商务印书馆1986年版，358e-359a，第46页。

[3] [古希腊] 柏拉图：《理想国》，郭斌和、张竹明译，商务印书馆1986年版，358e，第46页。

[4] [英] 厄奈斯特·巴克：《希腊政治理论——柏拉图及其前人》，卢华萍译，吉林人民出版社2003年版，第223页。

是多数弱者联合起来对抗强者的一种权宜之计。如果行不正义之事不受惩罚，那么人们不愿选择做正义之人。契约并"没有战胜自然，自然仍旧驱迫人去获取他想要的，并置契约于不顾"[1]。格劳孔通过牧羊人巨吉斯的戒指（Gyges' ring）的故事来作说明。巨吉斯的戒指具有"隐身"功能，这样他干坏事别人都看不见，也不受任何惩罚。巨吉斯正是利用这只戒指勾引王后，并与她同谋杀掉了国王，最后攫取了王位。格劳孔认为，如果正义之人和不正义之人都拥有这样的戒指，他们都会像巨吉斯一样经不住诱惑，而去干坏事。因此，"没有人把正义当成是对自己的好事，心甘情愿去实行，做正义事儿是勉强的"[2]。

阿德曼托斯接着他兄弟补充了来源不同的其他意见，这些意见都有一个共同点，即它们对正义的赞美不是基于正义的本性，而是它的结果：

> 苏格拉底呀！这事说来也怪，你们自命为正义的歌颂者。但是，从古代载入史册的英雄起，一直到近代的普通人，没有一个人真正地歌颂正义，谴责不正义，便是肯歌颂正义或者谴责不正义，也不外乎是从名声、荣誉、利禄这些方面来说的。至于正义或不正义本身是什么？它们本身的力量何在？它们在人的心灵上，当神所不知，人所不见的时候，起什么作用？在诗歌中，或私下谈话里，都没有人好好地描写过，没有人曾经指出过，不正义是心灵本身最大的丑恶，正义是最大的美德。[3]

这些关于正义的意见对个体灵魂产生了极大影响，使他们不"知道走什么样路，做什么样人，才能使自己一生过得最有意义"[4]。阿德曼托斯最后要求苏格拉底证明如果正义是因其自身的原因而值得选择，那它必定是愉快的，或者通常在最悲惨的境遇下正义也足以使人感到幸福。正是带着这个问题，苏格拉底把对正义的探讨延伸到了个体灵魂的领域。

---

[1] [美]布鲁姆：《人应该如何生活——柏拉图〈王制〉释义》，刘晨光译，华夏出版社2009年版，第65—66页。
[2] [古希腊]柏拉图：《理想国》，郭斌和、张竹明译，商务印书馆1986年版，360c，第48页。
[3] [古希腊]柏拉图：《理想国》，郭斌和、张竹明译，商务印书馆1986年版，366e-367a，第55页。
[4] [古希腊]柏拉图：《理想国》，郭斌和、张竹明译，商务印书馆1986年版，365b，第53页。

第二节　灵魂的正义

在苏格拉底分别与克法洛斯、玻勒马霍斯、色拉叙马霍斯、格劳孔和阿德曼托斯进行完辩论后，他们虽然没有找到"什么是正义"的答案，但他们实现了两个目标：一是逐步解构了习俗的正义观；二是苏格拉底成功地定义了正义的问题，即正义除被理解为一种城邦的正义——法律、助友损敌、强者的利益和契约都与城邦相关——之外，还可以理解为一种灵魂的正义。真正的问题是，城邦的正义与灵魂的正义的本性是什么？二者究竟是什么关系？正如布鲁姆所指出："虽然他们仍疑惑什么是'正义'，可是他们的疑惑不再完全没有目标。"[1]为了对灵魂的正义展开探讨，苏格拉底在《理想国》卷二中提出了一个令人费解的大小写正义类比：

> 假定我们视力不好，人家要我们读远处写着的小字，正在这时候有人发现别处用大字写着同样的字，那我们可就交了好运了，我们就可以先读大字后读小字，再看看它们是不是一样。[2]

张文涛指出："这一提案表面上一个'类比'，实质上是一个'区分'，类比的同时，苏格拉底已经将一种特殊的正义观从传统的正义观中区分开来。这就是个人的正义，或准确地说，个人灵魂内部的正义。"[3]按照这种提案，要知道灵魂的正义，先得晓得城邦的正义；而要知道城邦与灵魂的正义先得知道它们各自的自然构成。

一、城邦与灵魂的构成

如何找到城邦的正义？苏格拉底又提出一个提案："如果我们把城邦

---

[1] Plato, *The Republic of Plato*, translated, with notes and an interpretive essay by Allan Bloom, New York: Basic Books, Inc., 1968, p. 337.
[2] [古希腊]柏拉图：《理想国》，郭斌和、张竹明译，商务印书馆1986年版，368d，第57页。
[3] 张文涛：《哲学之诗——柏拉图〈王制〉卷十义疏》，华东师范大学出版社2012年版，第10页。

看成是在言辞中成长（coming into being）的事物，那么我们就可以看到正义与非正义也是成长的。"[1]要考察生成的事物的本性（physis），需要从其起源开始：让事物从起源、自然成长到最终获得存在的过程展现出来。[2]正如弗里德兰德指出："柏拉图的城邦是生长的事物，而不是机器。就像一切真正的根源都永久地保留在源自它的事物中并规定着它们一样，这些开端也必定会延续到完美的城邦中去。"[3]于是，寻找城邦的正义被苏格拉底还原为对城邦的自然成长过程的考察。苏格拉底按城邦的自然生长过程依次创建了健康的城邦、奢华的城邦和净化的城邦，此过程中城邦的自然构成（natural constitution）依次呈现出来。通过观察城邦的自然构成，苏格拉底发现了灵魂的自然构成："在城邦里存在的东西在每一个个人的灵魂里也存在着，并且数目相同。"[4]

（一）城邦中的生产者与灵魂的欲望

第一个城邦叫健康的城邦，它是由苏格拉底与阿德曼托斯创建的。健康的城邦起源于人类保存身体或生命的最基本需要：首先是粮食，其次是住房，再次是衣服。一个人单靠自己无法满足这些最基本的需要，于是农夫、建筑工人、纺织工人、鞋匠等生产阶层出现了，四五个以各自手艺相互补充的人就构成了最初的健康城邦。

生产者代表的是灵魂的欲望。欲望是灵魂中"用以感觉爱、饿、渴等物欲之骚动的"部分，它追求的是"种种满足和快乐"。[5] 欲望在柏拉图那里有广义和狭义之分：广义的欲望是指人的各种各样的需要以及对这种需要的意识，它是灵魂三部分都有的，英文一般将它翻译为 desire；狭义

---

[1] Plato, *The Republic of Plato*, translated, with notes and an interpretive essay by Allan Bloom, New York: Basic Books, Inc., 1968, 369a, p. 45.
[2] 希腊语 physis（自然或本性）最初意指"生成"（growth），因而也指某物所成长的样子，也就是说，生成一词表示某物在完全长成、能像成熟的同类物一样活动时所具有的特征。[美]列奥·施特劳斯、约瑟·克罗波西主编：《政治哲学史》（上册），李天然等译，河北人民出版社1993年版，绪论，第2页。
[3] [德]弗里德兰德：《〈王制〉章句》，载刘小枫选编：《〈王制〉要义》，张映伟译，华夏出版社2006年版，第96页。
[4] Plato, *The Republic of Plato*, translated, with notes and an interpretive essay by Allan Bloom, New York: Basic Books, Inc., 1968, 441c, p. 121.
[5] [古希腊]柏拉图：《理想国》，郭斌和、张竹明译，商务印书馆1986年版，439d，第165页。

的欲望特指灵魂三部分之一的欲望部分，专指人类生存最基本的欲，譬如吃、喝、性以及贪恋钱财等，英文一般将它译作 appetite 或 appetite desire。[1] 狭义的欲望又分为必要的欲望和不必要的欲望：前者包括"不可避免的欲望"和"满足了对我们有益的"欲望，后者是我们"从小注意是可以戒除的，并且这些欲望的存在，对我们没有好处，有时还有害处"的欲望。[2] 健康城邦中生产者代表的是狭义的欲望，且是必要的欲望，欲望的必要性体现在为了保存身体或生命而所需要。必要（necessity）、需要（need）、生成（coming into being）和本性（nature）是苏格拉底描述健康城邦时反复使用的词。城邦在满足必要的欲望和需要过程中自然生成，从而获得它的本性。在健康城邦中，人们"身体健康，太太平平度过一生，然后无病而终，并把这种同样的生活再传给他们的下一代"[3]。苏格拉底把健康、和平的城邦称为"真正的城邦"（the true city）。健康城邦的正义存在于"各种职业阶层互通有无的相互需要之中"[4]。由于"各人天性不同，胜任于不同的工作"[5]，农夫准备粮食，建筑工人造房，纺织工人制衣，鞋匠制鞋。每个人做适合他天性的工作，"就会每种东西都生产得又多又好又容易"[6]。城邦仅满足于必要的欲望显然不能令阿德曼托斯的兄弟格劳孔满意，他讽刺健康的城邦为猪的城邦（a city of pigs），有着更高爱欲冲动的他把城邦推向了下一阶段——奢华的城邦。

（二）城邦中的护卫者与灵魂的激情

建立奢华的城邦是为了满足大量不必要的欲望，例如对舒适的家具、甜点、香料、香水、歌妓、绘画、刺绣等的欲望。这些不必要的欲望不是保存身体或生命所必需的，而是舒适地保存身体或生命所需要的。为了满

---

[1] 余纪元：《〈理想国〉讲演录》，中国人民大学出版社2011年版，第88—89页。
[2] [古希腊] 柏拉图：《理想国》，郭斌和、张竹明译，商务印书馆1986年版，558d-559a，第334页。
[3] [古希腊] 柏拉图：《理想国》，郭斌和、张竹明译，商务印书馆1986年版，372d，第63页。
[4] Plato, *The Republic of Plato*, translated, with notes and an interpretive essay by Allan Bloom, New York: Basic Books, Inc., 1968, 372a, p. 49.
[5] Plato, *The Republic of Plato*, translated, with notes and an interpretive essay by Allan Bloom, New York: Basic Books, Inc., 1968, 370b, p. 46.
[6] Plato, *The Republic of Plato*, translated, with notes and an interpretive essay by Allan Bloom, New York: Basic Books, Inc., 1968, 370c, p. 47.

足这些不必要的欲望，城邦出现了猎人、画家、诗人、演员、厨师、理发师等行业。城邦为了养活越来越多的人口必然从邻居那里争夺领土，领土之争引发了战争。随着战争作为城邦的一种技艺的出现，献身于战争技艺的战士产生了。战士是城邦的护卫者，他应该像品种优良的狗一样，"感觉敏锐，对觉察到的敌人要追得快，如果需要一决雌雄的话，要能斗得凶。如果要斗得胜的话，还必须勇敢"[1]。

护卫者代表的是灵魂的激情（sprit）。激情是灵魂中"藉以发怒"的那个部分，小孩和动物都有激情。激情有别于欲望部分，并且往往与欲望相冲突，苏格拉底通过勒翁提俄斯（Leontius）的故事予以说明。勒翁提俄斯屈服于自己的欲望去看了刑场上的尸体，为此，他对自己卑下的欲望感到愤怒。愤怒必定不同于欲望，因为"同一事物拿自己的同一部分在同一事儿上不能同时有相反的行动"[2]。勒翁提俄斯的愤怒体现的正是灵魂的激情。激情又是灵魂中"好胜和爱荣誉"的部分，当一个人认为自己遭遇不公时，激情就会"燃烧"，他就会去复仇和争取胜利[3]。因此，激情是"不可抗拒不可战胜"的东西，只要拥有了它，整个灵魂就可以对一切"无所畏惧，所向无敌"[4]。城邦出现了两个阶层：一个是代表欲望的生产者，另一个是代表激情的护卫者。前者专注于保存（包括舒适地保存）身体或生命，后者对荣誉的爱胜过对身体或生命的爱。如果说猪的城邦带来的是和平和健康，那么奢华的城邦带来的就是战争与发烧，奢华的城邦由此又叫发烧的城邦。奢华的城邦或发烧的城邦需要进行净化，这时城邦就进入第三阶段——净化的城邦。

（三）城邦中的统治者与灵魂的理性

既然护卫者的天性是"勇敢好斗"，怎么能避免他们与自己的同行和城

---

[1] [古希腊] 柏拉图：《理想国》，郭斌和、张竹明译，商务印书馆1986年版，375a，第67页。
[2] [古希腊] 柏拉图：《理想国》，郭斌和、张竹明译，商务印书馆1986年版，439b，第164页。
[3] [古希腊] 柏拉图：《理想国》，郭斌和、张竹明译，商务印书馆1986年版，440c，第167页。
[4] [古希腊] 柏拉图：《理想国》，郭斌和、张竹明译，商务印书馆1986年版，375b，第67页。

邦中其他公民发生冲突呢？护卫者"应该对自己人温和，对敌人凶狠"[1]，但"温和"和"凶狠"又是两种截然相反的天性，什么东西能确保护卫者对自己人温和，对敌人凶狠？苏格拉底求助于哲人："那么在你看来，除了要有激情，将来适合做护卫者的人是否天生是哲人（philosopher）呢？"[2]这是哲人在《理想国》中的第一次出现。希腊文中哲人的原意是"热爱智慧"，"爱学习和爱智慧是一回事"[3]苏格拉底依然用狗做类比，认为在狗身上能发现哲学的特性。好狗"对熟人非常温和，对陌生人却恰恰相反"，它"能以知和不知辨别敌友同异，你怎样能说它不爱学习呢？"[4]苏格拉底由此宣称："在一个真正善的城邦护卫者的本性里把爱好智慧和刚烈、敏捷、有力这些品质结合起来了。"[5]通过护卫者与狗的两次类比，苏格拉底把狗分为两类：战士-狗和哲人-狗。这意味着城邦的护卫者也分为两类：战士-护卫者和哲人-护卫者，前者现在被称为辅助者或助手，后者被称为统治者或最完美的护卫者。随着哲人-护卫者的出现，城邦也变成了净化的城邦。哲人"作为一个医生，医治奢华但发烧的城邦，恢复它的健康，同时又保存它的文明水准"[6]。

　　哲人代表的是灵魂的理性。理性是灵魂中"用以思考推理"的部分。相比于每个小孩都具有激情，并不是每个小孩都具有理性，"有些孩子我们从未看到他们使用理性，而大多数孩子他们能使用理性则都是很迟很迟之后的事情"[7]。理性直接对抗的是欲望，当一个人感觉渴（欲望）但在灵魂中阻止他饮的东西即理性。理性懂得什么对灵魂的三个部分有利，什

---

[1] [古希腊] 柏拉图：《理想国》，郭斌和、张竹明译，商务印书馆1986年版，375c，第67页。

[2] Plato, *The Republic of Plato*, translated, with notes and an interpretive essay by Allan Bloom, New York: Basic Books, Inc., 1968, 375e, p. 53.

[3] [古希腊] 柏拉图：《理想国》，郭斌和、张竹明译，商务印书馆1986年版，376b，第69页。

[4] [古希腊] 柏拉图：《理想国》，郭斌和、张竹明译，商务印书馆1986年版，375e、376b，第68、69页。

[5] [古希腊] 柏拉图：《理想国》，郭斌和、张竹明译，商务印书馆1986年版，376c，第69页。

[6] [德] 沃格林：《〈王制〉义证》，载刘小枫选编：《〈王制〉要义》，张映伟译，华夏出版社2006年版，第224页。

[7] Plato, *The Republic of Plato*, translated, with notes and an interpretive essay by Allan Bloom, New York: Basic Books, Inc., 1968, 441a-b, p. 120.

么对整个灵魂有利。[1] 理性从整个灵魂的利益出发进行思考和推理，从而做出最佳的行为。如果说欲望关注的是享乐，激情关注的是对所感到的轻蔑或错谬作出的反应，那么理性关注的则是利好（good，也即最佳的行为）。[2] 理性在灵魂中处于统治地位，激情听命于理性，就像狗听命于牧人。不仅如此，激情还是理性的盟友，它辅助理性对欲望进行统治：

> 这两者（理性和激情，引者注）即受到这样的教养，教育并被训练了真正发生自己本分的作用，它们就会去领导欲望——它占每个人灵魂的最大部分，而且本性是最贪得财富的……它们就会监视着它，免得它会因为充满了所谓的肉体快乐而变大变强不再恪守本分，企图去控制支配那些它所不应当控制支配的部分，从而毁掉了人的整个生命。[3]

需要指出的是，这里用于思考推理的理性不同于前述"线段喻"中的理性，前者的功能主要是"管理、指挥和计划"[4]，后者的功能后主要是观照理念（包括善的理念），因此，前者主要是一种实践理性，后者主要是一种思辨理性。正如余纪元指出："当柏拉图讨论灵魂的这三部分之间的关系，即在讨论心理正义时，他专注于实践理性部分，即灵魂的统治激情与欲望的实践能力。而当他探讨谁是真正的哲学家时，他专注于灵魂的思辨理性部分。"[5]

通过考察城邦的自然生成过程——从健康的城邦到奢华的城邦再到净化的城邦，苏格拉底发现，灵魂与城邦一样都由三部分构成，且二者三部分之间存在一一对应关系：理性对应统治者，激情对应辅助者，欲望对应生产者。

---

[1] Plato, *The Republic of Plato*, translated, with notes and an interpretive essay by Allan Bloom, New York: Basic Books, Inc., 1968, 442c, p. 122.

[2] [美] G. R. F. 费拉里编：《柏拉图〈理想国〉剑桥指南》，陈高华等译，北京大学出版社2013年版，第151页。

[3] [古希腊] 柏拉图：《理想国》，郭斌和、张竹明译，商务印书馆1986年版，442a-b，第169页。

[4] [古希腊] 柏拉图：《理想国》，郭斌和、张竹明译，商务印书馆1986年版，353d，第41页。

[5] 余纪元：《〈理想国〉讲演录》，中国人民大学出版社2011年版，第173页。

二、从城邦的正义到灵魂的正义

城邦和灵魂的自然构成被发现以后,格劳孔要求苏格拉底寻找正义。苏格拉底首先寻找的是城邦的正义,对城邦的正义寻找遵循的是以下逻辑:假定城邦按照之前的描述正确地(correctly)建立了起来,那它一定是完好的(perfectly good);既然是完好的,那么智慧、勇敢、节制和正义都能在其中找得到;如果能先找到前三种德性,那么剩下的就是正义。

在城邦中首先发现的是智慧(wisom)。智慧是好的谋划(good counsel),它是统治者所拥有的德性。通过智慧得到的知识不是用来考虑城邦某个特定方面的事情的知识,例如木工知识、制造铜器以及农业生产的知识,它是用来考虑城邦大事,改进它对内对外关系的知识,这种知识为极少数统治者所拥有:

> 一个按照自然(according to nature)建立起来的城邦,其所以能够整个被说成是有智慧的,乃是因为它的人数最少的那个部分和这个部分中的最小一部分,这些领导着和统治着它的人们所拥有的知识。并且,如我们所看到的,唯独这种知识才配称为智慧,而能够具有这种知识的人按照本性(by nature)属于人数最少的一类。[1]

勇敢(courage)是"一种保持",保持住关于什么样的事物应该可畏的信念,这种信念是由法律通过教育培植起来的。勇敢是辅助者所拥有的德性,它在辅助者身上就像羊毛接受染色一样,即使用最强褪色能力的碱水——快乐、苦恼、害怕和欲望——也不能使它褪色。

节制(moderation 或 temperance)就是"天性优秀和天性低劣的部分在谁应当统治,谁应当被统治——不管是在国家里还是在个人身上——这个问题上所表现出来的这种一致性和协调"[2]。节制既存在于统治者之中,也存在于被统治者之中。对统治者而言,他们认识到必须提供这种统治,对被统治者而言,他们承认必须服从统治。节制的作用也不同于智慧

---

[1] Plato, *The Republic of Plato*, translated, with notes and an interpretive essay by Allan Bloom, New York: Basic Books, Inc., 1968, 428e-429a, p. 107.

[2] [古希腊]柏拉图:《理想国》,郭斌和、张竹明译,商务印书馆1986年版,389d-e,第89页。

和勇敢，它作用于城邦各个部分，并使这些部分彼此和谐：

> 勇敢与智慧分别处于城邦的不同部分中而使城邦成为勇敢的和智慧的。节制不是这样起作用的。它贯穿全体公民，将最强的、最弱的和中间的（不管是指智慧方面，还是——你假如高兴的话——指力量方面，或者还是指人数方面，财富方面，或其他诸如此类的方面）都结合起来，造成和谐，就似贯穿整个音阶，把各种强弱的音符结合起来，产生一支和谐的交响乐一样。[1]

谈到正义，苏格拉底要求记住从建立城邦伊始就反复强调的一个原则："每个人必须在城邦中执行一项最合适于他本性的工作。"[2]也就是说，正义就是用来规定城邦的那个原则。苏格拉底开玩笑说："从一开始这个东西就老是在我们跟前晃来晃去，但是我们却总是看不见它。我们就如同一个人要去寻觅始终在他自己手上的东西一样可笑。"[3]在创建健康城邦中，正义指的是"每个人做自己的事"。正义从城邦的初级阶段一直延续到城邦的高级阶段，正义现在指的是统治者、辅助者和生产者在城邦里各做各的事而不相互干扰。[4]城邦中三个阶层各司其职，城邦是智慧的、勇敢的、节制的，因而，城邦就是正义的，也是完美的，它不需要另加什么正义。与之相反，若城邦的各阶层不各司其职，而相互干扰，就是不正义：

> 一个人假如天生是一个手艺人或者一个生意人，但是由于有财富、或者能够控制选举、或者身强力壮、或者有别的这类的有利条件而又受到蛊惑怂恿，企图爬上军人等级，或者一个军人企图爬上他们不配的立法者和护国者等级，或者这几种人互相交换

---

[1] [古希腊]柏拉图：《理想国》，郭斌和、张竹明译，商务印书馆1986年版，432a，第152页。希腊文"πόλις"一词的本义是"城邦"或"城市"，与现代人所说的"国家"不同，原中译本中的"国家"现译为"城邦"。

[2] Plato, *The Republic of Plato*, translated, with notes and an interpretive essay by Allan Bloom, New York: Basic Books, Inc., 1968, 433a, p.111.

[3] [古希腊]柏拉图：《理想国》，郭斌和、张竹明译，商务印书馆1986年版，432d-e，第153页。

[4] Plato, *The Republic of Plato*, translated, with notes and an interpretive essay by Allan Bloom, New York: Basic Books, Inc., 1968, 434c, p.113.

工具和地位，或者同一个人同时执行所有这些职务，我看你也会认为这种交换和干涉会意味着城邦（πόλις）的毁灭吧。[1]

城邦的正义找到以后，继续寻找灵魂中的正义，大写正义原为小写正义做准备。"就正义的形式（form）而言，正义的个人和正义的城邦是一样的。"[2]苏格拉底还从语义学上对这一观点进行了辩护："如果两个事物具有同一名称，一个大一个小，它们的本性是一样的。"[3]如果城邦的正义指的是城邦应该同时具有智慧、勇敢和节制，那么灵魂的正义也应该同时具有这三种德性：

> 当城邦里的这三种自然的人各做各的事情时，城邦被认为是正义的，并且，城邦也由于这三种人的其他某些情感和性格而被认为是有节制的、勇敢的和智慧的……我们也可以假定个人在自己的灵魂里具有和城邦里所发现的同样的那几种组成部分，而且有理由期望个人因这些与城邦里的相同的组成部分的"情感"而得到相同的名称。[4]

灵魂与城邦一样具有四种德性，并且名称相同。智慧由灵魂中理性部分滋养，勇敢由激情部分滋养。节制并不是严格地与欲望部分相对应，而是指灵魂中理性、激情与欲望彼此之间的协调一致："当人的这三个部分互相友好和谐，理性起领导作用，激情和欲望一致同意由它领导而不反叛，这样的人并非有节制的人吗？"[5]当灵魂具有智慧、勇敢和节制这三种德性之时，灵魂也就具有正义的德性。灵魂的正义指的是灵魂中理性联合激情统治欲望而达到的和谐秩序。灵魂的正义不允许"灵魂里的各个部分相互干涉，起别的作用"，而是将这三部分合在一起加以协调，"仿佛将高音、低音、中音以及其间的各音阶合在一起加以协调那样，使所有这些

---

[1] [古希腊]柏拉图：《理想国》，郭斌和、张竹明译，商务印书馆1986年版，434b，第156页。原中译本中的"国家"现译为"城邦"。

[2] Plato, The Republic of Plato, translated, with notes and an interpretive essay by Allan Bloom, New York: Basic Books, Inc., 1968, 435b, p. 113.

[3] Plato, The Republic of Plato, translated, with notes and an interpretive essay by Allan Bloom, New York: Basic Books, Inc., 1968, 435a, p. 113.

[4] [古希腊]柏拉图：《理想国》，郭斌和、张竹明译，商务印书馆1986年版，435b-c，第157页。

[5] Plato, The Republic of Plato, translated, with notes and an interpretive essay by Allan Bloom, New York: Basic Books, Inc., 1968, 442d, p. 122.

部分由各自分立而变成一个有节制的和和谐的整体"。[1] 相反，灵魂的不正义指的是：

> 三种部分之间的争斗不和、相互间管闲事和相互干涉，灵魂的一个部分起而反对整个灵魂，企图在内部取得领导地位——它天生就不应该领导的而是应该象奴隶一样为统治部分服务的，——不是吗？我觉得我们要说的正是这种东西。不正义、不节制、懦怯、无知，总之，一切的邪恶，正就是三者的混淆与迷失。[2]

灵魂的正义与不正义可以简略地概括为，"正义就是在灵魂中建立一些成分：它们合自然（according to nature）地有的统治着，有的被统治着，而相互间违反自然（contrary to nature）地统治着和被统治着就是非正义"[3]。

城邦的德性与灵魂的德性同形同构，源于二者之间的因果联系。城邦的智慧、勇敢和节制的德性除了来自个人以外，它无法从自身得到合理解释。希腊人热爱智慧，色雷斯人和西徐亚人充满昂扬的斗志，腓尼基人和埃及人贪婪财富，都只能从个人灵魂的德性中寻求理解。同理，城邦的正义只能来源于个人灵魂的正义。正在这个意义上，李尔（Jonathan Lear）认为，柏拉图在寻找正义时，先看城邦的大字，再来阅读写在个人灵魂上的小字，他这样做并非依据城邦与灵魂的类比，而是从灵魂起作用之方式得出的同形同构性。[4]

在关于正义的纷繁意见之中，苏格拉底开始了他寻求自然正义的哲学之旅。自然正义的哲学探险把我们带进了灵魂的深渊，"什么是自然正义"的问题变成了"什么是灵魂的正义"的问题。《理想国》的整篇对话都是在这一深渊中的艰难跋涉，直到最后才瞥见洞穴外的阳光。苏格拉底对灵

---

[1] [古希腊] 柏拉图：《理想国》，郭斌和、张竹明译，商务印书馆1986年版，443d-e，第172页。

[2] [古希腊] 柏拉图：《理想国》，郭斌和、张竹明译，商务印书馆1986年版，444b，第173页。

[3] Plato, *The Republic of Plato*, translated, with notes and an interpretive essay by Allan Bloom, New York: Basic Books, Inc., 1968, 444d, p. 124.

[4] [美] 李尔：《〈理想国〉的内与外》，刘未沫译，载娄林主编：《〈理想国〉的内与外》，华夏出版社2013年版，第28页。

魂的正义的寻找采用的是从大写的字来辨别小写的字的方法，即从城邦的"大写"的正义来认识灵魂的"小写"的正义。城邦的正义又被还原为城邦从起源、自然生成到最终获得存在的过程，城邦的正义即是"自然而然的东西"。因此，城邦的正义是"找"出来的，而不是"造"出来的。苏格拉底通过"找到"城邦的"大写"的正义，再发现了灵魂的"小写"的正义。城邦的正义是统治者、辅助者和生产者在城邦里"各做各的事"，灵魂的正义是理性、激情与欲望"各起各的作用"，即"做他本分的事情"[1]。城邦之所以正义，是因为它体现了灵魂的正义，也就是说，灵魂的正义是城邦的正义产生的根源。从认识论角度，是通过城邦的正义来认识灵魂的正义；但从发生学角度，是通过灵魂的正义才产生城邦的正义。从后一角度来说，《理想国》中宪法学真正的道德基础是灵魂的正义。

---

[1] [古希腊]柏拉图:《理想国》，郭斌和、张竹明译，商务印书馆1986年版，441d-e，第169页。

第三章　从灵魂宪法到城邦宪法

通过城邦正义与灵魂正义的大小写类比，柏拉图发现了城邦和灵魂相似的构成部分。城邦和灵魂的正义和好坏与否取决于各自构成部分之间的秩序安排，即城邦宪法和灵魂宪法。《理想国》中对城邦和灵魂的探讨由此转变为对城邦宪法和灵魂宪法的探讨。[1] 灵魂宪法指的是灵魂中三个部分——理性、激情和欲望——之间的秩序安排。当理性、激情和欲望在灵魂中占统治地位时，我们分别叫理性型灵魂宪法、激情型灵魂宪法和欲望型灵魂宪法。灵魂宪法决定了一个人的性格和习惯，从而在他身上体现出一种生活方式。简而言之，个人的类型取决于他的灵魂宪法的类型，有多少种灵魂宪法就有多少种人。当灵魂的理性联合激情控制欲望而达到和谐秩序时，灵魂宪法是正义和完美的，他就是一个正义和完美的人；与之相反，当激情或欲望在灵魂中占统治地位时，灵魂宪法就是不正义和不完美的，他就是一个不正义和不完美的人。

城邦宪法指的是拥有不同类型灵魂宪法的公民在城邦中的秩序安排，其关键在于哪种类型灵魂宪法的公民做城邦的统治者。哪种类型灵魂宪法的公民做统治者意味着城邦追求或推崇他所代表的生活方式，因此，城邦宪法更为直白的定义是城邦的生活方式。施特劳斯对此有精辟的总结：

> Politeia［政治］一词通常被译作"宪法"（constitution）。但是当现代人在政治语境中使用"宪法"一词时，它们几乎不可避免地指的是一种法律现象，即某种如同一个国家的基本法的东西，而不是像躯体或灵魂的构成（constitution）。然而，politeia［政治］并非法律现象。古典派们是在与"法律"相对的意义上使用politeia［政治］的。Politeia 比之法律更为根本，它是一切法律的源泉。比起宪法（constitutional law）要管制政治权力而言，politeia［政治］更其是对共同体内部权力事实上的分配。

---

[1]《理想国》在445c处由灵魂的好坏过渡到灵魂宪法的好坏。

Politeia［政治］可以由法律来界定，但并非必须如此。[1]

　　城邦宪法（politeia）不是我们现代所理解的一种根本法和基本法，即城邦的宪法法律（constitutional law）；而是城邦政体或城邦政制，即由政府形式所决定的一个城邦的生活方式。正因为如此，《理想国》通过politeia这个题目讨论的"并非细枝末节的主题，而是有关人应该如何生活的主题"[2]。它展现的是对"应该做什么样的人，走什么样的路，以便过上美好的生活"的思考。[3] 弗里德兰德也正在这个意义上指出，表面上苏格拉底是在冷静地寻求正义的定义，事实上他是在暗暗地触及着最艰难的问题：人们应该如何生活。[4] 在《理想国》中，柏拉图认为当哲人在城邦中处于统治地位（哲人王制）时，城邦宪法是正义和完美的；与之相反，当非哲人在城邦中处于统治地位时，城邦宪法是不正义和不完美的。

　　城邦公民（更准确的说法是占统治地位的公民）的不同灵魂宪法形成了城邦公民的不同性格和习惯，从而形成了城邦的不同品质和风俗习惯，由此形成了城邦的不同生活方式，即不同的城邦宪法。灵魂宪法是城邦宪法产生的根源，有多少种灵魂宪法或灵魂类型就有多少种城邦宪法：

> 有多少种不同类型的宪法就有多少种不同类型的人们性格。你不要以为宪法是从木头里或石头里产生出来的。不是的，宪法是从城邦公民的习惯里产生出来的；习惯的倾向决定其他一切的方向……有五种宪法类型，就应有五种类型的个人灵魂。[5]

　　在《理想国》中，柏拉图分别探讨了哲人王制、荣誉制、寡头制、民主制和僭主制城邦宪法和与之相对应的灵魂宪法。对城邦宪法和灵魂宪法的探讨，柏拉图采用的是下降的路线，即先探讨最正义和最完美的城邦宪

---

[1] 参见［美］列奥·施特劳斯：《自然权利与历史》，彭刚译，生活·读书·新知三联书店2003年版，第137—138页。另请参见［美］列奥·施特劳斯：《论柏拉图的〈会饮〉》，邱立波译，华夏出版社2012年版，第11页。
[2] Plato, The Republic of Plato, translated, with notes and an interpretive essay by Allan Bloom, New York: Basic Books, Inc., 1968, 352d, p. 31.
[3] Plato, The Republic of Plato, translated, with notes and an interpretive essay by Allan Bloom, New York: Basic Books, Inc., 1968, 365b, p. 42.
[4] ［德］弗里德兰德：《〈王制〉章句》，载刘小枫选编：《〈王制〉要义》，张映伟译，华夏出版社2006年版，第63页。
[5] Plato, The Republic of Plato, translated, with notes and an interpretive essay by Allan Bloom, New York: Basic Books, Inc., 1968, 544d-e, p. 222.

法及其对应的灵魂宪法，再依次探讨不正义和不完美的城邦宪法及其对应的灵魂宪法，相比哲人王制城邦宪法及其对应的灵魂宪法，后四种城邦宪法及其对应的灵魂宪法是一个比一个不正义和不完美。对每一种城邦宪法及其对应的灵魂宪法的探讨，柏拉图采用的是从大写的城邦宪法来发现小写的灵魂宪法。但由于灵魂宪法是城邦宪法产生的根源，对二者关系的理解我们应该颠倒过来，从灵魂宪法来理解城邦宪法。我们先探讨正义和完美的灵魂宪法怎样产生了正义和完美的城邦宪法，再探讨不正义和不完美的灵魂宪法怎样产生了不正义和不完美的城邦宪法。

第一节　从完美的灵魂宪法到完美的城邦宪法

一、善的理念与宇宙秩序

灵魂宪法的道德基础是灵魂的正义，而灵魂的正义是理性联合激情统治欲望而达到的和谐秩序。苏格拉底认为，这种定义正义的方法走的是一条"短的路"，要真正认识正义还要另走一条"困难而长远的路"[1]。这条长远的路是经由善的路，善的理念"是最大的知识问题，关于正义等的知识只有从它演绎出来的才能是有用和有益的"[2]。不仅如此，善的理念还是"一切正确者和美者的原因"[3]。因此，"没有一个人在知道善之前能够足够知道正义和美"[4]。善的理念不仅是正义和美被认识的原因，还是正义和美得以存在的原因：

> 太阳不仅使看见的对象能被看见，并且还使它们产生、成长

---

[1] [古希腊] 柏拉图：《理想国》，郭斌和、张竹明译，商务印书馆1986年版，435d，第158页。另参见 [古希腊] 柏拉图：《理想国》，郭斌和、张竹明译，商务印书馆1986年版，504b，第258页。

[2] [古希腊] 柏拉图：《理想国》，郭斌和、张竹明译，商务印书馆1986年版，505a，第260页。

[3] [古希腊] 柏拉图：《理想国》，郭斌和、张竹明译，商务印书馆1986年版，517c，第276页。

[4] [古希腊] 柏拉图：《理想国》，郭斌和、张竹明译，商务印书馆1986年版，506a，第262页。

和得到营养，虽然太阳本身不是产生……同样，你也会说，知识的对象不仅从善得到它们的可知性，并且从善得到它们自己的存在和实在，尽管善本身不是实在，而是在地位和能力上都高于实在的东西。[1]

善的理念"高于存在"[2]，它是理念（知识的对象）之所以存在的原因和根据，它是理念的理念；又因为理念是事物之所以存在的原因和根据，因此，善的理念是万事万物的至高无上的本原。正如太阳是可见世界的神[3]，善的理念是理念世界的神。柏拉图曾言："神是善的原因，而不是一切事物之因。"[4]赵广明就这句话分析指出："当神仅仅是善的事物的原因时，神已经褪尽了传统的神话色彩，开始步入纯净的非物质性的理念境界，成为新的神，理念的神。"[5]

善的理念究竟是如何使万事万物得以生成的？各种存在之间存在什么样的关系？施莱尔马赫指出，在《理想国》中，一门关于灵魂的精确知识并没有完成，所缺的知识在于灵魂与全部存在的关系问题，在于灵魂在全部存在中所占据的相应位置问题。[6]为了回答对这些问题，我们必须进入《蒂迈欧篇》。《蒂迈欧篇》是揭开《理想国》的"内在关系中可能仍然幽暗不明的内容的钥匙"[7]。在《蒂迈欧篇》的导言部分，苏格拉底首先回忆了以前他跟对话者谈话的主题："我昨天讨论的主题是，在我心目中最好的社会形式是什么，以及组成这样的社会该有什么样的人格。"[8]昨天讨论的主题显然指的是《理想国》中城邦的正义和灵魂的正义问题，苏格

---

[1] [古希腊] 柏拉图：《理想国》，郭斌和、张竹明译，商务印书馆1986年版，509b，第267页。
[2] 罗森（Stanley Rosen）认为，"善"是"在比喻意义上'高于存在'，这种存在指的不是这个或那个分离的和可以定义的种类，而是柏拉图理念的一个或一系列特性，即可理解性、稳定性和永恒性"。[美] 罗森：《哲学进入城邦——柏拉图〈理想国〉研究》，朱学平译，华东师范大学出版社2016年版，第316页。
[3] 在"太阳喻"中，苏格拉底两次提到太阳是一位神——太阳神赫利俄斯。[古希腊] 柏拉图：《理想国》，郭斌和、张竹明译，商务印书馆1986年版，508c，第265页。
[4] [古希腊] 柏拉图：《理想国》，郭斌和、张竹明译，商务印书馆1986年版，380c，第76页。
[5] 赵广明：《柏拉图的神》，载《世界宗教研究》2001年第4期，第119页。
[6] [德] 施莱尔马赫：《论柏拉图对话》，黄瑞成译，华夏出版社2011年版，第317页。
[7] [德] 施莱尔马赫：《论柏拉图对话》，黄瑞成译，华夏出版社2011年版，第315页。
[8] [古希腊] 柏拉图：《蒂迈欧篇》，谢文郁译注，上海人民出版社2003年版，17c，第12页。

拉底接下来对该主题的复述（17c-19a）与《理想国》（第1—5卷）的内容吻合。柏拉图如此行文表明，《蒂迈欧篇》是《理想国》的继续。《蒂迈欧篇》讨论的主题是宇宙的本性和创造问题[1]，这一主题是对《理想国》讨论主题的深化。《蒂迈欧篇》的正文部分是蒂迈欧讲述宇宙生成的问题。蒂迈欧一开始就对"永恒存在没有生成的东西"和"永恒生成无时存在的东西"作了区分：前者由思想通过推理来认识，后者是作为意见对象通过非推理的感觉来把握。[2] 简而言之，前者关注的是存在（being），后者关注的是生成（becoming）。蒂迈欧接着把二者的关系界定为"模型"（"模式"或"摹本"）与"摹本"的关系：

> 如果同意这种看法，我们的世界就是某种模式的摹本。无论讨论什么问题，最重要的是找到真正的出发点。因此，这里我们必须对摹本和模式加以区分：因为对象本身由此区分，而我们的认识以对象为准。对于那理性的对象，我们给出的解释也必须是永恒不变的；并就其本性而言，是无可争辩的，不可拒绝的；它是完美无缺的。而关于那些由模仿这模式而产生的事物，我们的解释也只能是大约近似的。从实在到被造物的过程也是从真理到意见的过程。[3]

在对存在进行第三类（载体）划分时，蒂迈欧又提到了二者之间的关系：

> 原先划分的两类对在此之前的讨论来说，那是足够了。我们先是设想了永远自身同一的理性原型，接着谈到了这原型的摹本；摹本是派生的、可见的。[4]

宇宙是生成物，它以永恒存在没有生成的理念（宇宙的理念）为摹

---

[1] [古希腊]柏拉图：《蒂迈欧篇》，谢文郁译注，上海人民出版社2003年版，27c，第25页。

[2] 参见[古希腊]柏拉图：《蒂迈欧篇》，谢文郁译注，上海人民出版社2003年版，28a，第25页。另参见[古希腊]柏拉图：《柏拉图全集》（第三卷），王晓朝译，人民出版社2003年版，第279页。

[3] [古希腊]柏拉图：《蒂迈欧篇》，谢文郁译注，上海人民出版社2003年版，29b-c，第26页。

[4] [古希腊]柏拉图：《蒂迈欧篇》，谢文郁译注，上海人民出版社2003年版，48e-49a，第45页。

本；换言之，永恒存在没有生成的理念是宇宙的模型。凡生成物必有原因，而宇宙的理念不能直接作为宇宙生成的原因。亚里士多德对此作了解释：理念不是动力因或变化的来源，而仅仅是形式因或目的因。它们不会不引起变化，而只是将各处被引发的变化加以规范。它们是标准，不是力量。因此我们必须到别处去寻找这个世界中运动和生命活跃的来源。[1] 宇宙生成的直接原因来自"得穆革"（Demiouge），在《蒂迈欧篇》中被称为"神"、"宇宙之父"、"造物者"和"巨匠"。得穆革为什么会创造宇宙呢？得穆革是善的，没有一位善者会对任何东西产生妒忌；没有嫉妒，他就希望一切都像他自身一样。[2] 善是得穆革创造宇宙的目的，而他又是善的理念的化身，即得穆革又以自身（善的理念）为模型来制造宇宙。

善的理念的标准是秩序，得穆革首先为宇宙设定秩序。在得穆革设定宇宙秩序之前，宇宙不是静止的，而是处于混沌无序的运动之中，想到秩序无论如何要比无序好，他把无序变为有序。[3] 宇宙的希腊文为"κόσμος（cosmos）"，它的本义是秩序，与混沌（chaos）相对。秩序来源于理性，"在可见事物中理性的存在在整体上优于没有理性的存在"；而理性只能存在灵魂之中，因此，得穆革创造出的宇宙是拥有灵魂和理性的生命体。[4] 得穆革制造宇宙灵魂是先把"不可分的"与"可分的"、"存在"、"同一"和"差异"混合，再把混合体按照数学比例——这种比例与音乐音程的比例相同——进行分割。由此可见，宇宙灵魂不仅是理性的，而且是和谐的。宇宙灵魂主宰了天体，后者按照数的规律运动。"这灵魂于是遍布天体的中心和边缘，把天体包含在内，作自我运动，引发了永不间断的有智慧的生命的开始。"[5]天体与宇宙灵魂的关系是，"天体是可见的；但灵魂

---

[1]　[英] 柯林伍德：《自然的观念》，吴国盛、柯映红译，华夏出版社1999年版，第81页。
[2]　[古希腊] 柏拉图：《蒂迈欧篇》，谢文郁译注，上海人民出版社2003年版，29e，第27页。另参见 [古希腊] 柏拉图：《柏拉图全集》（第三卷），王晓朝译，人民出版社2003年版，第281页。
[3]　[古希腊] 柏拉图：《蒂迈欧篇》，谢文郁译注，上海人民出版社2003年版，30a，第27页。
[4]　[古希腊] 柏拉图：《蒂迈欧篇》，谢文郁译注，上海人民出版社2003年版，30b，第27页。
[5]　[古希腊] 柏拉图：《蒂迈欧篇》，谢文郁译注，上海人民出版社2003年版，36e，第32页。

则不可见"[1]。宇宙灵魂还是宇宙身体的"主人"和"统治者",得穆革"把灵魂安置在中心,并使它扩展到整个身体,把整个身体都包围起来"[2]。宇宙身体是按照连续的几何比例由火、气、水、土四种元素构成的和谐统一体。一个具有上述灵魂和身体的生命体充分体现了善和秩序,它是最完善、最完美的生命体。

得穆革以最完善、最完美的生命体为模型制造宇宙:"神希望把宇宙变得尽可能和那个最完善完美的生命体一样,使它成为惟一的可见的生命体,并使一切有相同结构的生命体都包括在其中。"[3]于是得穆革创造了包括人在内的四种生命体:天空中的诸神、在空中飞行的有翅物、在水中的居住者、在陆地的行走者。[4] 人不是由得穆革直接地、完全地创造出来,他只创造了灵魂的不朽部分(理性部分),创造灵魂的可朽部分(激情和欲望部分)和身体部分的工作都交给诸神去完成。得穆革之所以不亲自完成造人的所有工作,是因为他不想让人成为神,人在被造时就注定了自己不完善的命运。众神模仿得穆革创造宇宙的模式,把灵魂的神圣和不朽部分放在身体最为重要的头部,使理性统治激情、欲望,灵魂统治身体。更为重要的是理性能对不理性的"必然"完成说服,使其大部分向善。[5]

在《蒂迈欧篇》中,得穆革以善的理念为原本创立了宇宙秩序,宇宙秩序最接近于善本身的完美。宇宙秩序是理性统辖下的和谐整体:大到天体的井然有序,小到个人灵魂内部的和谐一致。接近完美的宇宙秩序又是其他秩序的模型,包括个人的灵魂宪法和城邦宪法。由于得穆革把善的理念作为创造宇宙秩序的目的,这使得宇宙秩序就具有规范性。正如宋继杰

---

[1] [古希腊]柏拉图:《蒂迈欧篇》,谢文郁译注,上海人民出版社2003年版,36e,第32页。
[2] [古希腊]柏拉图:《蒂迈欧篇》,谢文郁译注,上海人民出版社2003年版,34b-c,第30—31页。
[3] [古希腊]柏拉图:《蒂迈欧篇》,谢文郁译注,上海人民出版社2003年版,30d,第28页。
[4] [古希腊]柏拉图:《蒂迈欧篇》,谢文郁译注,上海人民出版社2003年版,40a,第36页。
[5] [古希腊]柏拉图:《蒂迈欧篇》,谢文郁译注,上海人民出版社2003年版,48a,第44页。"必然"在《蒂迈欧篇》中指的是那种无目的、无秩序、不定、不可预计的无理性的运动。[古希腊]柏拉图:《蒂迈欧篇》,谢文郁译注,上海人民出版社2003年版,第109页注35。

指出:"由于目的论的加入,宇宙秩序(kosmos)不仅仅是一种实际的秩序('事实'),也是一种规范性的秩序('价值'),通过描述宇宙秩序(kosmos)的如此这般,也就描述了事物应该如何存在,所以能够从宇宙之存在(to be)的方式中引伸出作为宇宙之模仿者和宇宙之部分的人类行为之'应该(ought to be)'"。[1]也就是说,作为自然科学对象的宇宙由于其顶端的善的理念而被道德化了。从这个意义上,作为规范性的宇宙秩序又为灵魂宪法、城邦宪法奠定了道德根基。

二、哲人的灵魂宪法

宇宙秩序来源于灵魂的理性,但理性"只为诸神和极少数人所拥有"[2]。拥有理性的极少数人即哲人,哲人以宇宙秩序(神圣秩序)为原型来创造城邦秩序。神圣秩序不能直接产生城邦秩序,二者需要通过哲人的灵魂秩序才能产生联系。正如李尔指出:"哲人根据神圣为自己的灵魂塑形,他将它们内化为自己灵魂的秩序;唯有先完成这一内化,他才能进一步按照自己灵魂的秩序形塑城邦。"[3]哲人是神圣秩序进入城邦的唯一且必经路径:

> 他(哲人,引者注)的注意力永远放在永恒不变的事物上,他看见这种事物相互间既不伤害也不被伤害,按照理性的要求有秩序地活动着,因而竭力模仿它们,而且尽可能使自己象它们……和神圣的秩序有着亲密交往的哲学家,在人力许可的范围内也会使自己变得有秩序和神圣的。[4]

---

[1] 宋继杰:《柏拉图伦理学的宇宙论基础:从〈理想国〉到〈蒂迈欧篇〉》,载《道德与文明》2016年第6期,第21页。

[2] [古希腊]柏拉图:《蒂迈欧篇》,谢文郁译注,上海人民出版社2003年版,51e,第49页。

[3] [美]李尔:《〈理想国〉的内与外》,刘未沫译,载娄林主编:《〈理想国〉的内与外》,华夏出版社2013年版,第25—26页。"内化"(internalization)与"外化"(externalization)是李尔针对《理想国》中灵魂—城邦类比和诗歌的讨论而提出的划分:前者指灵魂吸收社会的文化影响的过程;后者则是一种回馈过程,指的是人将内化于自己的文化影响又外推到社会。参见[美]李尔:《〈理想国〉的内与外》,刘未沫译,载娄林主编:《〈理想国〉的内与外》,华夏出版社2013年版,第19—28页。

[4] [古希腊]柏拉图:《理想国》,郭斌和、张竹明译,商务印书馆1986年版,500c-d,第252—253页。

哲人模仿神圣秩序而形成的灵魂秩序就是柏拉图意义上的灵魂宪法。哲人的灵魂宪法是什么呢？我们先来了解一下一般意义上的灵魂宪法。柏拉图对灵魂宪法的分析是借助一个"灵魂的塑像"来进行的，塑像由三部分合成：其一是人形的像；其二是狮像；其三是类似希腊神话中的多头怪兽像，它既长有狂野之兽的头，也有温驯之兽的头，而且这些头还会变，会长出新头。然后在三合一的塑像上加一个人的外壳，这样别人就看不到里面的东西，以为这纯粹是一个人的像。人像、狮像和多头怪兽像比喻的是灵魂的"人性"（或"神性"）、"狮性"和"兽性"，三者分别对应着灵魂的理性、激情和欲望，它们之间的秩序安排就是灵魂宪法。当人性部分或神性部分联合狮性统治兽性部分之时，灵魂的宪法就是正义的：

> 让我们内部的人性能够完全主宰整个的人，管好那个多头的怪兽，象一个农夫栽培浇灌驯化的禾苗而铲锄野草一样。他还要把狮性变成自己的盟友，一视同仁地照顾好大家的利益，使各个成分之间和睦相处，从而促进它们生长。[1]

灵魂的人性或神性部分也是灵魂的善部分，当灵魂的人性部分统治兽性部分之时，灵魂宪法也是完美的和可敬的。具有正义和完美的灵魂宪法的人被称为正义的人和好人。这种人必定是最优秀的人，哲人就是典型代表，他时刻"注视自己灵魂的宪法，守卫着它，不让这里因财富的过多或不足而引起任何的纷乱"[2]。与之相反，当灵魂中兽性部分统治人性部分之时，灵魂的宪法就是不正义的和不完美的，具有这灵魂宪法的人被称为不正义的人和坏人，僭主是这种人的典型代表。

柏拉图认为，一个人只有在灵魂中建立起了正义和完美的宪法，我们才能让他自由。在谈到儿童什么时候能得到自由时，柏拉图指出：

> 我们管教儿童，直到我们已经在他们身上确立了所谓的宪法管理时，才放他们自由。直到我们已经靠我们自己心灵里的最善部分帮助，在他们灵魂里培养出了最善部分来，并使之成为儿童

---

[1] [古希腊] 柏拉图：《理想国》，郭斌和、张竹明译，商务印书馆 1986 年版，589b，第 382 页。
[2] Plato, *The Republic of Plato*, translated, with notes and an interpretive essay by Allan Bloom, New York: Basic Books, Inc., 1968, 591e, p. 274.

灵魂的护卫者和统治者时，我们才让他们自由。[1]

与之相反，当"天性中善的部分受奴役于野性部分"时，我们必须从外部迫使这种人成为优秀人的奴隶。这是因为，受优秀之人的统治对于大家都是比较好的。葛恭（Olof Gigon）认为，柏拉图这里的自由指的是：

> 如果原则上其灵魂与身体的关系正确，则他有权要求不被作为奴隶来对待。不受奴役的人决定并关注的是：让灵魂统治身体；灵魂中三个部分中的任一个位置都处在合适的位置上。[2]

自由就是灵魂中三个部分各就其位，即灵魂中建立起正义和完美的宪法，从这个意义上说，只有哲人是自由的人。哲人不仅是最正义、最好、最自由的人，他也是最幸福的人。在柏拉图看来，幸福是一种快乐。理性型灵魂宪法、激情型灵魂宪法和欲望型灵魂宪法代表三种不同类型的人，分别是爱智者（哲人）、爱胜者和爱利者。这三种类型的人享有三种快乐，爱智者的快乐是学习的快乐和献身真理的快乐，爱胜者的快乐是来自他人尊敬的快乐，爱利者的快乐是一种金钱带来的快乐。"三种快乐之中，灵魂中那个我们用以学习的部分的快乐是最真实的快乐，而这个部分在灵魂中占统治地位的那种人的生活也是最快乐的生活。"[3]爱智者（哲人）的快乐是最真实的快乐，爱胜者和爱利者的快乐都是不真实的快乐，它们只是快乐的一种影像。

柏拉图在对话的最后又通过一个冥府神话完成了对哲学生活方式的辩护。神话讲述的是没有身体的厄洛斯在冥府用自己灵魂之眼所见的宇宙整全。马特指出：

> 既然摆脱了身体之眼，神话就给人以这样的印象，它使得那些能够刺激并唤醒灵魂之眼的隐匿之物变得可见。正像在一个封闭的范围内，神话式叙述把那凝思着它们理论中的一连串形象召

---

[1] Plato, *The Republic of Plato*, translated, with notes and an interpretive essay by Allan Bloom, New York: Basic Books, Inc., 1968, 590e-591a, p. 273.
[2] [瑞士]葛恭：《柏拉图与政治现实》，黄瑞成、江澜等译，华东师范大学出版社2010年版，第18—19页。
[3] [古希腊]柏拉图：《理想国》，郭斌和、张竹明译，商务印书馆1986年版，583a，第370页。

唤出来，所有这一切都是为了对灵魂的显明。[1]

根据这个神话，灵魂在死后将按照生前的德性和恶行受到相应的赏罚，坏的灵魂下地狱受折磨，好的灵魂在天堂享受"不寻常的美和快乐"。一千年后，他们都将来到"命运"三女神[2]面前，对来世的命运（daemon）[3]作出选择。拉赫西斯[4]的神使把阄和生活方式放到众灵魂中间，要求他们按拾得阄的顺序为自己选择将来的生活方式，并且选择的生活方式比灵魂的数目多。神使宣布神意：

> 不是神决定你们的命运，是你们自己选择命运。谁拾得第一号，谁就第一个挑选自己将来必须度过的生活。美德任人自取。每个人将来有多少美德，全看他对它重视到什么程度。过错由选择者自己负责，与神无涉。[5]

厄洛斯发现，他们的选择大部分取决于生前由灵魂宪法所塑造的性格和习惯，这印证了赫拉克利特的著名判断，"人的性格（character）即其命运"[6]。第一个灵魂是一个像克法洛斯一样正派的人，前世生活循规蹈矩，刚在天上走了一趟，但他选择了"最大僭主的生活"。当他发现这种生活包含着吃自己孩子的命运在内时，他把受苦归结于神意，而忘了当初的选择完全出于自己的"自由意志"。虽然灵魂都在"自由和平等"地选择自己的命运，但由于习性限制了自由和平等，这种自由和平等实际上是虚幻的，沃格林称它为"无实质内容的自由"[7]。柏拉图提出了一个非常艰难的问题：个体灵魂真正的自由和平等如何可能？他指出的方向是寻求

---

[1] 马特：《柏拉图的神话戏剧》，罗晓颖译，载张文涛选编：《神话诗人柏拉图》，华夏出版社2010年版，第7页。
[2] 命运三女神指的是拉赫西斯、克洛索、阿特洛泊斯，她们是"必然"的女儿，控制着推动所有球形天体转动的"必然"纺锤。
[3] "daemon"是希腊神话中半人半神的精灵，负责守护某个人或者某个地方，一般译为"守护神"或"命运"，命运是守护神的引申含义。
[4] 拉赫西斯女神的名字"Λάχεσις"本义就是"分配者"，但她抛弃了命运的分配权，让每个灵魂自由选择自己的守护神。
[5] [古希腊] 柏拉图：《理想国》，郭斌和、张竹明译，商务印书馆1986年版，617e，第422页。
[6] [古希腊] 赫拉克利特：《赫拉克利特著作残篇》，T. M. 罗宾森英译，楚荷中译，广西师范大学出版社2007年版，第131页。
[7] [德] 沃格林：《〈王制〉义证》，载刘小枫选编：《〈王制〉要义》，张映伟译，华夏出版社2006年版，第179页。

哲人的帮助。哲人"注视着灵魂的本性",他"指导我们辨别善的生活和恶的生活,随时随地选取尽可能最善的生活"[1]。第一个灵魂作出错误的选择,正是因为"他的好是由于风俗习惯而不是学习哲学的结果"[2]。为了寻求给这空洞的自由增添上实质的内容,为了争取个体灵魂上的平等,必须向哲人学习,即接受哲人的教育,认识"灵魂的本性",区分什么是"善"和"恶","把能使灵魂的本性更不正义的生活名为较恶的生活,把能使灵魂本性更正义的生活名为较善的生活"[3]。除非我们已经尊崇智慧从而能够作出正确的抉择,否则,这种自由和平等的选择会变得极其危险。

只要有了智慧作为指导,"即使是最后一个选择也没关系,只要他的选择是明智的,他的生活是努力的,仍然有机会选到能使他满意的生活。愿第一个选择者审慎对待,最后一个选择者不要灰心"[4]。最后一个来选择的是奥德修斯的灵魂,他选了一种"只关心自己的事务的私自生活"。"只关心自己的事务"暗示了奥德修斯选择苏格拉底式的哲人生活[5],即做一个专心照顾自己灵魂宪法的人。奥德修斯之所以选择哲人的生活,是由于他记得生前吃过的苦头,抛弃了对荣誉的热望,而且花了很多时间来寻找。在厄洛斯神话的所有灵魂中,只有奥德修斯没有选择变形,保持了人的形式,"对他面前的兽性和神性都给予拒绝——只做人"[6]。朗佩特(Laurence Lampert)认为:"奥德修斯出现在柏拉图的很多对话中,在禀赋上与苏格拉底最接近,也是为哲人苏格拉底铺过路的先行者。"[7]如果哲人被认为是"论述自然的人",那么奥德修斯就可称为第一个哲人。诚如

---

[1] [古希腊] 柏拉图:《理想国》,郭斌和、张竹明译,商务印书馆1986年版,618c-e,第423页。
[2] [古希腊] 柏拉图:《理想国》,郭斌和、张竹明译,商务印书馆1986年版,619d,第424页。
[3] [古希腊] 柏拉图:《理想国》,郭斌和、张竹明译,商务印书馆1986年版,618e,第423页。
[4] [古希腊] 柏拉图:《理想国》,郭斌和、张竹明译,商务印书馆1986年版,619b-c,第423页。
[5] 在柏拉图那里,"只关心自己的事务"特指哲人的生活方式。参见 [古希腊] 柏拉图:《理想国》,郭斌和、张竹明译,商务印书馆1986年版,496d-e,第248页。
[6] 德内恩:《解决诗与哲学的古老纷争:柏拉图的奥德赛》,刘麒麟译,载张文涛选编:《戏剧诗人柏拉图》,华东师范大学出版社2007年版,第613页。
[7] [美] 朗佩特:《施特劳斯与尼采》,田立年、贺志刚等译,上海三联书店、华东师范大学出版社2005年版,第171页。

施特劳斯所言："假如我们有权利采用富有诗意的表达方式，我们可以说，我们所知的第一个提到自然的人是奥德修斯，他看到过很多人居住的城邦，因而知道各城邦或部落的人在思想上有什么不同。"[1]奥德修斯正是凭着他的哲学天性，才选择了最正义、最美好、最自由和最幸福的生活。

三、哲人王制城邦宪法

哲人拥有正义和美好的灵魂宪法，他接下来的工作就是把它外化为正义和美好的城邦宪法——哲人王制。哲人像一位伟大娴熟的画家一样，他将自身的灵魂宪法描绘在画板上。在哲人着手描绘城邦宪法之前，他需要把画板清洗干净：

> 他们将拿起城邦和人的素质就象拿起一块画板一样，首先把它擦净……在得到一个干净的对象或自己动手把它弄干净以前，他们是不肯动手描画个人或城邦的，也不肯着手立法的。[2]

在《理想国》中，柏拉图分配给苏格拉底的就是这样的立法者角色，就像得穆革为宇宙颁定秩序和法则一样。哲人王制城邦宪法的核心内容包括三个方面——男女平等、共妻共产和哲人王，这三个方面对传统习俗观点形成了巨大的冲击，苏格拉底把它们比喻为可能吞噬自己的"三波浪潮"。男女平等、共妻共产是哲人王的前提，它们分别废除的是男女在身体上的差异、家庭和私有财产，这些都是苏格拉底为了画出正义和美好的城邦宪法而对城邦和灵魂进行的清洗。

第一波浪潮是男女平等，即女人像男人一样可以成为城邦的辅助者，甚至统治者。城邦的正义要求每个人必须在城邦中执行一项最合适于他（或她）本性的工作，"合适于他或她本性"也就是说合适于他（或她）的灵魂宪法的类型，女人像男人一样拥有理性型、激情型和欲望型灵魂宪法，即他们（或她们）的本性是相同的；既然本性是相同的，他们（或她们）就应该担任相同的工作：

> 没有任何一项管理国家的工作，由于女人在干而专属于女

---

[1] [美]列奥·施特劳斯、约瑟夫·克罗波西主编：《政治哲学史》（上册），李天然等译，河北人民出版社1993年版，绪论，第2页。

[2] [古希腊]柏拉图：《理想国》，郭斌和、张竹明译，商务印书馆1986年版，501a，第253页。

性，或者因为男人在干而专属于男性。各类的天赋才能一般分布于男女两性。根据自然，各种职务，不论男的女的都可以参加，只是总的说来，女的比男的弱一些罢了。[1]

如果女人拥有激情型灵魂宪法，表明她就有保卫城邦的天赋，那么都可以担任城邦辅助者的工作；如果女人拥有理性型灵魂宪法，表明她就有领导城邦的天赋，那么都可以担任城邦统治者。女人和男人必须接受同样的教育与训练，否则就无法完成适合其本性的工作。这种安排会出现以下震撼的场面：女人和男人一同裸体训练，甚至皱纹满面，看上去很不顺眼的老女人也要裸体与男人训练。[2] 苏格拉底认为，这种场面从习俗的角度看是令人发笑，但从自然的角度看则不可笑，因为人们看到的是灵魂，而不是身体，灵魂以德为衣，而非以衣为衣。如果根据男女性别来分派工作，它就是反自然的，这就像"禁止长头发的人做鞋匠而不禁止秃头的人做鞋匠"[3]一样是可笑的。人们给男人和女人分派不同的工作，是基于男人和女人在身体上的差异。男人和女人之间最重大的身体差异莫过于"阴性受精生子，阳性放精生子"，但苏格拉底认为，"我们不能据此得出结论，男女之间应有我们所讲那种职业的区别"。[4] 苏格拉底对灵魂宪法的分析忽视了公民身体的差异，对这一点的忽视使得每种灵魂宪法获得同质性，这种同质性恰恰是哲人王制赖以建立的前提。

第二波浪潮是共妻共产，它包括两个方面的内容：妻儿共有和财产共有，前者涉及的是婚姻家庭，后者涉及的是财产。第二波浪潮针对的是城邦的统治者和辅助者，这两个阶层分别由拥有理性型灵魂宪法和激情型灵魂宪法的人构成。统治者和辅助者要完好地履行他们在城邦的职责，就必须控制灵魂中的欲望，代表后者的是城邦的生产者。妻子共有和财产共有对统治者和辅助者灵魂宪法中理性、激情作用的发挥以及对欲望的控制都非常必要。

---

[1] [古希腊] 柏拉图：《理想国》，郭斌和、张竹明译，商务印书馆1986年版，455d-e，第187页。

[2] [古希腊] 柏拉图：《理想国》，郭斌和、张竹明译，商务印书馆1986年版，452b，第181页。

[3] [古希腊] 柏拉图：《理想国》，郭斌和、张竹明译，商务印书馆1986年版，454c，第185页。

[4] [古希腊] 柏拉图：《理想国》，郭斌和、张竹明译，商务印书馆1986年版，454e，第185页。

共妻共子实质上是对家庭的废除，之所以要废除家庭是因为它与城邦形成了对立。城邦与家庭的对立是人的"双重自然"（dual nature）——基于身体的自然和基于灵魂的自然——对立的反应。[1] 苏格拉底曾言："那些自然属于我们的事物，我们显然就会去爱。"[2] 从基于身体的自然来看，身体属于每个人自然所有，每个人爱自己的身体；每个人爱自己的身体也自然爱与自己身体有血缘关系的妻子、子女等家庭成员。基于身体自然延伸的对妻子和子女的爱与城邦正义所要求的每个人只从事一份与自己本性（灵魂）相符的工作相冲突，因为成为一个好丈夫和父母意味着不能成为一个好的护卫者。因此，苏格拉底大胆地提出用共妻共子来消除基于身体而产生的自然之爱：

> 这些女人应当归这些男人共有，任何人全都不得与任何人组成一夫一妻的小家庭。同样地，儿童也全公有，父母不知道谁是自己的子女，子女也不知道谁是自己的父母。[3]

必须通过共妻共子来废除家庭，因为家庭不仅影响护卫者对城邦的忠诚，而且影响人们对护卫者的爱：

> 如果家庭——它在某种程度上肯定是自然的——仍是忠诚唯一的对象，那么氏族和部落永远不会超越。为了成为或者是城邦的一员——或者是一个哲人——一个人必须与他原初的忠诚决裂。对人而言，肉体或血缘的纽带并不是唯一自然的事物；它们也不是最重要的事物。人们不但热爱他们家庭成员，而且热爱他们认为好的人。[4]

为了达到废除家庭的目的，苏格拉底还主张采取以下措施：孩子生下来就由专门管理这些事情的官员带去抚养，以防止孩子认出自己的父母；男人把在他结婚后第十个月或第七个月之间出生的孩子都视为自己的儿

---

[1]［美］布鲁姆:《人应该如何生活——柏拉图〈王制〉释义》，刘晨光译，华夏出版社2009年版，第73页。

[2]［古希腊］柏拉图:《〈吕西斯〉译疏》，陈郑双译疏，华夏出版社2014年版，222a，第59页。

[3]［古希腊］柏拉图:《理想国》，郭斌和、张竹明译，商务印书馆1986年版，457d，第190页。

[4]［美］布鲁姆:《人应该如何生活——柏拉图〈王制〉释义》，刘晨光译，华夏出版社2009年版，第121页。

女，而又把这些儿女的儿女看作自己的孙子孙女，这样城邦中所有的成员都是自己最亲爱的亲属；男人到了生育年龄，就可以与任何一个异性相处，包括自己的姐妹，但不允许与其女儿和母亲，以及女儿的女儿和母亲的母亲结合；城邦中所有十周岁以上的公民都被送到乡下，而把他们的子女交给哲人教育。

废除家庭还因为它的基础是欲望，而这种欲望与城邦护卫者代表的理性和激情存在冲突。作为家庭基础的欲望主要是性爱和生殖欲望，它们都是基于身体的自然。苏格拉底认为，大多数人基于自然的需要导致的两性结合不是基于"几何学的必然，而是爱欲的必然（erotic necessities）"[1]。为了避免城邦在性爱和生育方面的"毫无秩序，杂乱无章"，苏格拉底认为在这些方面应遵循几何的必然，而不是爱欲的必然。遵循几何学的必然意味着要符合城邦正义，即保持护卫者及其后代灵魂中理性和激情的同质性。为此，苏格拉底认为，性爱和生殖的秩序应作如下安排：最好的男护卫者必须与最好的女护卫者尽量多结合；男女护卫者应该在体力和智力处于最佳的年龄阶段，女护卫者在二十岁到四十岁之间，男护卫者在二十岁到五十五岁之间；结婚人数的多少由统治者根据战争、疾病以及其他因素斟酌决定。苏格拉底开出的这些处方，"不是为了创造出快乐的或满足的个人，而是为了创造一个团结的护卫者阶层。坦率地讲，婚姻的目的就是创造战士"[2]。这一系列处方还包括以下惊世骇俗的提案：对于表现勇敢的战士应该以性爱作为奖励，"他应该吻每一个人，而且被每一个人所亲吻"，并且"在该战役期间他要爱谁，谁都不准拒绝"[3]。罗森认为，苏格拉底提出此项提案的目的是诱使护卫者"通过政治功能，特别是通过战争，而不是通过肉体和血缘的联系，去识别他们的家庭"[4]。总之，废除了家庭，护卫者的性爱和生育都在城邦的安排与监控下进行，隐私几乎都被剥夺。

如果说共妻共子废除的是家庭，那么共产废除的是私有财产。每个人

---

[1] Plato, *The Republic of Plato*, translated, with notes and an interpretive essay by Allan Bloom, New York: Basic Books, Inc., 1968, 458d, p. 137.
[2] [美] 史蒂芬·B. 斯密什：《政治哲学》，贺晴川译，北京联合出版公司2015年版，第64页。
[3] [古希腊] 柏拉图：《理想国》，郭斌和、张竹明译，商务印书馆1986年版，468b-c，第207页。
[4] [美] 罗森：《哲学进入城邦——柏拉图〈理想国〉研究》，朱学平译，华东师范大学出版社2016年版，第230页。

对私有财产的爱同样是基于对自己身体的自然之爱的延伸。正如亚里士多德指出："人人都爱自己，而自爱出于天赋，并不是偶发的冲动（人们对于自己的所有物感觉爱好进而快意，实际上是自爱的延伸）。"[1]对私有财产的爱欲或欲望会阻碍护卫者灵魂中理性和激情发挥作用，因为护卫者必须放弃作为欲望外在表征的一切经济活动。护卫者"要是在任何时候获得一些土地、房屋或金钱，他们就要去搞农业、做买卖，就不再能搞政治做护卫者了"[2]。城邦的护卫者灵魂深处有神圣的金银，他们不应该让它与人世间的金银在一起而受到玷污；唯其如此，他们才能保全自己，保全城邦。[3]

当妻儿和财产都共有之后，护卫者就没有了"私有观念"。他们共有每一样东西，基于这种共有关系，就会引起"同甘共苦，彼此一体"的感觉。治理得最好的城邦，就是城邦中绝大多数人有统一的苦乐感觉。这个时候，城邦就像一个人，当人的某一部分感觉到了痛苦或快乐，整个人也就感觉到了。苏格拉底说：

> 象我们中间某一个人的手指受伤了，整个身心作为一个人的有机体，在统一指挥下，对一部分所感受的痛苦，浑身都感觉到了，这就是我们说这个人在手指部分有痛苦了。这个道理同样可应用到一个人的其他部分，说一个人感到痛苦或感到快乐。[4]

这种一同感受到的苦乐指的是灵魂的苦乐，而非身体的苦乐。因为一个人的身体只能属于他自己，它无法共有。因此，基于身体而产生的苦乐只能是自己的苦乐，别人无法快乐着你身体的快乐，也无法痛苦着你身体的痛苦。我的手指受伤了，尽管你可能会分享我灵魂的痛苦（感同身受），但无法分享我身体的疼痛。城邦苦乐的统一建基于"人仅仅作为灵魂存在"[5]，换言之，它必须忽略每个人在身体的苦乐上的差异。把人抽象为

---

[1] [古希腊] 亚里士多德：《政治学》，吴寿彭译，商务印书馆1965年版，1263b，第55页。
[2] [古希腊] 柏拉图：《理想国》，郭斌和、张竹明译，商务印书馆1986年版，417a，第131页。
[3] [古希腊] 柏拉图：《理想国》，郭斌和、张竹明译，商务印书馆1986年版，416e-417a，第130—131页。
[4] [古希腊] 柏拉图：《理想国》，郭斌和、张竹明译，商务印书馆1986年版，462d，第197页。
[5] [美] 尼柯尔斯：《苏格拉底与政治共同体——〈王制〉义疏：一场古老的论争》，王双洪译，华夏出版社2007年版，第104页。

灵魂，忽略身体的差异，这是贯穿整个哲人王制乃至《理想国》的一条主线。在论证哲人王制过程中，苏格拉底之所以最大可能把身体抽象掉，是因为建基于身体的城邦宪法与建基于灵魂的城邦宪法彼此对立，两种城邦宪法代表着两种截然不同的生活方式：前者是为了身体保存，它关注的是私有财产、家庭（乃至个人）和制度；后者是为了灵魂的完善，它关注的是德性、城邦（或国家）与教育。前者在霍布斯和洛克那里得到了充分的阐述，后者在苏格拉底那里得到了充分的阐述。

为了回答格劳孔穷追不舍的逼问：上述建基于灵魂（准确而说是灵魂宪法）的城邦宪法怎样才能实现？苏格拉底终于允许第三波浪潮——哲人王制——向我们袭来，整个谈话在此被推到顶峰：

> 除非哲人成为我们这些城邦的王，或者我们目前称之为王和统治者的那些人物能严肃认真地追求智慧，使政治权力与哲学合而为一，那些得此失彼、不能兼有的庸碌之辈（the many natures）必须排除出去，否则的话，我亲爱的格劳孔，对城邦甚至我想对全人类都将祸害无穷，永无宁日，我们现在已在言辞中（in speech）描述的宪法也将永远不会从自然中产生（from nature），永远只能是空中楼阁而已。[1]

哲人之所以能成为城邦的王或统治者，从根本上是由他的灵魂宪法决定的。哲人是理性型灵魂宪法的拥有者，这使得哲人具有当统治者的天性。哲人天生爱智慧，当他的"欲望被引导流向知识及一切这类事情去时"，他就会参与灵魂本身的快乐，而不注意身体的快乐。[2] 苏格拉底由此得出，哲人是节制的，且绝不会贪财。[3] 在哲人的眼里，生命太渺小，他"不会把死看作是一件可怕的事情"，即哲人具有勇敢的德性。前文已有论述，哲人还是最正义的人。因此，哲人拥有正义和完美城邦所需的四种德性。热爱智慧的绝不会心胸狭窄，与之相反，哲人"在无论神还是人

---

[1] Plato, *The Republic of Plato*, translated, with notes and an interpretive essay by Allan Bloom, New York: Basic Books, Inc., 1968, 473 d-e, pp. 153-154. 这段话刚好处于整篇对话的正中，《理想国》全书的编码是从327a到621d，这段文字被安排在473d-e部分。
[2] Plato, *The Republic of Plato*, translated, with notes and an interpretive essay by Allan Bloom, New York: Basic Books, Inc., 1968, 485d, p. 165.
[3] [古希腊]柏拉图：《理想国》，郭斌和、张竹明译，商务印书馆1986年版，485e，第231页。

的每件事情上总是追求整全（the whole）"[1]。哲人还具有一些其他天性，苏格拉底把它们一起总结如下：

> 一个人如果不是天赋具有良好的记性，敏于理解，豁达大度，温文尔雅，爱好和亲近真理、正义、勇敢和节制，他是不能很好地从事哲学学习的。[2]

苏格拉底以为，正是基于哲人的上述天性，人们才肯将城邦托付给他们。苏格拉底尤其强调了哲人在认识事物本性上的天性，这是哲人成为统治者最为根本的理由。苏格拉底指出，城邦的统治者应该由"视力敏锐的人"，而不是一个"盲者"去担任。[3] 哲人拥有最敏锐的灵魂之眼（理性），唯有他能观照理念（包括善的理念）和事物本性，从而获得真知。哲人的这种天性在与"盲者"的对比中显露无遗：哲人是理念，而非分享理念的事物的爱好者；是存在，而非生存的爱好者；是知识，而非意见的爱好者。哲人在认识上的天性，苏格拉底作了如下描述：

> 追求事物的本性是真正爱知者的天性，他不会停留在意见所能达到的多样的个别事物上，他会接着追求，爱的锋芒不会变钝，爱的热情不会降低，直到他理解了每一事物的本性，即用灵魂中适合于理解那类事物的部分——与之相似的部分才适合——去理解它。一旦灵魂的这个部分与事物的本性接近、交合，生产出了理性和真理，他才有了真知，才真实地活着成长着，于是他才会停止自己艰苦的追求过程，在这之前他是不会的。[4]

正是由于哲人具有认识事物本性的天性，他是正义和真善美的唯一拥有者。拥有正义和真善美又是成为一个正义和好的统治者的必备条件：

> 每一个灵魂全追求善，都把它作为自己全部行动的目标。人

---

[1] Plato, *The Republic of Plato*, translated, with notes and an interpretive essay by Allan Bloom, New York: Basic Books, Inc., 1968, 486a, p. 165.
[2] [古希腊] 柏拉图：《理想国》，郭斌和、张竹明译，商务印书馆1986年版，487a，第233页。
[3] [古希腊] 柏拉图：《理想国》，郭斌和、张竹明译，商务印书馆1986年版，484c，第228页。
[4] Plato, *The Republic of Plato*, translated, with notes and an interpretive essay by Allan Bloom, New York: Basic Books, Inc., 1968, 490a-b, pp. 169-170.

们直觉到它的确存在，但又对这没有把握；因为他们不能充分了解善究竟是什么，不能确立起对善的稳固的信念，象对别的事物那样；所以其他东西里有什么善的成分，他们也认不出来。在这么一个重大问题上，我要问，我们能容许城邦的最优秀人物——我们要把全部都委托给他的——也这么样愚昧无知吗？……总之我认为，假如一个人不知道正义和美怎样才是善，他就没有足够的资格做正义和美的护卫者。[1]

也正是由于哲人拥有正义和真善美，只有他能为城邦"制定出关于美、正义和善的法律，并守护着它们"。哲人是正义和美好的城邦宪法的唯一认识者，也是正义和美好的城邦宪法的唯一制定者。

关于哲人王制的本性，苏格拉底提醒我们注意，正是循着"什么是正义"的问题才描绘出哲人王制。寻找正义是为了得到一个模型或样板，以此作为判断正义与否的标准。也就是说，我们找到了正义的样板并不是把它变成现实存在的东西。哲人王制是最正义的城邦宪法，因为它体现的是理性、激情和欲望之间的和谐秩序；哲人王制城邦宪法还是最美好的城邦宪法，它是哲人模仿自己的灵魂宪法而描绘出来的，哲人的灵魂宪法模仿的是宇宙秩序，而宇宙秩序源于善。哲人王制是最正义且最美好的城邦宪法，它是衡量其他城邦宪法的标准。哲人王制作为一个样板，与它实现与否无关。"正如一个画家，画一个美男子的样板，一切的一切都画得恰到好处，如果不能证明这种美男子能实际存在，我们并不能就认为他是一位最糟糕的画家。"[2]哲人王制或许永远无法变成现实，它存在于言辞而非行动之中。对苏格拉底而言，言辞中的城邦宪法比事实上（或行动上）的城邦宪法更正确、更实在，后者只不过是前者拙劣的模仿。因此，把苏格拉底言辞中所建立的哲人王制当作是一个理想[3]，是对它意图的误解，而应被理解为城邦宪法的完美样板，这个样板是非常真实的，并不是"理

---

[1] [古希腊]柏拉图：《理想国》，郭斌和、张竹明译，商务印书馆1986年版，505e-506a，第261—262页。
[2] Plato, *The Republic of Plato*, translated, with notes and an interpretive essay by Allan Bloom, New York: Basic Books, Inc., 1968, 472d, p. 152.
[3] 沃格林认为，以"理想的"一词来翻译柏拉图的用语"好的"、"最好的"、"正确的"或者"根据本性的"，失之肤浅。"理想"一词的主观性，摧毁了柏拉图寻求实在的客观性。参见[德]沃格林：《〈王制〉义证》，载刘小枫选编：《〈王制〉要义》，张映伟译，华夏出版社2006年版，第205页。

想"。根据哲人王制宪法产生的城邦叫"完美城邦"（kallipalis）或"哲人城邦"[1]，这个城邦是现实中城邦的标准。完美城邦"在地球上是找不到"，它建立在"天上"，也存在于观看者的灵魂里，"或许天上建有它的一个原型，他为想看到它，并根据自己所见在他自身之内创建一个城邦的人而存在"。[2]

哲人王制在柏拉图看来是最为可欲的，因为它与对人性的完美化要求相一致。哲人王制从人的自然构成出发，认为灵魂高于身体，智慧高于欲望。为了实现人性的完美化，它把"善"作为追求目标，亦即对德性的关注取代对基本身体需要的满足。"智慧对于自然而言是最高级的，它具有统治资格"[3]，因此，为了配合人性向完美化发展，最好的城邦宪法就是由哲人统治。哲人王制也由此体现了城邦的最好的生活。何为最好的生活？施特劳斯对此有非常精彩的总结：

> 好的生活（the good life）就是符合人的存在的自然秩序的生活，它来自秩序良好的或健康的灵魂。好的生活简而言之，就是人的自然喜好能在最大程度上（to the highest possible degree）按照秩序得到满足的生活，就是人最大程度地保持清醒的生活，就是灵魂中没有丁点东西被虚掷浪费（nothing lies waste）的生活。好的生活就是人类自然天性的完满，它是根据自然的生活。[4]

合乎人性完美化的哲人王制不但是可欲的，而且是可能的。哲人王制的可能性集中体现在哲人和政治权力结合的可能性上。哲人和政治权力在以下情形下可能合一："某种必然性"碰巧迫使哲人治理、管理城邦，并

---

[1] 在427d处苏格拉底说："城邦已经可以说是建立起来了"，但在543c-d处格劳孔说："假如那时你已把城邦国家描写完毕，并进而主张，你所描述的那种城邦和相应的那种个人是好的，虽我们现在看来，你还可以描写得更为好些。" Plato, *The Republic of Plato*, translated, with notes and an interpretive essay by Allan Bloom, New York: Basic Books, Inc., 1968, 427d, 543c-d, pp. 105, 222. 根据前后文，427d处说的已经建立起来的城邦指的是"净化城邦"，543c-d说的"可以描写得更为好些"的城邦指的是"完美城邦"，正是随着完美城邦宪法的探讨，城邦的谱系进入了第四阶段。

[2] Plato, *The Republic of Plato*, translated, with notes and an interpretive essay by Allan Bloom, New York: Basic Books, Inc., 1968, 592b, p. 275.

[3] [美]列奥·施特劳斯：《自然权利与历史》，彭刚译，生活·读书·新知三联书店2003年版，第142页。

[4] Leo Strauss, *Natural Right and History*, Chicago: The University of Chicago Press, 1953, p. 127.

且迫使公民服从他的管理；或者正在当权的王或者王的儿子受到"神的感化"，真正爱上哲学。[1] 哲人王制的现实可能依赖于机遇和巧合，不可强求。施特劳斯指出："哲学与政治权力的合一非常难以达到，概率非常小（very improbable），但又并非不可能（but not impossible）。"[2]

哲人王制是可欲且可能的，但要变为现实极其困难。首先是人们从经验事实出发，认为哲人对城邦的贡献是可疑的。在大多数人看来，哲人是怪人，他们对城邦毫无用处。苏格拉底通过船的比喻来帮助理解哲人在城邦中的处境。城邦被比喻为一艘属于民众的船，民众身高力壮，"但是耳朵有点聋，眼睛不怎么好使，他的航海知识也不太高明"[3]。船上水手类似于城邦的辅助者，他们争抢着要取代民众成为船长，虽然他们从来没有学过航海术，并且断言航海术根本无法传授，他们强迫甚至欺骗民众把舵交给自己。真正的航海家——哲人，他们对权力的争夺毫无兴趣，被排除在城邦的统治阶层之外，并被水手们讥讽为"唠叨鬼、看星迷或大废物"[4]。哲人为城邦准备了类似于真正舵手的航海知识与技艺，但船的主人却违背自然去求水手来统治。哲人无用不在于哲学本身，而在于别人没有认识到哲学的必要性。布鲁姆认为哲人在城邦的这种处境类似于格列佛在小人国的处境：

> 他太高大、太不同，以致不被信任；他太超越卑小而野心勃勃之人的诱惑，以致无法作为他们的工具；但是，如果小人国居民（Lilliput）维持对他的信任，他们本会既受益又变得更正义。[5]

哲人王制变为现实的困境还表现在具有哲学天性的青年人被败坏，真正的哲人在城邦少之又少。正义、勇敢、节制、大度、聪敏和强记是哲人应具备的天性，但坏的教育或坏的环境败坏了具有这种天性的灵魂，拉着

---

[1] [古希腊]柏拉图：《理想国》，郭斌和、张竹明译，商务印书馆1986年版，499b-c，第251页。
[2] Leo Strauss, *The City and Man*, Chicago：University of Chicago Press, 1964, p. 123.
[3] [古希腊]柏拉图：《理想国》，郭斌和、张竹明译，商务印书馆1986年版，488b，第235页。
[4] [古希腊]柏拉图：《理想国》，郭斌和、张竹明译，商务印书馆1986年版，489a，第236页。
[5] [美]布鲁姆：《人应该如何生活——柏拉图〈王制〉释义》，刘晨光译，华夏出版社2009年版，第138页。

它离开哲学。"天赋最好的灵魂受到坏教育之后变得比谁都坏",而"一个天赋贫弱的人是永远不会做出任何大事(无论好事还是坏事)的"[1]。这种坏的教育主要来自公众教育家和诡辩家,他们在公共场合通过雄辩的演说和大肆抨击或吹捧某些言论和行为来俘虏青年人的灵魂,哲人私下向青年人传授真理的声音被上述洪流所卷走。当人们在言辞上说不服的时候,他们就用"剥夺公民权、罚款和死刑"来惩治不服的人。哲学的天性在这种环境下必然"败坏变质",就像"种子被播种在异乡土地上,结果通常总是被当地水土所克服而失去本性那样"[2]。如果有人有幸保住了自己的哲学天性,苏格拉底认为那肯定是出于神的保佑。具有哲学天性的人离弃了哲学,那些配不上追求哲学的人乘机而入,侵占了哲学的位置,并使哲学蒙受污名。基于上述原因,在城邦中配得上真正追求哲学的人微乎其微,他们为"群众的疯狂"所包围,就像"一个人落入野兽群中一样",这时哲人"都保持沉默,只注意自己的事情"[3]。

第二节 从不完美的灵魂宪法到不完美的城邦宪法

完美的城邦宪法只有在最为有利的情况下才能变为现实,在不太有利的情况下存在的是不那么完美的宪法,它包括:荣誉制、寡头制、民主制和僭主制。这四种城邦宪法是完美的城邦宪法的衰败形式,是它的残品,按照上述次序,是一个比一个远离完美的城邦宪法,一个比一个糟糕,直到城邦最后的祸害——僭主制——出现。对于这种城邦宪法败坏的过程,柏拉图像前面建立完美的城邦一样,也是通过苏格拉底讲故事来叙述的,不过这里讲的是城邦宪法依次变坏的故事,前面讲的是城邦依次变好的故事。城邦宪法故事的次序表示的是城邦宪法的价值秩序,而不是历史中出

---

[1] [古希腊]柏拉图:《理想国》,郭斌和、张竹明译,商务印书馆1986年版,491e,第240页。
[2] [古希腊]柏拉图:《理想国》,郭斌和、张竹明译,商务印书馆1986年版,497c,第248页。
[3] [古希腊]柏拉图:《理想国》,郭斌和、张竹明译,商务印书馆1986年版,496d-e,第248页。

现的次序。[1]

城邦宪法的衰败根源于统治者灵魂宪法的败坏，劣等城邦宪法被理解为先前城邦宪法之子，相对应统治者的灵魂宪法也被比喻为父子关系。整个衰败的过程印证了贺拉斯的诗句：

> 劣于祖辈的父辈生下了
> 更无用的我们，而我们很快又要养出
> 还要糟糕的后代。[2]

鉴于（统治者的）不完美的灵魂宪法是不完美的城邦宪法的原因，以下在分析它们的四种类型时，我们采用从前者到后者的顺序。

一、从爱荣誉者的灵魂宪法到荣誉制城邦宪法

爱荣誉者的灵魂宪法是激情在灵魂中占统治地位，它体现出的性格特征是"好胜"和"爱掌权和爱荣誉"。爱荣誉者的灵魂宪法是多种力量在他灵魂中角力的结果。爱荣誉者的父亲是一个"不要荣誉、权力，也不爱诉讼以及一切诸如此类的无视生非"[3]，同时轻视钱财，一心专注于自己灵魂修养的哲人。但是他的母亲抱怨他的父亲不当统治者，致使她在妇女群中受到轻视，从而不能容忍他。她总是对儿子说，他的父亲太缺乏男子汉气。家庭的仆人出于忠诚，也经常说着类似的话。在家庭之外，年轻人耳濡目染的，也无不如此："安分守己的人，大家瞧不起，当作笨蛋；到处奔走专管闲事的人，反而得到重视，得到称赞。"[4]于是多种力量在这种年轻人的灵魂中进行争斗，"父亲培育他灵魂上的理性部分，并促使它成长；别人的影响则增强他的欲望和激情"[5]。争斗的结果使他成为"一个折衷性的人物，自制变成了好胜和激情之间的状态，他成了一个傲慢的

---

[1] 柏拉图仅在分析荣誉制时，提到过斯巴达和克里特的城邦宪法，对于寡头制、民主制和僭主制的分析，他根本没有给出历史上的实例。

[2] 转引自[德]卡尔·洛维特：《纳粹上台前后我的生活回忆》，区立远译，学林出版社2008年版，第181页。

[3] [古希腊]柏拉图：《理想国》，郭斌和、张竹明译，商务印书馆1986年版，549c，第319—320页。

[4] [古希腊]柏拉图：《理想国》，郭斌和、张竹明译，商务印书馆1986年版，550a，第320页。

[5] Plato, The Republic of Plato, translated, with notes and an interpretive essay by Allan Bloom, New York: Basic Books, Inc., 1968, 550b, p. 227.

喜爱荣誉的人"[1]。

荣誉制城邦宪法是爱荣誉者在城邦中占统治地位，它追求的是荣誉。荣誉制城邦宪法是哲人王制城邦宪法的衰败形式，具体的过程是如何发生的？这个问题太尖锐，苏格拉底没有直接回答，而是借助神话来表达。苏格拉底像荷马一样祈求缪斯的帮助，这些女神们像逗小孩子一样，用揶揄的口吻回答了一个非常严肃的问题。"一切有产生的事物必有灭亡"[2]，哲人王制城邦宪法既然是构造物，它也必将衰亡。神圣的产生物有一个完美的周期，它被一组"神秘的数字"所决定。统治者依靠计算确定生育的时间，这样生育的子女就是优秀的或幸运的。统治者尽管智慧，但也会犯错误，于是在错误的时间生育了下一代，城邦宪法的衰败就随之开始。城邦的下一代统治者已经丧失了分辨金种、银种、铜钟、铁种的能力，于是城邦各阶层在本性上不再同质，在他们身上铁与银混杂、铜与铁混杂。城邦阶层在本性上混杂的后果是内部出现了不一致和不和谐，最终导致冲突。冲突由统治者内部开始，"宪法的变动全都是由统治阶层内部的不和引起。如果它团结一致，哪怕它很小，宪法也不可能发生变动"[3]。"这种冲突一经发生，铜铁集团引领宪法趋向私利，兼并土地房屋、敛聚金银财宝；而金银这两个集团——他们并不贫穷，反而在本性是富有的——引领灵魂趋向德性和传统秩序。"[4]统治者内部冲突的结果是达成妥协，妥协的重要成果是荣誉制城邦宪法。在荣誉制城邦宪法中是战士赶走了哲人，"单纯而勇敢的人"处于统治地位，他们"崇尚战略技术，大部分时间都在从事战争"[5]。它的最突出的特征是"好胜和爱荣誉"。

二、从寡头者的灵魂宪法到寡头制城邦宪法

寡头者的灵魂宪法是必要的欲望在灵魂中占统治地位，它体现出的主

---

[1] [古希腊] 柏拉图：《理想国》，郭斌和、张竹明译，商务印书馆1986年版，550b，第320页。
[2] [古希腊] 柏拉图：《理想国》，郭斌和、张竹明译，商务印书馆1986年版，546a，第315页。
[3] Plato, *The Republic of Plato*, translated, with notes and an interpretive essay by Allan Bloom, New York: Basic Books, Inc., 1968, 545d, p. 223.
[4] Plato, *The Republic of Plato*, translated, with notes and an interpretive essay by Allan Bloom, New York: Basic Books, Inc., 1968, 547b, p. 224.
[5] [古希腊] 柏拉图：《理想国》，郭斌和、张竹明译，商务印书馆1986年版，547e-c548a，第317页。

要性格特征是"崇拜金钱"。寡头者的产生是因为他看见爱荣誉的父亲在"政治上触了礁,人财两空",于是灵魂中的"荣誉心和好胜心立即动摇",转而"贪婪地,吝啬地,节省苦干以敛聚财富"[1]。他追求财富的欲望不是为了奢侈和享受,而是为了保障生命安全,这种对财富的欲望是第二章已经讨论过的"必要的欲望"。因此,寡头者实际上是一个双重性格的人,他有"崇拜金钱"的一面,又有"省俭和勤劳"的一面。当"必要的欲望"统治灵魂之时,"理性和激情将被迫折节为奴。理性只被允许计算和研究如何更多地赚钱,激情也只被允许崇尚和赞美财富和富人,只以致富和致富之道为荣耀"[2]。

寡头制城邦宪法是寡头者在城邦中占统治地位,它追求的是财富。寡头制城邦宪法推崇"有钱财的人","善德"与"善人"便不受尊重,"发了财的人,越是要发财,越是瞧得起钱财,就越瞧不起善德。好象在一个天平上,一边往下沉,一边就往上翘"[3]。城邦变成了"对财富的管理,因而是对仅仅活着的关注"[4]。寡头制城邦宪法的城邦变得无法进行战争:一是因为对金钱贪婪的欲望侵蚀了公民的激情;二是统治者又贪财又吝啬,他们舍不得花钱武装人民群众。寡头制城邦宪法已偏离了城邦正义,统治职位的分派依据不是灵魂的德性,而是财产的拥有,"政治权力在富人手里,不在穷人手里"[5]。不仅如此,城邦的分工也不是按人的天性"一人一职",而是同一人身兼数职,"既做农民,又做商人,又要当兵"[6]。就像统治者性格表现为双重性,城邦按照财富也被切割为两大部分:少数人变为富人,大多数则沦为穷人。富人"仅仅看上去象属于统治阶级,事实上既不领导别人,又不在别人领导下为社会服务,而只是一个单纯的生

---

[1] [古希腊]柏拉图:《理想国》,郭斌和、张竹明译,商务印书馆1986年版,553b-c,第326页。

[2] [古希腊]柏拉图:《理想国》,郭斌和、张竹明译,商务印书馆1986年版,553d,第326页。

[3] [古希腊]柏拉图:《理想国》,郭斌和、张竹明译,商务印书馆1986年版,550e-551a,第322页。

[4] [美]布鲁姆:《人应该如何生活——柏拉图〈王制〉释义》,刘晨光译,华夏出版社2009年版,第163页。

[5] [古希腊]柏拉图:《理想国》,郭斌和、张竹明译,商务印书馆1986年版,550d,第321页。

[6] [古希腊]柏拉图:《理想国》,郭斌和、张竹明译,商务印书馆1986年版,551e-552a,第323页。

活资料的消费者"[1]，苏格拉底称这样的一群人为雄蜂，雄蜂又分为没刺的和有刺的，没刺的老来成为乞丐，有刺的成为专干坏事的人。穷人也不是城邦的任何组成部分，"既非商人，又非工人，既非骑兵，又非步兵"[2]。

三、从民主者的灵魂宪法到民主制城邦宪法

民主者的灵魂宪法是必要的欲望和不必要的欲望在灵魂中都处于统治地位，它体现出的性格特征是自由和平等。为了揭示寡头者的儿子如何变成民主者，苏格拉底提出了第二章已经讨论的必要欲望和不必要欲望之分，简而言之，前者是有助于身体和生命保存的欲望，后者是可以免除的欲望。寡头者的灵魂宪法是必要的欲望在灵魂中占统治地位，雄蜂型人物的灵魂宪法中是不必要的欲望在灵魂中占统治地位。寡头者支持他的儿子追求必要的欲望，以像自己一样过一种节俭的生活，但雄蜂型支持寡头者的儿子追求不必要的欲望，以过一种奢侈的生活。当寡头者的儿子尝到了雄蜂的甜头并且被不必要的欲望败坏时，寡头者的儿子就转变为民主者了。民主者平等地对待不必要的欲望和必要的欲望，他在二者身上花费的时间、金钱和精力一样多。所有欲望之间的德性差异也被夷平，他称"傲慢为有礼，放纵为自由，奢侈为慷慨，无耻为勇敢"[3]。民主者是自由的，他随心所欲地选择他喜欢的生活方式：

> 事实上他一天又一天地沉迷于轮到的快乐之中。今天是饮酒、女人、歌唱，明天又喝清水，进严格规定的饮食；第一天是剧烈的体育锻炼，第二天又是游手好闲，懒惰玩忽；然后一段时间里，又研究起哲学。他常常想搞政治，经常心血来潮，想起什么就跳起来干什么说什么。有的时候，他雄心勃勃，一切努力集中在军事上，有的时候又集中在做买卖发财上。[4]

---

[1] [古希腊] 柏拉图：《理想国》，郭斌和、张竹明译，商务印书馆1986年版，552b，第324页。

[2] [古希腊] 柏拉图：《理想国》，郭斌和、张竹明译，商务印书馆1986年版，552a，第324页。

[3] [古希腊] 柏拉图：《理想国》，郭斌和、张竹明译，商务印书馆1986年版，561a，第337页。

[4] [古希腊] 柏拉图：《理想国》，郭斌和、张竹明译，商务印书馆1986年版，561c-d，第338页。

民主制城邦宪法是民主者在城邦中处于统治地位，它追求的是自由与平等。就像民主者集多种生活方式于一身，民主制城邦宪法也包括了多种生活方式，它容纳各种类型性格的人。它像"锦绣衣裳，五彩缤纷"[1]，看上去很美。在民主制城邦宪法中，公民可以自由选择自己喜欢的生活方式，"如同到一个市场上去选购自己喜欢的东西一样"[2]。如果你不愿意，没有人强迫你去统治和被统治；你有战争与和平的权利，别人在作战，你可以安闲地生活，别人要和平，你可要求战争；你甚至被判了死罪，也可以像没事一样，照旧留在人民中间生活，别人也不在意你。在民主制城邦宪法中，每个人都有成为统治者的平等机会，因为官职通常用抽签来决定。不仅如此，它还把所有的人都不加区分地平等对待：父亲使自己像孩子，害怕自己的儿子，儿子既不敬也不怕父母，他们平起平坐；教师害怕学生，迎合学生，学生反而漠视教师。民主制城邦宪法中，什么都充满了自由和平等，女人与男人之间有完全的平等，他们享有同样的自由；奴隶在主人面前也是平等的，他们享有同样的自由；甚至动物也与人类平等，驴马在大街上自由地横冲直撞，也不给人让路。因此，民主制城邦宪法是"一种使人乐意的无政府状态的花梢的管理形式"[3]。对于无政府状态下的人的生活状态，诗人雪莱（Percy Bysshe Shelley）作了生动的描写：

> 人类从此不再有皇权统治，无拘无束，
> 自由自在；人类从此一律平等，
> 没有阶级、氏族和国家的区别，
> 也不再需要畏惧、崇拜、分别高低；
> 每个人就是管理他自己的皇帝。[4]

四、从僭主的灵魂宪法到僭主制城邦宪法

僭主的灵魂宪法是非法的欲望处于统治地位，它体现出的性格特征是

---

[1] [古希腊] 柏拉图：《理想国》，郭斌和、张竹明译，商务印书馆1986年版，557c，第332页。
[2] [古希腊] 柏拉图：《理想国》，郭斌和、张竹明译，商务印书馆1986年版，557d，第332页。
[3] [古希腊] 柏拉图：《理想国》，郭斌和、张竹明译，商务印书馆1986年版，588c，第333页。
[4] [英] 雪莱：《解放了的普罗密修斯》，邵洵美译，上海译文出版社1987年版，95页。

专制。在解释民主者的儿子怎样变成僭主之前，柏拉图认为需要对不必要的欲望进行进一步的细分：第一种是非法的欲望，第二种是爱欲（eros）。非法的欲望盘踞于每一个人的灵魂深处，在人清醒时，它受到灵魂中理性的控制；但在人睡梦中它就显形：它不怕和自己的母亲、男人、神和野兽性交，他敢于干杀人的事和吃禁止的东西。[1] 民主者灵魂中占统治地位的欲望实质是必要的欲望和不必要的欲望（或奢侈的欲望）折中的欲望，他过的是一种既不寒碜又不违法的生活。民主者支持他的儿子追求折中的欲望，但是一些可怕的魔术师（enchanters）和僭主拥立者支持民主者的儿子追求奢侈的欲望。为了控制这位年轻人，后者在他的灵魂中植入一种爱欲——一个巨大的有刺的雄蜂，以作为奢侈欲望的首领。爱欲在"疯狂"的保护之下，把那些有用的欲望和信念扼杀掉，并把灵魂中的节制彻底清除，此时民主者的儿子就转变为僭主。僭主者的爱欲是把灵魂向下拉而不是向上拉，或者说把灵魂引向恶而不是善，这与哲人的爱欲对灵魂的作用相反。[2] 僭主的灵魂就像一个城邦，爱欲就是城邦的暴君和僭主。僭主在醒着的时候干出在睡梦中出现的事，他的生活是"铺张浪费，纵情声色，放荡不羁等等"，他也因此被称为"醉汉、色鬼和疯子"。[3] 他会为了某个新找的可有可无的女友而殴打对他而说必不可少的慈母，或者为了某个新找的可有可无的妙龄娈童而去殴打对他来说必不可少的老父亲。如果他把这些娈童美妾带回家，他还会要求他的父母像奴隶一样伺候他（她）

---

[1] [古希腊]柏拉图：《理想国》，郭斌和、张竹明译，商务印书馆1986年版，571c-d，第352—353页。

[2] 在《理想国》第六、第七卷中，柏拉图认为对智慧的热爱也是爱欲的一种形式。布鲁姆认为，相比《会饮》和《斐德若》，《理想国》中对爱欲的讨论是不完善的，若要使其变得可理解，就必须拓展它以提供一个更为充分的爱欲说明。这种不完善，导致了一种对僭主和哲人之间隐藏的亲缘关系的意识。这种亲缘关系有诸多表现：僭主和哲人对自然的追求中都轻视法律或习俗；他们都意识到自己的根本不完善并渴望整全；他们都是具有强烈的激情和真正专注的人；潜在的僭主被拯救出来可能成为潜在的哲人。参见[美]布鲁姆：《人应该如何生活——柏拉图〈王制〉释义》，华夏出版社2009年版，第168—169页。沃格林则认为《理想国》中哲人的爱欲与僭主的爱欲存在善恶之分。哲人爱欲是一种积极的力量，能带领人超越他自己而趋向善，僭主的爱欲是哲人爱欲的邪恶替身。这两种爱欲的行动样式都是"疯狂"，但一个是灵魂的好（或善）的守护神，一个是灵魂的恶的守护神。参见[德]沃格林：《〈王制〉义证》，载刘小枫选编：《〈王制〉要义》，张映伟译，华夏出版社2006年版，第253页。

[3] [古希腊]柏拉图：《理想国》，郭斌和、张竹明译，商务印书馆1986年版，573c-d，第355页。

们。僭主是一个专制的人，如果他的城邦不支持他，他就像奴役他父母一样奴役他的祖国。僭主同时是一个可怜的人，他的灵魂"充满大量的奴役和不自由，他的最优秀最理性的部分受着奴役；而一个小部分，即那个最恶的和最狂暴的部分则扮演着暴君的角色"[1]。

僭主制城邦宪法是僭主在城邦中处于统治地位，它追求的是专制。它的产生是民主制下极端自由的必然结果，极端可怕的奴役只能从极端的自由中产生。[2] 民主制城邦宪法下的平民由于争夺富人的财产而发生争执，他们相互检举、告发和审判。相互争斗的平民总会推出某个人做他们的保护人，不断抚育他，使他不断壮大，这位保护人"如果尝了那怕一小块混和在其它祭品中的人肉时，他便不可避免地要变成一只狼"[3]。他控制着轻信的民众，加剧他们内部的流血斗争，最后要么自己被敌人杀掉，要么由人变为豺狼，成为一个僭主。僭主攫取国家政权以后，首先要人民同意他建立一支警卫来保卫他。僭主早期都给人一种和蔼可亲的形象。当无内忧外患时，他总会首先挑起一场战争，好让人民需要一个领袖。为了维护自己的专制统治，僭主必须把城邦中"最勇敢"、"最有气量"、"最智慧"和"最富有"的人铲除干净。他最可靠的工具是警卫队和部队，并通过薪水维护他们对他的忠诚。当人民真正明白他们养育了一只什么样的"怪兽"时，他已经足够强大，以致他们没有能力和办法把他赶走。人民的命运如俗话所言："跳出油锅又入火炕；不受自由人的奴役了，反受起奴隶的奴役来了；本想争取过分的极端自由的，却不意落入了最严酷最痛苦的奴役之中了。"[4] 福柯在《不正常的人》的演讲中发现了一个有趣的文本——1973年莫皮诺的《只在国王的家庭中才常见的恐怖罪行的可怕故事》，这个故事与苏格拉底所讲的故事略同：在人类最初的时候，是猎人保护耕作者免遭野兽的侵害。当野兽消失时，猎人担心自己成为无用之人，被剥夺掉作为猎人所享有的特权，于是他们就把自己变为野兽，掉过

---

[1] [古希腊] 柏拉图：《理想国》，郭斌和、张竹明译，商务印书馆1986年版，577d，第361页。

[2] [古希腊] 柏拉图：《理想国》，郭斌和、张竹明译，商务印书馆1986年版，564a，第342页。

[3] [古希腊] 柏拉图：《理想国》，郭斌和、张竹明译，商务印书馆1986年版，565e，第345页。

[4] [古希腊] 柏拉图：《理想国》，郭斌和、张竹明译，商务印书馆1986年版，569c，第351页。

头去对付他们应当保护的畜群和家庭。君王不是别的，就是老虎和咬人的狼。[1]

从上可见，统治者的灵魂宪法与城邦宪法之间存在一种清晰可见的对应关系。灵魂宪法体现为一个人的生活方式，它的关键特征在于两点：灵魂中哪一部分处于统治地位，他的性格特征是什么。城邦宪法体现为城邦的一种生活方式，它的关键特征也在于两点：哪个类型的人在城邦中处于统治地位，它追求的是什么。哲人的灵魂宪法是理性在灵魂中处于统治地位，他的性格特征是智慧；哲人王制城邦宪法是哲人在城邦中处于统治地位，它追求的是善好。爱荣誉者的灵魂宪法是激情在灵魂中处于统治地位，他的性格特征是好胜、爱掌权和爱荣誉；荣誉制城邦宪法是爱荣誉者在城邦中处于统治地位，它追求的是荣誉。寡头者的灵魂宪法是必要的欲望在灵魂中处于统治地位，他的性格特征是崇拜金钱；寡头制城邦宪法是寡头者在城邦中处于统治地位，它追求的是财富。民主者的灵魂宪法是必要的欲望和不必要的欲望在灵魂中都处于统治地位，他的性格特征是自由与和平；民主制城邦宪法是民主者在城邦中处于统治地位，它追求的是自由和平等。僭主者的灵魂宪法是非法的不必要欲望在灵魂中处于统治地位，他的性格特征是专制；僭主制城邦宪法是僭主在城邦中处于统治地位，它追求的是专制。城邦宪法的败坏根源于统治者的灵魂宪法的败坏，当统治者灵魂占统治地位的部分脱离理性，而由低于它的部分统治时，灵魂宪法和城邦宪法的败坏就开始了。爱荣誉者的灵魂宪法、寡头者的灵魂宪法、民主者的灵魂宪法和僭主者的灵魂宪法是一个比一个偏离哲人的灵魂宪法，因此，是一个比一个远离正义，一个比一个败坏；荣誉制城邦宪法、寡头制城邦宪法、民主制城邦宪法、僭主制城邦宪法也是一个比一个偏离哲人王制城邦宪法，因此，也是一个比一个远离正义，一个比一个败坏。

---

[1] 参见［法］福柯：《不正常的人》，钱翰译，上海人民出版社2003年版，第103—104页。

第四章 灵魂德性的教育

通过前一章的分析可以发现，灵魂宪法不仅决定了一个人的性格和生活方式，而且决定了城邦宪法。进而言之，灵魂宪法的好坏决定了城邦宪法的好坏，最好的灵魂宪法是哲人的灵魂宪法，最好的城邦宪法是哲人王制城邦宪法，它是柏拉图的宪法学追求的目标。城邦的首要立宪行动就是在灵魂中建立宪法，即在灵魂中建立理性联合激情统治欲望的和谐秩序。灵魂中的立宪只能通过教育来完成，换言之，教育就是在灵魂中立法。[1]在这个意义上，宪法的制定者与其说是"立法者"，不如说是"教育者"。柏拉图甚至断言统治者只要注意教育这件大事，所有的事情都容易解决。[2]通过教育铭刻在公民的灵魂上的宪法才是真正的宪法。诚如卢梭所言："这种法律既不是铭刻在大理石上，也不是铭刻在铜表上，而是铭刻在公民的内心里；它形成了国家的真正宪法。"[3]柏拉图认为，城邦通过白纸黑字来制定宪法和法律是"愚蠢的"，因为"仅仅订成条款写在纸上，这种法律是得不到遵守的，也不会持久的"[4]。如果城邦把精力花在法律的制定和修改上，这等于在"砍九头蛇的脑袋"。《理想国》中，柏拉图在谈到寡头制城邦宪法时提到过一次立法，但还是一次没有实施过的立法例子。他曾遗憾地指出过："当这种恶的火焰（寡头制城邦宪法下的祸患，引者注）已经燃烧起来时，他们还不想去扑灭它，或用一项禁止财产自由处置的法令，或用一项其它的适当法令。"[5]伽达默尔（Hans—Georg Gadamer）认为，《理想国》关心的对象甚至不是城邦的公正法律，而是城邦

---

[1] 在古希腊语中，paideia 不仅指"教育"与"教养"，而且还表示"养育""讲授""矫正""品格塑造"等；这种教育不只是为了提高认知水平，更重要的是为了完善道德人格。王柯平：《〈理想国〉的诗学研究》（修订版），北京大学出版社 2014 年版，第 76 页。
[2] ［古希腊］柏拉图：《理想国》，郭斌和、张竹明译，商务印书馆 1986 年版，423e，第 138 页。
[3] ［法］卢梭：《社会契约论》，何兆武译，商务印书馆 2003 年版，第 70 页。
[4] ［古希腊］柏拉图：《理想国》，郭斌和、张竹明译，商务印书馆 1986 年版，425b，第 140 页。
[5] ［古希腊］柏拉图：《理想国》，郭斌和、张竹明译，商务印书馆 1986 年版，556a，第 330 页。

正确的教育，有关公民的权利和义务的教育，从根本意义上讲，它就是哲学教育。[1] 卢梭在同一个意义上认为，《理想国》是以往写过的最好的教育著作。[2]

在《理想国》中，柏拉图又赋予了苏格拉底教育者的角色，让他对城邦的护卫者进行教育。对护卫者的教育分为两个阶段：第一阶段是音乐和体育教育，它们旨在培养辅助者灵魂中勇敢和节制的德性；第二阶段是哲学教育，它旨在培养统治者灵魂中智慧的德性。第一阶段教育是在辅助者灵魂中建立宪法，第二阶段教育是在统治者灵魂中建立宪法。可见，柏拉图的教育不像现代宪法学中的公民教育，前者主要针对城邦的辅助者和统治者这两类阶层，至于劳动者和手工业者只需接受他们的统治就行。

第一节　辅助者的教育

一、音乐教育

辅助者的教育需要在二十岁之前完成，他们首先接受的是音乐教育。在古希腊语中，音乐（mousike）作为女神缪斯（Muses）的艺术，不仅指我们通常所理解的音乐，还包括诗歌。音乐包括三大要素：文辞、曲调和节奏。作为歌词的文辞就是诗歌，诗歌"作为对神话的编造而出现"，而"神话就是关于诸神、精灵、英雄以及冥府诸事物的不真实的故事"。[3]当辅助者还在孩童时候，就给他们讲述这些神话故事：

> 凡事开头最重要。特别是生物。在幼小柔嫩的阶段，最容易接受陶冶，你要把它塑成什么型式，就能塑成什么型式。[4]

---

[1]　[德] 伽达默尔：《伽达默尔论柏拉图》，余纪元译，光明日报出版社1992年版，第81页。
[2]　[法] 卢梭：《爱弥儿：论教育》（上卷），李平沤译，商务印书馆1978年6月，第11页。
[3]　[美] 施特劳斯：《古典政治理性主义的重生——施特劳斯思想入门》，郭振华等译，华夏出版社2011年版，第243页。
[4]　[古希腊] 柏拉图：《理想国》，郭斌和、张竹明译，商务印书馆1986年版，377b，第71页。

伯纳德特（Seth Benardete）指出，这些神话故事"先是虚构出来或者照模子造出来，然后构成或塑造年轻人的灵魂。故事对年轻人潜移默化的影响，就好像模子把他们压印出自己的形状"[1]。通过神话故事所包含的模子，辅助者尚未定型的灵魂得到了形塑。因此，对神话故事制定者的审查是头等大事。苏格拉底为神提供了两个模子：一个关系到作为原因的神，另一个关系到作为存在的神。[2] 第一，神是好事物的原因，不是坏事物的原因。[3] 神话故事的真实性就在于表明神是善的，诗人必须如此描述。按照这个模子，赫西俄德和荷马等诗人把神描写得丑恶不堪和讲述诸神之间明争暗斗的事情应该被净化。第二，神本身是不变的，他在任何时候处于最好的状态下，最不易被其他的事物改变或影响。[4] 按照这个模子，最勇敢、最智慧的灵魂最不容易受到外力的干扰或改变。

传统神话故事很多内容违反了神的模子和神的本性，它不利于培养辅助者灵魂中勇敢和节制的德性，苏格拉底认为应该删掉这些内容，他把批评的矛头指向了荷马。荷马把冥府描述得阴暗、恐怖，连不死的神看了也触目惊心，这会使相信它的辅助者软弱消沉，不可能变得勇敢。在哲人王制城邦宪法中，辅助者应该不为任何外物所动，他必须斩断自己与亲属和朋友之间的关系，而只与整个城邦而不是与城邦某一部分有关系。以此观之，被荷马当作模子的英雄阿喀琉斯（Achilles）绝不是辅助者的典范，引起他愤怒的原因第一次是阿伽门农（Agamemnon）抢走了他的战利品——少女布里塞伊斯（Briseis），第二次是他的好友帕特罗克洛斯（Patroclus）的牺牲。这二次都是因为别人夺走了他最为喜爱的人——女人与朋友。在培养辅助者节制的德性方面，阿喀琉斯依然是潜在的反面素材。对辅助者来讲，"最重要的自我节制是服从统治者"[5]。阿喀琉斯恰恰是不节制和不服从的典范，他因为自己的财产被统治者夺去而反抗阿伽门农，如此之

---

[1] [美]伯纳德特：《苏格拉底的再次启航——柏拉图〈王制〉疏证》，黄敏译，华东师范大学出版社2015年版，第66页。
[2] [美]伯纳德特：《苏格拉底的再次启航——柏拉图〈王制〉疏证》，黄敏译，华东师范大学出版社2015年版，第68页。
[3] [古希腊]柏拉图：《理想国》，郭斌和、张竹明译，商务印书馆1986年版，378c，第75页。
[4] [古希腊]柏拉图：《理想国》，郭斌和、张竹明译，商务印书馆1986年版，380a，第77页。
[5] [古希腊]柏拉图：《理想国》，郭斌和、张竹明译，商务印书馆1986年版，389d，第89页。

人将成为美好的城邦宪法中不合格的辅助者。

苏格拉底对传统神话故事内容的批评,并不是因为它是虚假的,而是因为它不够"高贵"。苏格拉底直言,在刚才讨论提到的故事里,由于我们不知道古代事件的真相,我们尽可能把虚假当作真理,如此使它变得有用。[1] 苏格拉底批评传统神话故事,并不是要把它统统删除,而是要对其进行改造。苏格拉底欲以自己改造的神话故事取代荷马的神话故事,欲以他的"高贵的谎言"(noble lie)取代以往的"低俗的谎言"。新的神话故事或"高贵的谎言"怎么讲?苏格拉底为诗人们提供了一个范本。"高贵的谎言"来自对腓尼基人的古老神话的改造,它包括两个部分。第一部分告诉所有成员(特别是护卫者),他们城邦所占据的大地是所有人的共同母亲,是大地教育和培养了他们,连他们的武器和装备也是大地制造的。因此,他们应当像保护母亲一样保护城邦,并且对待其他公民应"如亲生兄弟一家人似的"[2]。"高贵的谎言"第一部分的首要作用是揭示出,对辅助者而言,他们保护城邦的勇气根源于自爱;它的另一个作用是将前面论述的妻子、子女和财产共产进行神学表达。

既然城邦公民为同一大地所生,为何他们在城邦中又属于不同阶层呢?"高贵的谎言"的第二部分回答的就是这个问题。原来神在铸造他们的时候,在有些公民的灵魂中加入了金子,他们是统治者;在有些公民的灵魂中加入了白银,他们是辅助者;在有些公民的灵魂中加入了铁和青铜,他们是生产者。虽然父子天赋相承,父辈生育出的后代基本上与自己本性相同,但是也存在这种可能:金父生银子,银父生金子,以及所有这样的交替。神给统治者的最重要的命令就是:根据后代灵魂深处所含金属成分,将他们安排在城邦的相应阶层。神谕还警告:"铜铁当道,国破家亡。"[3] "高贵的谎言"的第二部分也有两个作用:首要作用是培养护卫者和生产者节制的德性,即服从统治者;它的另一个作用是将哲人王制城邦宪法进行神学表达,从而使后者获得了神圣的起源。"一个家族需要遥远

---

[1] Plato, *The Republic of Plato*, translated, with notes and an interpretive essay by Allan Bloom, New York: Basic Books, Inc., 1968, 382d, p. 60.

[2] [古希腊] 柏拉图:《理想国》,郭斌和、张竹明译,商务印书馆1986年版,414d-e,第128页。

[3] [古希腊] 柏拉图:《理想国》,郭斌和、张竹明译,商务印书馆1986年版,415c,第129页。

显赫的祖先,一个国家需要天神一般的立国者,一个民族需要自己的史诗和神话。"[1] 同理,一个城邦的宪法也需要神圣的起源。柏拉图在《法义》中对这个神话作了进一步的论述,并指出通过什么样的教育方法能让人们对它信以为真:

> 这个神话(腓尼基人的神话,引者注)是极好的例子,它向立法者表明,有可能让年轻人的灵魂信服几乎所有事情,只要他去试一试。接下来,立法者应该寻找的只是最有益于城邦的说服方式,他应该找到各式各样的方法,以助于整个共同体尽可能用同一种口吻谈论这些事情——一生中的任何时刻都这样,在歌曲、神话和论述中也都这样。[2]

《理想国》中,苏格拉底主张不仅要对诗歌的内容进行审查,而且要对诗歌的形式或风格进行审查。诗歌的形式包括叙述、模仿和二者的混合。叙述是诗人以自己的语气讲话,模仿是诗人以别人的语气言说。酒神颂诗属于叙述诗,悲剧与喜剧属于模仿诗,荷马史诗则采用的是叙述诗和模仿诗的混合形式。模仿对灵魂的德性培养影响巨大,"你有没有注意到从小到老一生连续模仿,最后成为习惯,习惯成为第二天性,在一举一动,言谈思想方法上都受到影响吗?"[3] 模仿诗有好的模仿诗和坏的模仿诗之分,前者是对勇敢、节制、虔诚和自由的人物的模仿,后者是对女人、奴隶、坏人和疯子的模仿。所有坏的模仿诗都应加以禁绝,城邦只允许好的模仿诗。

除了文辞之外,曲调和节奏在辅助者灵魂的德性培养上也起着举足轻重的作用。曲调是表达声音秩序的名称,节奏是表达运动秩序的名称,灵魂的秩序模仿的是宇宙的秩序。对辅助者而言,必须排除所有适合于哀伤、悲叹、萎靡、慵懒的曲调,只为他们保留"一刚一柔"的两种曲调——刚的曲调模仿勇敢,柔的曲调模仿节制;摒弃适宜于表现"卑鄙、

---

[1] 强世功:《立法者的法理学》,生活·读书·新知三联书店2007年版,第244页。
[2] 《柏拉图〈法义〉研究、翻译和笺注》(第二卷《〈法义〉译文》),林志猛译,华东师范大学出版社2019年版,664a,第34页。
[3] [古希腊]柏拉图:《理想国》,郭斌和、张竹明译,商务印书馆1986年版,395d,第98页。

凶暴、疯狂或其它邪恶"的节奏，而保留表现"有秩序的勇敢的生活节奏"[1]。在曲调、节奏与文辞的关系上，应该让节奏与曲调跟随文辞，而不是让文辞去跟随节奏与曲调。好的言词、好的风格、好的曲调和好的节奏在辅助者灵魂中植入了灵魂宪法，即勇敢占统治地位的德性秩序。城邦的音乐教育与辅助者的灵魂宪法相依相存，前者的变化必然引发后者的变化。因此，音乐的任何翻新对整个城邦都充满了危险，苏格拉底引用音乐家戴蒙（Damon）的话来告诫，"若非城邦根本大法有所改变，音乐风貌是无论如何也不会改变"[2]。

二、体育教育

辅助者除了接受音乐教育，还需要接受体育教育。体育"既包括身体锻炼，也包括节食和医疗"[3]。体育教育与身体和灵魂的关系紧密相关，苏格拉底首先反对这种意见：只要有了好的身体，就一定能造就好的灵魂；相反，他认为好的灵魂能使身体达到最佳状态。城邦对辅助者的教育只需培养好他的灵魂，然后将照顾身体的任务交给他的灵魂自行处理。由此，"音乐照顾灵魂，体育照顾身体"，这种流俗的意见被这种观点取代：体育和音乐一样，都是为了照顾灵魂。[4] 灵魂既需要体育教育，也需要音乐教育，因为"那些专搞体育锻炼的人往往变得过度粗暴，那些专搞音乐文艺的人又不免变得过度软弱"[5]。辅助者灵魂中的激情经过适当的体育锻炼可能成为勇敢，如果搞过头了，就会变成严酷粗暴，这时候就需要通过音乐教育使它软化。因此，只有拿捏好灵魂的音乐教育和体育教育的比例，才能培养好辅助者的勇敢。苏格拉底把"那种能把音乐和体育配合得最好，能最为比例适当地把两者应用到灵魂上的人"称为"最完美最和谐

---

[1] [古希腊] 柏拉图：《理想国》，郭斌和、张竹明译，商务印书馆1986年版，398d-400d，第103—105页。
[2] Plato, *The Republic of Plato*, translated, with notes and an interpretive essay by Allan Bloom, New York: Basic Books, Inc., 1968, 424c, p. 102.
[3] [英] 厄奈斯特·巴克：《希腊政治理论——柏拉图及其前人》，卢华萍译，吉林人民出版社2003年版，第223页。
[4] [古希腊] 柏拉图：《理想国》，郭斌和、张竹明译，商务印书馆1986年版，410c，第121页。
[5] [古希腊] 柏拉图：《理想国》，郭斌和、张竹明译，商务印书馆1986年版，410d，第121页。

的音乐家"[1]。

既然音乐教育和体育教育都很少与身体发生关联，而与更高的灵魂相关。由此不难理解苏格拉底在对话中突然转向了对医生和法官的非难。通常认为，医生是身体的照看者，法官是灵魂的照看者。但苏格拉底认为城邦之所以需要医生和法官，都是因为灵魂中缺乏节制。不节制是城邦和身体的所有疾病的缘由，换言之，疾病的根源在于灵魂，而不是身体。"一旦放纵与疾病在城邦内泛滥横溢，岂不要法庭药铺到处皆是，讼师医生趾高气扬，虽多数自由人也将不得不对他们鞠躬敬礼了。"[2]如果年轻人接受了音乐教育的陶冶，养成了节制的良好习惯，他们就能自己照看好自己，不需要打官司；这种受过音乐教育的青年，又经过体育锻炼，他们会变得根本不需要医生。在培养灵魂德性的教育等级中，"体育就比医学更好，而比司法更好的就是音乐"[3]。

第二节　统治者的教育

当辅助者完成了音乐教育和体育教育后，再从他们中间挑选出一批优秀者进行第二阶段的哲学教育，为城邦培养未来的统治者。哲学教育的内容包括数学、几何学、天文学、声学和辩证法，前四项科目的学习在二十岁到三十岁之间进行，最后一项科目的学习在三十岁到三十五岁之间进行。哲学教育的最终目标是认识善的理念，关于善的理念的学习是"最大的学习"，这一学习过程就是第三章提到的那条"困难而长远的路"。要最完善地认识灵魂的德性，必须完成"最大的学习"[4]。相比于音乐教育和体育教育是对灵魂的外在"塑造"，哲学教育是提升灵魂内在的认识能力。

---

[1] Plato, *The Republic of Plato*, translated, with notes and an interpretive essay by Allan Bloom, New York: Basic Books, Inc., 1968, 412a, p. 91.
[2] [古希腊] 柏拉图：《理想国》，郭斌和、张竹明译，商务印书馆1986年版，405a，第113页。
[3] [德] 弗里德兰德：《〈王制〉章句》，载刘小枫选编：《〈王制〉要义》，张映伟译，华夏出版社2006年版，第111页。
[4] [古希腊] 柏拉图：《理想国》，郭斌和、张竹明译，商务印书馆1986年版，435b、504b，第158、258页。

灵魂通过认识善的理念而拥有智慧，而智慧是统治者必备的德性。

一、哲学教育

关于哲人所受教育的详细过程，苏格拉底是通过著名的"洞穴喻"来说明的。关于哲人教育的阐述也就是关于教育本质的阐述，苏格拉底在描述"洞穴喻"之前就表明，"接下来让我们把受过教育的人与没受过教育的人的本质比作下述情形"[1]。"洞穴喻"分为五个阶段，对它的理解需要借助前文分析过的"太阳喻"和"线段喻"。

第一个阶段，洞穴中有一群被束缚的囚徒，他们从小就住在洞穴里，腿和脖子都被枷锁束缚着，不能走动也无法掉过头，只能看到身前的东西；在他们身后远处的上方，燃烧着一团火光。洞穴对应的是"线段喻"中的可见世界，火堆是人工制造的，它模仿的是洞穴外的太阳光。在火光和这些囚徒之间有一堵矮墙，有人手拿着各种器物、假人和假兽举过墙头，从矮墙后面经过。囚徒借助火光看到的是投射到墙壁上的影子，他们认为影子就是真实的。囚徒指的是没有受过教育的人，他们认识的是可见世界中的影像，对这部分的认识是想象。

第二个阶段，其中有一人被解除了枷锁，"被迫"突然站起身，扭过脖子，开始行走，抬头看到了火光。这种感觉非常痛苦，火光让他眼花缭乱。他认识到过去惯常看到的全都是虚影，如今由于"转身"才看见了比较真实的器物，比以前更加接近事物的本性。苏格拉底反对教育灌输思想，它认为教育是"把灵魂里原来没有的知识灌输到灵魂里去，好象他们能把视力放进瞎子的眼睛里去似的"[2]。教育的本性是一种"灵魂转向（periagoge）的技艺"，使"作为整体的灵魂必须转离变化世界，直至它的'眼睛'得以正面观看实在，观看所有实在中最明亮者，即我们所说的善者"[3]。囚徒的"转身"喻指接受教育后发生的"灵魂的转向"，经过这种"灵魂的转向"的囚徒比喻未来的哲人。未来的哲人认识的是可见世界

---

[1] [古希腊] 柏拉图：《理想国》，郭斌和、张竹明译，商务印书馆1986年版，589b，第272页。

[2] [古希腊] 柏拉图：《理想国》，郭斌和、张竹明译，商务印书馆1986年版，518c，第277页。

[3] [古希腊] 柏拉图：《理想国》，郭斌和、张竹明译，商务印书馆1986年版，518c-d，第277页。

中的可见事物本身，对这部分的认识是信念。囚徒的转身是"被迫"，整个走出洞穴的过程都是迫于外在的强制。[1] 这暗示了哲人的受教育并不是出于自愿，而是来自一个迫使他转向光亮的教育者。[2]

第三个阶段，这个囚徒被拉出洞穴，此时阳光太过刺眼了，以致无法看清真实的事物。他的眼睛逐渐适应阳光后，首先看清了真实事物在阳光下的阴影，再看到了真实事物本身。洞穴外对应的是可知世界，未来的哲人首先认识的是可知世界中的数学对象，对这部分的认识是思想。哲学的真正训练是从数学开始的，因为它"迫使灵魂使用纯粹理性通向真理本身"[3]。数学知识是哲学教育的入门条件，据说柏拉图学园门口立着一块牌子，上面写着，"不懂数学者不得入内"。这一阶段的学习除了数学，还包括几何学、天文学和声学。几何学的对象是"永恒事物"，它"能帮助人们较为容易地把握善的理念"[4]。天文学和声学是兄弟学科，一个基于眼睛，一个基于耳朵。但苏格拉底认为天文学的学习不是用眼睛观看天体的运动，而是运用灵魂的理性去把握天体运动背后的永恒的实在。声学的学习也不是用耳朵分辨音调，而是"寻求可闻音之间数的关系，从不深入到说明问题，考察什么样数的关系是和谐的，什么样数的关系是不和谐的，各是为什么"[5]。数学、几何学、天文学和声学的共同作用是使灵魂的认识对象由可见世界转向了可知世界。这四门学科的学习都是为辩证法的学习做准备，它们就像"要学习的法律正文前面的一个序言"[6]。

---

[1] 例如："如果他被迫看火光本身，他的眼睛会感到痛苦，他会转身走开……如果有人硬拉他走上一条陡峭崎岖的坡道，直到把他拉出洞穴见到了外面的阳光，不让他中途退回去，他会觉得这样被强迫着走很痛苦，并且感到恼火。"[古希腊] 柏拉图：《理想国》，郭斌和、张竹明译，商务印书馆1986年版，515e-516a，第274页。

[2] 但是罗森认为"转向"原意并不意味着"教化"，是惊奇的突然启明使"教化"突然发生了。参见[美] 罗森：《诗与哲学之争》，张辉译，华夏出版社2004年版，第133—134页。这与亚里士多德认为哲学"起于对自然的惊异"的观点相吻合。[古希腊] 亚里士多德：《形而上学》，吴寿彭译，商务印书馆1959年版，982b，第5页。

[3] [古希腊] 柏拉图：《理想国》，郭斌和、张竹明译，商务印书馆1986年版，526b，第289页。

[4] [古希腊] 柏拉图：《理想国》，郭斌和、张竹明译，商务印书馆1986年版，526e-527b，第290—291页。

[5] [古希腊] 柏拉图：《理想国》，郭斌和、张竹明译，商务印书馆1986年版，531c，第297页。

[6] [古希腊] 柏拉图：《理想国》，郭斌和、张竹明译，商务印书馆1986年版，531d，第297页。

第四个阶段，解放的囚徒直接观看太阳本身，并认识到它主宰了可见世界中的一切事物。太阳对应着"太阳喻"中的善的理念。未来的哲人认识的是可知世界的理念，其中最后认识也是最难认识的是善的理念，对这部分的认识是理性，理性的德性是智慧。要想看到理念乃至善的理念，必须在前面学习的基础上再用五年时间学习辩证法。"只有辩证法有能力让人看到实在，也只让学习过我们所列举的那些学科的人看到它，别的途径是没有的。"[1]当辩证法把未来的哲人引向善的理念时，他已达到了认识的最高境界：

> 当一个人企图靠辩证法通过推理而不管感官的知觉，以求达到每一事物的本质，并且一直坚持到靠思想本身理解到善者的本质时，他就达到了可理知事物的顶峰了。[2]

未来哲人经过辩证法的学习之后，还需要接受实践的检验，那些缺乏哲学天赋的人将被筛选掉，这一过程从三十五岁持续到五十岁。在这十五年里，"强迫他们负责指挥战争或者其它适合青年人干的公务"[3]，从而获得实践的经验。未来哲人基于善的理念而对政治事务进行明辨和判断，从而在灵魂中生成实践智慧。

第五个阶段，被解放的囚徒必须回到洞穴，以解放他以前的伙伴。他现在很难适应洞穴内的黑暗，并成为以前同伴的笑料，因为他在与他们玩影像游戏时，再没有以前那么机灵了。他们嘲笑说他到上面去走了一趟，回来眼睛就坏了。与其这样，不如不要上去。如果他试图释放他们并把他们带出洞穴，他们会顽强反抗，甚至可能把他逮住杀掉，这一细节暗示了哲人苏格拉底之死。如果说囚徒走出洞穴比喻的是哲人的受教育过程，那么囚犯返回洞穴比喻的就是哲人的施教过程。在十五年的政治实践中经受住测试和考验的人最终成为哲人，这时他是五十岁。哲人沿着那条"困难而长远的路"，完成了对善的理念的学习。通过漫长而艰辛的哲学教育，理性在哲人灵魂最终取得了统治地位，即哲人拥有了完美的灵魂宪法。哲

---

[1] [古希腊] 柏拉图：《理想国》，郭斌和、张竹明译，商务印书馆1986年版，533a，第299页。

[2] [古希腊] 柏拉图：《理想国》，郭斌和、张竹明译，商务印书馆1986年版，532a-b，第298页。

[3] [古希腊] 柏拉图：《理想国》，郭斌和、张竹明译，商务印书馆1986年版，539e，第309页。

人现在完全专心照料自己的灵魂宪法，过着一种由哲学带来的高级生活——沉思的生活。沉思的生活是完全自足的，它不想从城邦中获取任何东西。哲人享受着哲学这一最吸引人和最神圣的东西所带来的幸福，就好像自己还活着就移居"幸福岛"（the Isles of the Blessed）了。[1] 哲人无暇顾及人间事务，对洞穴中未获得解放的同伴以及他们的言行都持一种轻蔑的态度，他愿永居于"幸福岛"，而不愿下降到城邦进行统治。概而言之，哲人统治城邦与哲人的天性相违背，哲人与城邦产生冲突。但是，苏格拉底认为，城邦的建立者要强迫[2]哲人下降到城邦进行统治，因为"我们的立法不是为城邦任何一个阶级的特殊幸福，而是为了造成全国作为一个整体的幸福。它运用说服或强制，使全体公民彼此协调和谐，使他们把各自能向集体提供的利益让大家分享"[3]。哲人必须为了城邦牺牲自己的幸福，进而言之，哲人的整个教育不是为了他自己的幸福，而是为了整个城邦的幸福。苏格拉底说：

> 我们将要求他们把灵魂的目光转向上方，注视着照亮一切事物的光源。在这样地看见了善本身的时候，他们得用它作为原型，管理好国家、公民个人和他们自己。在剩下的岁月里他们得用大部分时间来研究哲学；但是在轮到值班时，他们每个人都要不辞辛苦管理繁冗的政治事务，为了城邦而走上统治者的岗位——不是为了光荣而是考虑到必要。因此，当他们已经培养出了象他们那样的继承人，可以取代他们充任卫国者的时候，他们就可以辞去职务，进入乐土，在那里定居下来了。[4]

哲人对城邦管理的核心任务就是教育，他选择有哲学天性的青年，沿着那条"困难而长远的路"，直到在他们的灵魂中建立完美的灵魂宪法，

---

[1] Plato, *The Republic of Plato*, translated, with notes and an interpretive essay by Allan Bloom, New York: Basic Books, Inc., 1968, 519c, p. 198.

[2] 安德鲁提出了不一样的解释，哲人下降洞穴和走出洞穴一样都是出于哲人的内在必然性，而不是外在强迫。[美] 安德鲁：《下降到洞穴》，张新樟译，载刘小枫选编：《施特劳斯与古今之争》，华东师范大学出版社2010年版，第585页。

[3] [古希腊] 柏拉图：《理想国》，郭斌和、张竹明译，商务印书馆1986年版，519e-520a，第279—280页。

[4] [古希腊] 柏拉图：《理想国》，郭斌和、张竹明译，商务印书馆1986年版，540a-b，第309页。

即成为哲人。新一代的哲人又成为城邦的教育者，教育具有哲学天性的青年，哲人教育实现了良性的循环。

二、哲学教育与诗学教育之争

在哲人出现之前，诗人是城邦的教育者[1]。既然教育是在灵魂中立法，诗人也是城邦公民灵魂的立法者，正如雪莱所言，"诗人是世间未经公认的立法者"[2]。哲人要取代诗人成为城邦的教育者和立法者，必须把后者驱逐出城邦。在《理想国》的第二、第三卷中，苏格拉底对模仿诗进行了批评（前文已有论述），但那时关于灵魂的分析还没有充分展开。在对灵魂的构成和正义（第四卷）、灵魂的教育（第六、第七卷）和灵魂宪法（第八、第九卷）的哲学分析之后，苏格拉底在《理想国》第十卷中再次发起了对模仿诗的批评。第二次对模仿诗的批评从两个方面展开：一是模仿诗远离真实，二是模仿诗在灵魂中建立恶的宪法。

苏格拉底用画家画床来作类比说明模仿诗与真实的关系。现在有三种床：自然的床、木匠的床和画家画的床；它们的制造者分别是：神、木匠和画家。这三种床分别对应线段比喻中理性、信念和想象部分。自然的床即理念的床，它是真实的床；木匠的床是人造物，即现实的床，它已经不真实，只是真实的床的影像；画家的床由于是对木匠的床的模仿，即对床的影像的模仿，它与真实的床隔两层。苏格拉底表面在谈画家，实质上在谈模仿诗人，而且是悲剧模仿诗人。"悲剧诗人既然是模仿者，他也像所有的其他模仿者一样，自然地和王者或真实隔着两层。"[3]以荷马为领袖的悲剧诗人宣称知道一切关于德性的知识，包括关于神、关于善、关于灵魂的知识。[4] 苏格拉底认为悲剧诗人知道的德性不是真实的德性，它只

---

[1] 柏拉图借苏格拉底之口传达了在哲人出现之前，诗人荷马作为城邦的教育者在当时希腊人生活中的地位："因此，格劳孔啊，当你遇见赞扬荷马的人，听到他们说荷马是希腊的教育者，当管理人们的生活和教育方面，我们应当学习他，我们应当按照他的教导来安排我们的全部生活，这时，你必须爱护和尊重说这种话的人。"[古希腊] 柏拉图：《理想国》，郭斌和、张竹明译，商务印书馆1986年版，第407页。
[2] 伍蠡甫主编：《西方文论选》（下），上海译文出版社1979年版，第57页。
[3] [古希腊] 柏拉图：《理想国》，郭斌和、张竹明译，商务印书馆1986年版，597e，第392页。
[4] [古希腊] 柏拉图：《理想国》，郭斌和、张竹明译，商务印书馆1986年版，598e，第393页。

是对德性的影像的模仿。真实的德性是德性的理念，立法者观看德性的理念为城邦公民的灵魂立法，可见，法是德性的影像，悲剧诗人知道的德性正是对法（德性的影像）的模仿。由于只有哲人能观照到德性的理念，因此，在最好的情况下，是哲人做城邦的立法者。正是在这个意义上，苏格拉底说模仿诗人与"自然和王者或真实隔着两层"，"王者"指的正是哲人。模仿诗人没有关于德性的真正知识，他们的教育不能提高公民的德性，他们也不是城邦优秀的立法者。

由于模仿诗远离德性的真实，它将在灵魂中建立一种恶的宪法。为了清楚地展示哲学教育和诗学教育对灵魂的不同影响，苏格拉底把以前灵魂三分法变为两分法：哲学对应灵魂的高贵、清醒的部分（理性部分），诗对应灵魂的低俗、混乱的部分（欲望和激情部分）。画家模仿"床"这一类比的另一寓意是，它象征诗人经常模仿灵魂的欲望，因为"床"使人很容易联想到"性的欲望"或"爱欲"。诗人除了爱描写床笫之事，还爱描写各种战事，以模仿灵魂中的激情部分。模仿艺术与灵魂中低俗的部分"交往，成为它的伙伴和朋友，却既不为健康，也不为真实"，于是"低俗的模仿与低俗的东西交媾，生出低俗的后代"[1]。本来优秀的人（灵魂高贵的人）经过模仿诗人的教育，也可能被腐蚀成一个低俗的人。模仿诗在根本上为灵魂中的欲望和激情部分辩护，让这部分在灵魂中占统治地位，在优秀人的灵魂中建立恶的宪法。苏格拉底认为现在有充分理由不让模仿诗人进入城邦：

> 因此我们完全有理由拒绝让诗人进入良法治理的城邦。因为他的作用在于激励、培育和加强灵魂的低贱部分毁坏理性部分，就像在一个城邦里把政治权力交给坏人，让他们去危害好人一样。我们同样要说，模仿的诗人还在每个人的灵魂里建立起一个恶的宪法，通过制造一个远离真实的影像，通过迎合那个不能辨别大和小，把同一事物一会儿说大一会儿又说小的愚蠢部分。[2]

---

[1] Plato, *The Republic of Plato*, translated, with notes and an interpretive essay by Allan Bloom, New York: Basic Books, Inc., 1968, 603b-c, p.286. 译文参见张文涛：《哲学之诗——柏拉图〈王制〉卷十义疏》，华东师范大学出版社2012年版，第132页。

[2] Plato, *The Republic of Plato*, translated, with notes and an interpretive essay by Allan Bloom, New York: Basic Books, Inc., 1968, 605b-c, p.289.

哲学是灵魂高贵部分的教育者，诗学是灵魂低俗部分的教育者，哲学与诗学之争，其实是关系灵魂的立法权归属的斗争。因此，"这场斗争是重大的。其重要性程度远远超过了我们的想像。它是决定一个人善恶的关键"[1]。

---

[1] [古希腊] 柏拉图：《理想国》，郭斌和、张竹明译，商务印书馆 1986 年版，608b，第 408 页。

下 篇

现代身体宪法学

第五章 人性论、认识论与方法论

第一节 人性论

如果说柏拉图是古典宪法学的创始人,那么现代宪法学的创始人这一殊荣留给霍布斯最为合适。施米特就尊称霍布斯为"资产阶级法治和宪制国家的精神之父"[1]。霍布斯对于现代宪法学重要性的认识,"部分源于那些回到他著作中或其语境中学者们的洞识,部分源于他的理论向我们这个时代进行言说的异乎寻常的能力——仿佛霍布斯更好地理解了,或至少是更坦率地预言了现代世界的逻辑,而他比那些更为著名的后继者更有力地推动了此种逻辑之始创"[2]。斯托纳(James R. Stoner, Jr.)从而认为,霍布斯的著作在美国制宪者中的引用率虽在孟德斯鸠、布莱克斯通、洛克和柯克之后,但是他的理论是美国立宪的基础。[3]

霍布斯的宪法学主要体现在他的代表作——《利维坦》——之中。施米特在《霍布斯国家学说中的利维坦》的开篇就一语道出了此书在霍布斯著述中的重要地位,"霍布斯得享盛名和声名狼藉,更多是因为他的《利维坦》,而非因为其所有其他著作",施米特同时在序言中指出,"这是一

---

[1] Carl Schmitt, *The Leviathan in the State Theory of Thomas Hobbes: Meaning and Failure of a Political Symbol*, translated by George Schwab and Erna Hilfstein, Westport: Greenwood Press, 1996, p. 67.
[2] [美]小詹姆斯·R. 斯托纳:《普通法与自由主义理论:柯克、霍布斯及美国宪政主义之诸源头》,姚中秋译,北京大学出版社2005年版,第109页。
[3] [美]小詹姆斯·R. 斯托纳:《普通法与自由主义理论:柯克、霍布斯及美国宪政主义之诸源头》,姚中秋译,北京大学出版社2005年版,第112页。弗兰克·科尔曼(Frank M. Coleman)也认为美国宪法起源于霍布斯的宪法学,在美国已经实现的是霍布斯的自然权利原则,而不是关于"社会正义"这样一种原则。Frank M. Coleman, *Hobbes and America: Exploring the constitutional foundations*, Toronto: University of Toronto Press, 1977, p. 4.

部值得用一生来阅读和注释的书"。[1] 罗素（Bertrand Russell）也认为霍布斯的声誉主要在《利维坦》这本书[2]，马蒂尼奇（A. P. Martinich）更是把《利维坦》尊称为"现代人的圣经"[3]。莱斯诺夫（Michael Lessnoff）认为，《利维坦》是最伟大的政治哲学杰作，唯一能与其相匹敌的是《理想国》。[4] 霍布斯自己也把《利维坦》的工作比拟为《理想国》的工作，但他相信"利维坦"不像"理想国"那样"没有用处"，他欲用切实可行的"利维坦"替换虚无缥缈的"理想国"。从《理想国》到《利维坦》的转变，标志着古典宪法学向现代宪法学的转变。霍布斯创立的宪法学在人性论、认识论、方法论、道德论、本体论和目的论上都与身体紧密联系，我们称之为现代身体宪法学。

《利维坦》包括引言和四大部分：第一部分"论人"，第二部分"论国家"，第三部分"论基督教体系的国家"和第四部分"论黑暗的王国"。《利维坦》的引言与《理想国》的开篇一样精雕细刻，美妙绝伦，它同样可看作全书的路线图。甫一开卷，霍布斯的矛头就指向了古典宪法学中自然与技艺的划分：

"大自然"，也就是上帝用以创造和治理世界的艺术，也象在许多其他事物上一样，被人的艺术所模仿，从而能够制造出人造的动物。[5]

霍布斯以"自然"开篇，自然就是上帝的技艺，这种技艺（art，又译为"艺术"）会被人的技艺所模仿，自然实际上也是技艺的。霍布斯借用《圣经》的开篇取消了古典宪法学中自然与技艺的截然区分。[6] 国家不是自然生长而成的，而是凭人工艺术设计出来的"人造人"，这种艺术是模

---

[1] [德]卡尔·施米特：《霍布斯国家学说中的利维坦》，应星、朱雁冰译，华东师范大学出版社2008年版，第39、41页。
[2] [英]罗素：《西方哲学史》（下卷），马元德译，商务印书馆1976年版，第69页。
[3] [美]A. P. 马蒂尼奇：《霍布斯传》，陈玉明译，上海人民出版社2007年版，第265页。
[4] [英]迈克尔·莱斯诺夫等：《社会契约论》，刘训练、李丽红、张红梅译，江苏人民出版社2006年版，第11页。
[5] [英]霍布斯：《利维坦》，黎思复、黎廷弼译，商务印书馆1985年版，引言，第1页。英文版参见 Thomas Hobbes, *Leviathan*, ed. by Richard Tuck, Cambridge: Cambridge University Press, 1996。
[6] 《圣经·创世纪》的开篇是"起初，神（上帝）创造天地"，霍布斯让古代与基督教相互厮打，这是他在《利维坦》中惯用的手法。

仿上帝创造世界的艺术。[1] 国家不但是人制造出来的，而且它本身是由人构成的，即人不但赋予国家以形式，而且也是国家构成的质料。那么，霍布斯又是如何理解人性的呢？

霍布斯的人性观深受他的唯物主义世界观的影响。作为一个唯物主义一元论者，霍布斯认为自然界唯一的存在（being）是物体（body）。所谓物体"是不依赖于我们思想的东西，与空间的某个部分组合或具有同样的广延"[2]。物体是具有广延的东西，即物体是具有物质构成的有形体，不是物体的东西不能成为自然界的构成部分。物体就是实体，"无形体的实体"和"无物质的实体"是自相矛盾的词组。人是由物质性的身体组成的，非物质性的灵魂被排除在人的本性之外。"如果灵魂可以像空气和液体一样被观察，那它们也是物质，但霍布斯没有断定有没有这样的灵魂。"[3]古典宪法学中灵魂与身体之间的畛域消失了，他用一个唯物色彩很浓的心灵（mind）取代了古典灵魂的概念，"心灵不是独立于身体的另一个实体，而是身体受到外物刺激或碰撞的结果"[4]。对霍布斯而言，"'灵魂'只不过是人的心灵的另一个名称，它是由物质构成的，从内部受到只不过是基本情欲的驱使，这些情欲即嗜好和嫌恶"[5]。生命不再是与灵魂的运动相关，它不过是身体内的物质运动。用斯密什的话来概括："人类被还原为身体，而身体被进一步还原成运动的物质。"[6]于是，有生命的东西与机械的界限也被取消了，人像一架机器。身体像钟表一样有发条和齿轮运行的"自动机械结构"：心脏是发条，神经是游丝，关节是齿轮，这些零件如创造者所意图的那样，使得整个身体得以活动起来。[7] 法国学者拉•梅

---

[1] 把国家看成一项艺术品在当时是一种非常盛行的观念，雅克布•布克哈特的名著——《意大利文艺复兴时期的文化》——第一章的标题即是"作为一种艺术工作的国家"。参见［瑞士］雅克布•布克哈特：《意大利文艺复兴时期的文化》，何新译，商务印书馆1979年版，第1页。

[2] ［英］霍布斯：《论物体》，段德智译，商务印书馆2019年版，第121页。

[3] 转引自［美］A. P. 马蒂尼奇：《霍布斯传》，陈玉明译，上海人民出版社2007年版，第221页。

[4] 吴增定：《利维坦的道德困境——早期现代政治哲学的问题与脉络》，生活•读书•新知三联书店2012年版，第102页。

[5] ［美］马克•里拉：《夭折的上帝：宗教、政治与现代西方》，萧易译，新星出版社2010年版，第47页。

[6] ［美］史蒂芬•B. 斯密什：《政治哲学》，贺晴川译，北京联合出版公司2015年版，第165页。

[7] 霍布斯：《利维坦》，黎思复、黎廷弼译，商务印书馆1985年版，引言，第1页。

特里贯彻了霍布斯的机械唯物主义思想，1747 年出版的一本著名的书，书名就是《人是机器》。

国家实质上是由人的身体构成的，《利维坦》通过卷首图隐喻性地表达了这一点，象征国家的"巨人"由众多人的身体组成。[1] 霍布斯在引言中提出了身体与国家的类比，与柏拉图的灵魂与城邦类比针锋相对：

> "国民的整体"或"国家"（拉丁语为 Civitas）的这个庞然大物"利维坦"是用艺术造成的，它只是一个"人造的人"；虽然它远比自然人身高力大，而是以保护自然人为其目的；在"利维坦"中，"主权"是使整体得到生命和活动的"人造的灵魂"；官员和其他司法、行政人员是人造的"关节"；用以紧密连接最高主权职位并推动每一关节和成员执行其任务的"赏"和"罚"是"神经"，这同自然人身上的情况一样；一切个别成员的"资产"和"财富"是"实力"；人民的安全是它的"事业"；向它提供必要知识的顾问们是它的"记忆"；"公平"和"法律"是人造的"理智"和"意志"；"和睦"是它的"健康"；"动乱"是它的"疾病"，而"内战"是它的"死亡"。最后，用来把这个政治团体的各部分最初建立、联合和组织起来的"公约"和"盟约"也就是上帝在创世时所宣布的"命令"，那命令就是"我们要造人"。[2]

身体和国家都类似一台机器，灵魂只是这个机器上的一个零件，施米特对此有深刻的解读。霍布斯是将笛卡尔机械的人性观——人体看作是机器，由肉体和灵魂组成人则在整体上是一种智力加一台机器——转而运用到"巨人"也即国家身上，这样他便把国家变成了一台由主权充当灵魂的机器。但由于国家的制造材料和它的创造者都是人，结果把灵魂变成了一台人造机器的零件而已，它的作用就是保卫人们的肉体存在。一旦具有肉体和灵魂的巨人变成了一台机器，那么逆向转化也成为可能，小人也可成

---

[1] 斯金纳认为，绘图能用一种极为有力而令人印象深刻的形式呈现出作者的观点，卷首图是进入霍布斯书本的门径。对 1651 年出版的《利维坦》的卷首图的细致解读，请参见李强、张新刚主编：《国家与自由：斯金纳访华讲演录》，宋华辉译，北京大学出版社 2018 年版，第 76—99 页。

[2] [英] 霍布斯：《利维坦》，黎思复、黎廷弼译，商务印书馆 1985 年版，第 1 页。

为机器人。因此，霍布斯超越了笛卡尔，对人作了一个极其重要的人类学解释。[1] 国家（城邦）和人的类比由柏拉图那里"城邦与灵魂"的类比变成了"国家与身体"的类比。宪法面对的不再是灵魂的秩序如何可能的问题，而是身体的秩序如何可能的问题。在霍布斯那里，"政治与法律的技艺的精髓就是安排好人类身体的秩序"[2]，明显区别于柏拉图那里对人类灵魂秩序的安排。

第二节　认识论

施米特认为霍布斯是"迄今为止，最伟大、或唯一真正有体系的政治思想家"[3]。施特劳斯在《霍布斯的政治哲学》的德文版前言中坦言，正是施米特以上对霍布斯的伟大和重要的判断，强化了他对霍布斯的兴趣。[4] 霍布斯到底有没有自己的体系？对这个争论不休的问题的解答，必须先从霍布斯的认识论入手。

一、基础：身体的感觉

霍布斯反对天赋观念论，认为"没有什么观念是从我们心里产生并且居住在我们心里的"[5]，包括上帝和灵魂这些观念。一切知识和观念都来源于感觉，"如果现象就是我们借以了解所有其他事物的原则，我们就必须承认感觉就是我们借以了解那些原则的原则了，而且我们所拥有的一切知识都是由感觉得来的"[6]。感觉的本性是身体内部的运动。具体来说，

---

[1] [德] 卡尔·施米特：《霍布斯国家学说中的利维坦》，应星、朱雁冰译，华东师范大学出版社2008年版，第129—140页。
[2] 林国华：《身体、灵魂与主权者的权力》，载《法制日报》"理论版"，2008年8月6日。
[3] 这是施米特在《政治的概念》第一版中对霍布斯的评价，施特劳斯发现在1932年发表的第二版中，施米特把霍布斯只描述为"一位伟大的、真正系统的政治思想家"。[美] 列奥·施特劳斯：《施米特〈政治的概念〉评注》，刘宗坤译，载舒炜编：《施米特：政治的剩余价值》，上海人民出版社2002年版，第220页注释3，这也是这篇评注中的唯一一条注释。
[4] [美] 列奥·施特劳斯：《霍布斯的宗教批判——论理解启蒙》，杨丽等译，华夏出版社2012年版，第184页。
[5] [法] 笛卡尔：《第一哲学沉思集》，庞景仁译，商务印书馆1986年版，第195页。
[6] [英] 霍布斯：《论物体》，段德智译，商务印书馆2019年版，第400页。

是身体内部的两种相互对立的运动：一种是外界物体或对象（object）对感觉器官施加压力而引起的运动，这种运动通过神经传到大脑，再传到心脏。另一种是心脏针对这种运动产生反压力或想要表达自身的意向（endeavour）。由于这种意向是朝外的，看起来好像是外在物体，这一假象或幻象（seeing or fancy）就是霍布斯所说的感觉。[1] 在这两种对立的运动过程中，霍布斯一方面肯定了感觉来源于外界客观存在的物体，但另一方面又强调感觉是客观物体的主观映象。"这意味着，我们不可能完全抛开我们的身体去认识外物，不可能摆脱主观性去获得纯粹客观的知识。"[2] 因此，感觉的映象并不是外界物体本身固有的性质。霍布斯指出：

> 我们的感觉使我们觉得存在于世界上的任何偶性或性质，都并不在世界上，而只是外观与显现。真实存在于我们以外的世界上的东西，是引起这些外观的那些运动。[3]

感觉的映象与感觉的对象并不是同一的东西，这也就意味着通过感觉只能认识映象的事物，而不能认识外界事物本身。换言之，感觉具有"欺骗性"。[4]

身体器官对外界物体有五种感觉：视觉、听觉、嗅觉、味觉和触觉。[5] 在这五种感觉中以触觉最为根本，这又与物体的物质性相关。感觉从根本上讲源于世界物体之间的对抗性存在，即身体器官与外界物质性物体之间存在的作用力与反作用力，这种对抗性通过触觉最容易感受到。霍

---

[1] 在《论物体》中，霍布斯根据感觉的原因及其产生的秩序对感觉下了一个"完整的定义"："感觉是一种心像（phantasm），由感觉器官向外的反作用及努力所造成，为继续存在或多或少一段时间的对象的一种向内的努力所引起。"［英］霍布斯：《论物体》，段德智译，商务印书馆2019年版，第403页。

[2] 吴增定：《利维坦的道德困境——早期现代政治哲学的问题与脉络》，生活·读书·新知三联书店2012年版，第115页。

[3] 北京大学哲学系外国哲学史教研室编译：《西方哲学原著选读》（上卷），商务印书馆1981年版，第297页。

[4] 霍布斯指出，感觉的诡计在于，"无论感官如何欲令我辈相信确有一外在世界，但此世界却非存在，而不过为表象与刺激而已。真正外在者，乃是构成此等表象之因的诸运动过程"。［英］霍布斯：《法律要义：自然法与民约法》，张书友译，中国法制出版社2010年版，第10页。英文版参见 Thomas Hobbes, *The Elements of Law: Natural and Politic*, edited with a preface and critical notes by Ferdinand Toennies; second edition, with a new introduction by M. M. Goldsmith, London: Frank Cass, 1969。

[5] ［英］霍布斯：《论物体》，段德智译，商务印书馆2019年版，第403页。另参见［英］霍布斯：《论物体》，段德智译，商务印书馆2019年版，第4页。

第五章 人性论、认识论与方法论

布斯通过日常经验来说明，在普通人的感觉中，不是宇宙的全部都可以称为物体，只有通过触觉感觉到对他们的力产生抵抗的东西，或者用视觉感觉到阻碍他们看到更远的前景的东西，才算是物体。[1] 在霍布斯的解释中，视觉其实依赖于触觉，或者说他把视觉解释为一种触觉，因为视觉感觉是由于物体的物质性对身体器官的阻碍或对抗所引起的，这种阻碍和对抗最直接的感觉是触觉。[2] 也就是说，触觉是直接的感觉，视觉是间接的感觉。[3]

在霍布斯的认识论中，存在即物质性、对抗性的存在，这种存在是通过触觉感觉出来的。从这种意义上来讲，物质性、对抗性与可触知性都是一回事。对身体存在的最大的对抗来自他人对身体的毁灭，即夺走生命，这是通过触觉得到的经验，这种感觉构成了人类认识的出发点。我们由此可以理解为什么霍布斯把对暴死的恐惧而不是虚荣作为宪法学的道德基础，因为前者与触觉相连，后者与视觉相连——我们在意的是自己在别人眼中的形象，希望得到别人的承认。

感觉在对象不在场时，还会继续存在，这种渐次消失的感觉霍布斯称之为想象（imagination）。想象分为两种类型：记忆（memory）和慎虑（prudence）。想象和记忆是一码事，只是由于不同的考虑而具有不同的名称。[4] 对于渐次消失的感觉，当我们要表达事物本身（幻象本身）时，称之为想象；当我们要表达衰退的过程，就称之为记忆。一个人的经验是他记忆的全部内容，是他在回忆中能获得的感觉剩余物。"根据过去的经验而对未来作出假定"[5] 被称为慎虑，它是想象的最后产物。记忆和慎虑

---

[1] 参见［英］霍布斯：《利维坦》，黎思复、黎廷弼译，商务印书馆1985年版，第308页。
[2] 霍布斯举例说，挤压、揉搓或打击眼睛时会使我们产生幻觉看到了光，挤压耳朵会产生鸣声，我们所看到或听到的物体通过它们那种虽不可见却很强大的作用，也会产生同样的结果。［英］霍布斯：《利维坦》，黎思复、黎廷弼译，商务印书馆1985年版，第5页。
[3] 按照外界物体对身体器官作用或对抗的方式，感觉分为直接的感觉和间接的感觉，前者包括触觉和味觉，后者包括视觉、听觉和嗅觉。［英］霍布斯：《利维坦》，黎思复、黎廷弼译，商务印书馆1985年版，第4页。
[4] ［英］霍布斯：《利维坦》，黎思复、黎廷弼译，商务印书馆1985年版，第8页。马尔蒂尼认为，霍布斯在这里错误地将记忆与想象等同起来。因为记忆含有"它是某种实际感觉的真实记录的意思"；相反，虽然所有想象之事都可以被追溯到某种感觉，然而那些不是记忆之事的想象之事，可以不要求它们必须与引起它们的事件相匹配。例如，人虽然能想象一个独角兽，却不能记起一个独角兽。［美］A.P.马尔蒂尼：《霍布斯》，王军伟译，华夏出版社2015年版，第37页。
[5] ［英］霍布斯：《利维坦》，黎思复、黎廷弼译，商务印书馆1985年版，第16页。

都建立在感觉的基础之上,二者都能在感觉世界中找到与之相对应的对象。

当对个别物体的感觉组合在一起的时候就产生了思维(thoughts,又译为"思想"),一系列互相连贯的思维形成了思维序列(consequence of thoughts)或想象序列(consequence of imaginations)。思维序列包括两种:一是无定向的、无目的和不恒定的思维序列,不受某种欲望和目的控制无法引导后续思维,又称为思想迷走;另一种叫定向的思维序列,它受某种欲望和目的控制。[1] 定向思维序列能"为某种现存或过去结果追寻原因",或者"为某种现存或过去的原因追寻结果",[2] 它由此能预见到身体各种可行行为的可能后果。感觉、思维和思维序列构成了心灵仅有的三种运动,后两种运动都建立在前一种运动的基础之上。

二、范围:原因知识

通过感觉经验提供的只是关于事实的知识,这是木已成舟、不可改变的东西,人凭着本能都能认识清楚,霍布斯称它为绝对知识,即关于"是什么"(what they are)的知识。绝对知识包括感觉和记忆。人的认识不能止步于感觉经验,"如果在对结果的经验上,增添了关于它产生的知识,即关于它的'构成性原因'(constitutive cause)的知识,那么我们就知道了一切可能被了解的东西"。[3] 霍布斯称这种"关于原因的知识"为"学识"(Science),[4] 它是有条件的知识,也就是关于"为什么"(why they are)的知识。

原因知识的探求不是通过经验观察方式,而是通过推理方式。关于推理的知识称为学识,也称为哲学。正如奥克肖特所总结:"关于原因的知识就是哲学的探寻,因为哲学就是推理。"[5] 哲学是经过推理获得的原因知识。因此,关于事物的感觉与经验虽然是知识,但是它们是由自然直接

---

[1] [英]霍布斯:《利维坦》,黎思复、黎廷弼译,商务印书馆1985年版,第13页。
[2] [英]霍布斯:《利维坦》,黎思复、黎廷弼译,商务印书馆1985年版,第14页。
[3] 转引自[英]奥克肖特:《〈利维坦〉导读》,应星译,载渠敬东编:《现代政治与自然》,上海人民出版社2003年版,第192页。
[4] 学识指的是"结果以及一个事实与另一个事实之间的依存关系的知识"。[英]霍布斯:《利维坦》,黎思复、黎廷弼译,商务印书馆1985年版,第32—33页。
[5] [英]奥克肖特:《〈利维坦〉导读》,应星译,载渠敬东编:《现代政治与自然》,上海人民出版社2003年版,第192页。

赋予的，而不是通过推理得到的，因而不属于哲学。慎虑也不属于哲学，因为慎虑不过是基于经验的推测，而经验只是记忆。

霍布斯的哲学与当时罗伯特·玻意耳（Robert Boyle）倡导的实验科学（沃利斯称为"自然哲学"）针锋相对。玻意耳把自然的"事实"作为感知经验的客体，认为自然科学知识应该建立在通过实验所产生和显现的"事实"基础上。由于人自身的感官能力有限，而且又容易出错。为了提升观感的潜在能力和警示感官错误的可能，需要大量借助气泵、显微镜和望远镜等科学仪器的力量。这种事实知识的稳固和恒定在于其发生的过程中没有人的介入，事实就是"自然之镜"。玻意耳反复告诫，在实验的事实和其最终的物理原因及解释之间要保持一条关键界线[1]。玻意耳对自然科学揭开真正原因持不可知论，"自然有如钟表：人们能够确信指针指出的时间，确信自然的效果，但是真正产生这些效果的机制，亦即钟表的机械装置，可能不止一种"[2]。由于实验科学无法克服怀疑主义，霍布斯认为它只是丰富了"自然史"而已，根本算不上哲学。霍布斯讽刺道："若所谓科学不过自然物之实验，则江湖郎中便为最佳之物理学家。"[3]

霍布斯把推理限制在一个由原因构成的世界中，对于没有原因或者独立存在的最初事物就不属于哲学讨论的范畴。奥克肖特指出："这马上就从哲学中排除了将宇宙作为一个整全的思考，排除了无限物，排除了永恒的、构成终极因的事物，排除了只有凭神恩或启示才可知的事物，也即排除了霍布斯将之综合成为神学和信仰的东西。"[4] 正是在这个地方，霍布斯与柏拉图在认识论上有明显的区别：在柏拉图看来，最初事物（神圣之物或自然之物）高于人为之物，前者没有原因，它独立存在，对后者的认识必须依赖于对前者的认识；而霍布斯认为只有一种存在——物体，所有

---

[1] [美] 史蒂文·夏平、西蒙·谢弗：《利维坦与空气泵——霍布斯、玻意耳与实验生活》，蔡佩君译，上海人民出版社2008年版，第48页。

[2] [美] 史蒂文·夏平、西蒙·谢弗：《利维坦与空气泵——霍布斯、玻意耳与实验生活》，蔡佩君译，上海人民出版社2008年版，第22页。

[3] [美] 史蒂文·夏平、西蒙·谢弗：《利维坦与空气泵——霍布斯、玻意耳与实验生活》，蔡佩君译，上海人民出版社2008年版，第123页。霍布斯在《论物体》中开篇就批评当时哲学的不成熟，"在我看来，现代哲学之存在大多数人中，就好像古代说谷和酒存在于世界上一样。因为从一开始，田野里就到处有葡萄树和谷穗在生长；但却没有人照料它们的栽培和播种"。[英] 霍布斯：《论物体》，段德智译，商务印书馆2019年版，第15页。

[4] [英] 奥克肖特：《〈利维坦〉导读》，应星译，载渠敬东编：《现代政治与自然》，上海人民出版社2003年版，第185页。

物体都处于一个层次，没有等级区分。霍布斯摒弃了对最初事物的探索，也就是对整全事物的研究，把哲学限定在对原因知识的探究上。

霍布斯把哲学限定为探究原因知识，这是"因为关于原因的知识使人更好地以最有利的方式对现在进行安排"[1]。这与他所认为的哲学目的相契合：

> 我们可以利用事先看到的结果来为我们谋取利益，或者可以通过把一些物体相互地应用到另一些物体上，在物质、力量和工业所及的限度之内，产生出类似于我们心灵所设想的那些结果。[2]

哲学致力于原因知识的探究，是因为这些对人类有用。哲学就是为了获得舒适而便利的生活效果的手段，也就是为了纯粹满足人类利益的需要[3]，而不是为了理解而理解或为了知识而知识。霍布斯明确指出，"知识的目的是力量"[4]，这与培根的"知识就是力量"和福柯的"知识/权力"的观念已十分接近。作为目的的知识取代了宇宙的目的论，"这意味着世界本身不需要目的，因此，仅仅蕴含在认知中的目的就足够了"[5]。

第三节　方法论

一、通过词语进行推理

霍布斯把哲学的本性等同于推理（to reason/reasoning），推理就是"将公认为标志或表明思想的普通名称（general names）所构成的序列相加

---

[1] [英]霍布斯：《利维坦》，黎思复、黎廷弼译，商务印书馆1985年版，第77页。
[2] [英]霍布斯：《论物体》，段德智译，商务印书馆2019年版，第20—21页。
[3] 霍布斯说："推理就是步伐，学识的增长就是道路，而人类的利益则是目标。"又譬如，哲学的"目的是使人们在物质或人力允许的范围内产生人生所需要的效果"。[英]霍布斯：《利维坦》，黎思复、黎廷弼译，商务印书馆1985年版，第34、537—538页。
[4] [英]霍布斯：《论物体》，段德智译，商务印书馆2019年版，第21页。
[5] Leo Strauss, *Natural Right and History*, Chicago: The University of Chicago Press, 1953, p. 176.

减"[1]。从这个定义可知，推理需要通过名称进行。正因为如此，"儿童在不会运用语言之前，是不能推理的"[2]。霍布斯承认心灵的推理无须使用词语，它在无声的思想里进行加减。[3]但是心灵的推理不具有广泛适用性，它只适用于"个别的事物中"[4]。名称及其连接就构成了语言（speech）。语言是人类思维或思想的工具，没有语言之前，"思想好像一团星云，其中没有必要的界限"[5]。语言"将心理讨论转化为口头讨论，或将思维序列转化为语言序列"[6]。霍布斯认为语言的发明是人类"最高贵和最有益的发明"，连印刷术和文字的发明跟它相比都相形见绌。没有语言，人类之中就不会有社会、国家、契约和法律。霍布斯对语言的单位——名称——进行了重点探讨，提出了名称理论。

> 名称（a NAME）是一个随意拿来作为记号的词，它能在我们的心中唤起和先前我们曾有过的某个思想一样的思想，如果把它宣示给他人，它对这些人就可能成为表示宣讲者曾经有过的思想的符号，或他心中此前不曾有过的思想的符号。[7]

从这个定义可以看出，霍布斯把名称（name）称为词语（word），它的第一个功能是作为记忆的记号（mark），依凭这些记号，我们可以记得我们自己的思想。名称的第二个功能是作为符号（sign）——特别是作为概念的符号，依凭这些符号，我们可以使我们的思想为他人所知晓。正是通过作为符号的名称人们"互相表达自己对每一件事物所想象或想到的是什么，同时也可以表示他们所想望、惧怕或具有其他激情的东西"[8]。

从这一定义还可以得出名称的两个特性。第一个特性是名称的任意性，即它是随意拿来的（taken at pleasure）。霍布斯明确指出过，名称是

---

[1] Thomas Hobbes, *Leviathan*, ed. by Richard Tuck, Cambridge: Cambridge University Press, 1996, p.32.
[2] [英]霍布斯：《利维坦》，黎思复、黎廷弼译，商务印书馆1985年版，第33页。
[3] [英]霍布斯：《论物体》，段德智译，商务印书馆2019年版，第17页。
[4] [英]霍布斯：《利维坦》，黎思复、黎廷弼译，商务印书馆1985年版，第29页。
[5] [瑞士]费尔迪南·德·索绪尔：《普通语言学教程》，高名凯译，商务印书馆1980年版，第157页。
[6] [英]霍布斯：《利维坦》，黎思复、黎廷弼译，商务印书馆1985年版，第19页。
[7] [英]霍布斯：《论物体》，段德智译，商务印书馆2019年版，第29页。
[8] [英]霍布斯：《利维坦》，黎思复、黎廷弼译，商务印书馆1985年版，第19页。

"概念的符号",而不是"事物本身的符号"。[1] 名称所指的不是事物本身,这导致推理就不是事物之间的连接,而是名称或词语之间的连接。由此,推理的结论"不是关于事物特性的结论,而是关于事物名词的结论。也就是说,我们通过理性的手段所发现的,只是我们在名词之间建立的关联是否与我们在其意涵上确立的任意性的惯性一致"[2]。奥克肖特认为:"这既是一个唯名论的教诲,同时也是一个深刻怀疑色彩的教诲。"[3]现在,只要一个断语中的词语进行了正确的排列,它就是真实的,否则就是虚假的。霍布斯断言:"真实和虚假只是语言的属性,而不是事物的属性。没有语言的地方,便不可能有真实或虚假的存在。"[4]因此,一个真实的命题并不是关于事物本性的真实断言。名称的另一个特性是它的意义是由社会约定的。既然名称与事物是分离的,就无法从事物的本性揭示出它(名称)的意义。名称的意义"是根据人们一致的协议和规定而来的"[5]。名称由记号变为符号,只需要社会共同约定好它的意义就可以了。也就说,名称的意义是由社会的契约决定的,而不是由事物的本性决定的。

对名称意义的确定过程就是定义,它是进行推理的开端。定义就是"用尽量简短的言语,使听者心中对于某个名称意指的东西产生完全的、清楚的观念或概念"[6]。一个清晰的定义的重要特征是它必然包含所定义事物的原因,这是由推理的目的——探究原因知识——决定的。[7] 清晰的名称是人类的"心灵之光",隐喻、无意义和含混不清的名称则是"鬼火"。如果名称定义不清楚,推理的人就"象一只鸟在上了粘鸟胶的树枝上一样,纠缠在词语中,愈挣扎就粘得愈紧"[8]。"无形的物体"或"无形的实体"的名称(例如"灵魂"和"灵"),影响感情的事物的名称(例如德与恶、公正),霍布斯认为它们都是"荒谬而无义"或"无法正

---

[1] [英]霍布斯:《论物体》,段德智译,商务印书馆2019年版,第30页。
[2] 转引自[英]奥克肖特:《〈利维坦〉导读》,应星译,载渠敬东编:《现代政治与自然》,上海人民出版社2003年版,第191页。
[3] [英]奥克肖特:《〈利维坦〉导读》,应星译,载渠敬东编:《现代政治与自然》,上海人民出版社2003年版,第191页。
[4] [英]霍布斯:《利维坦》,黎思复、黎廷弼译,商务印书馆1985年版,第22页。
[5] [英]霍布斯:《利维坦》,黎思复、黎廷弼译,商务印书馆1985年版,第287页。
[6] [英]霍布斯:《论物体》,段德智译,商务印书馆2019年版,第98页。
[7] 譬如,圆是一条直线在一个平面上固定一端而旋转所造成的图形,这就是一个清晰的定义。[英]霍布斯:《利维坦》,黎思复、黎廷弼译,商务印书馆1985年版,第99页。
[8] [英]霍布斯:《利维坦》,黎思复、黎廷弼译,商务艺术馆1985年版,第22页。

确定义"的词语，都不能作为任何推理的真实基础。霍布斯特别指出，这些无意义的词语大多是由某些拉丁或希腊名词组成的。

柏拉图同样是通过词语进行推理，他恰恰是从词语的矛盾性和不可靠性出发，通过辩证法发现事物的本性。霍布斯否认了通过词语认识事物本性的可能性，于是，推理变成了词语之间的加减，它的本质是一种计算。政治学家把契约加起来便推出人们的义务；法律学家则把法律和事实加起来便推出人们行为中的是与非。推理不再关乎事物的本性，只关乎词语的属性；推理不再具有以往的神圣性，它现在变成了一种类似计算账目的活动；推理也不是像柏拉图所言那样是天生的能力，而是后天可以通过辛勤努力练就的技艺。

二、分析-综合的方法

霍布斯认为哲学的对象是物体，而物体又分为两类：其中之一是自然的作品，他称之为自然物体（natural bodies）；另一个是人工作品——国家，也叫政治物体（bodies politic）或人造物体（artificial bodies），它是人类意志的产物。与之相应，他的哲学分为自然哲学和政治哲学（civil philosophy），政治哲学又称公民哲学，它包含了我们所研究的宪法学。在霍布斯那里，哲学通常作为科学的同义语来使用，"理性的知识就是科学知识"。因此，上述分类，换一种说法就是，霍布斯的科学也分为自然科学和政治科学。霍布斯为什么把哲学（philosophy）等同于科学（science）？这是因为在17世纪，要人们像我们今天一样把哲学和科学截然分开是不可能的。因为当时还没有学科的分化，科学和哲学是同一回事。[1]

自然哲学和政治哲学在霍布斯哲学体系的关系如何，是学界一个长久争论的话题。施特劳斯在《霍布斯的政治哲学》（1936年版）中认为，霍布斯是在40多岁时偶然发现了欧几里得的《几何原本》之后才转向自然

---

[1] 因为在古希腊传统中，哲学和科学是一回事，哲学—科学是一个连续体。柏拉图认为哲学家（philosophos）爱的是 episteme。episteme 这个词在英语世界经常翻译为 science。在亚里士多德那里，philosophia 和 episteme 经常换用。大概自17世纪牛顿开始，哲学与科学才开始分流，后者专指狭义的自然科学。康德以后，哲学家才逐渐无法染指科学的工作。到了20世纪，社会"科学"才取得建制化的学科地位。scientist 是到19世纪才发明的，此前人们习惯用自然哲学家这个称号。参见陈嘉映：《哲学·科学·常识》，东方出版社2007年版，第8—12页。

哲学[1]，而他的政治哲学在此之前已基本形成。因此，霍布斯的政治哲学不仅独立于他的自然哲学，而且先于他的自然哲学。施特劳斯说："霍布斯政治哲学的人本道德动机其全部或最重要的论点，早在他的注意力转向自然科学之前，就已基本形成了。"[2]但随着霍布斯早期作品《第一原理简论》的发现和被学界的重视[3]，施特劳斯的这种观点已被改变。霍布斯在《第一原理简论》中用欧几里得的方法建构了机械论原理。华特金斯认为，除流射理论以外，书中的观念都基本上毫无变动地进入了他后来的哲学和政治著作之中，因此，在霍布斯的政治哲学牢固确定以前，他就已经是一个机械论者。[4] 萨拜因也认为："霍布斯的体系是最早把政治哲学视作机械科学知识之一部分的真诚尝试。"[5]施特劳斯在《自然权利与历史》（1953年版）中也修正了以前的观点，"要想理解霍布斯的政治哲学，我们一定不能忽视他的自然哲学"[6]。施特劳斯的告诫完全适用于对政治哲学著作——《利维坦》——的理解，第一部分"论人类"对人性基础的分析运用的是自然哲学中的机械唯物主义方法（在《论物体》中进行了系统的阐述），即把人的身体当作自然物体来分析。在第一部分第一篇"论感觉"中，霍布斯特意表明了该部分与自然哲学著作的内在联系。他说："认识感觉的自然原因，对目前的讨论说来并不十分必要，我在其他地方已经著文（《论物体》，引者注）详加讨论。但为了使我目前的方法每一部

---

[1] 这种转变发生在1629年至1630年霍布斯周游欧洲大陆期间，在一位先生屋里，霍布斯发现桌子上有一本欧几里得的《几何原本》。当他读到"定理47"时，他说："这不能！"于是他开始对这个定理进行证明。这个证明又引他去看前面的定理。最后，他被折服了。这使他爱上了几何学。［美］A. P. 马蒂尼奇：《霍布斯传》，陈玉明译，上海人民出版社2007年版，第99页。在《利维坦》中霍布斯赞誉"几何学是上帝眷顾而赐给人类的唯一科学"。［英］霍布斯：《利维坦》，黎思复、黎廷弼译，商务印书馆1985年版，第22页。

[2] ［美］列奥·施特劳斯：《霍布斯的政治哲学：基础与起源》，申彤译，译林出版社2001年版，第34页。

[3] 滕尼斯推测《第一原理简论》写于1630年前后，因为在1646年写给纽卡斯尔侯爵的一篇关于光学的信中，霍布斯说他所写的东西源于自己"约16年前"已经提出的观点。The English Works of Thomas Hobbes of Malmesbury, Vol. VII, collected and edited by Sir William Molesworth, London: Rouledge/Thoemmes Press, 1839-45, p. 468.

[4] 参见［英］华特金斯：《霍布斯》，蓝玉人译，远景出版事业公司1985年版，第21、32页。

[5] ［美］乔治·萨拜因：《政治学说史》（下卷），托马斯·索尔森修订，邓正来译，上海人民出版社2010年版，第140页。

[6] ［美］列奥·施特劳斯：《自然权利与历史》，彭刚译，生活·读书·新知三联书店2003年版，第173页。

分都充实起来，在这里还要把这个问题简单提一下。"[1]

据霍布斯自己解释，他在政治哲学方面的成果要归功于借鉴了自然哲学的一种新的方法——分析-综合法或者分解-组合法：

> 我们用来发现事物的原因的方法，或者是组合法，或者是分解法，或者部分组合法与部分分解法，此外没有什么别的方法。而分解法通常又称为分析方法，组合法又称为综合方法。[2]

这种研究方法发端于帕多瓦学派（the School of Padua）的分解-组合法。分解-组合法形成并发展于中世纪的帕多瓦学院，"分解"最初意味着"身体解剖"。帕多瓦学派的分解-组合法要义是："了解事物的方法，在行为或思想上把事物拆开，确定其零件的本质，然后再把它配置好——分解它再重组它。"[3] 14 世纪一个名叫德·阿巴诺（Pietrod'Abano）的人谈到过"分解-组合法"：

> 组合法与第一种方法相反。你由那已经被分解的东西开始着手，然后回想这个被分解的东西，再次以适当的顺序把它们组合在一起。[4]

哈维把分解-组合法运用到生物原理的研究之中，伽利略把分解-组合法运用到机械原理之中。[5] 哈维和伽利略由于找到了恰当的方法，他们因此建立起了真正的科学。霍布斯对这两位科学家赞赏不已：

> 伽利略……第一个向我们打开了宇宙自然哲学的大门，使之成为运动本性的知识，以致没有一个自然哲学的时代能够被认为高出它的时代。最后，人体科学（the science of man's body）这一自然哲学中最有益的部分，是由我们的同胞、国王詹姆斯和国王查理的首席医生哈维医生在他的《血液运动》和《论生物生殖》的著作中最早发现。据我所知，他是唯一一位征服妒忌，生前就

---

[1] [英]霍布斯：《利维坦》，黎思复、黎廷弼译，商务印书馆1985年版，第4页。
[2] [英]霍布斯：《论物体》，段德智译，商务印书馆2019年版，第85页。
[3] [英]华特金斯：《霍布斯》，蓝玉人译，远景出版事业公司1985年版，第46—47页。
[4] 转引自[英]华特金斯：《霍布斯》，蓝玉人译，远景出版事业公司1985年版，第47页。
[5] 伽利略对抛射物飞行轨迹理论的研究，可谓是分解-组合法运用的代表性范例。详情请参见[英]梅森：《自然科学史》，上海外国自然科学哲学著作编译组编译，上海人民出版社1977年版，第74页。

确立新说的学者。[1]

受哈维和伽利略把分解-组合法运用到自然哲学成功的启示，霍布斯把分解-组合法运用到政治哲学领域，并称之为分析-综合法。霍布斯在《论公民》致读者的前言介绍了分析-综合法如何应用于政治哲学的研究：

> 就我的方法而言，我认为，辞章之常规结构尽管条理清晰，单凭它却是不够的。我要从构成国家的要素入手，然后看看它的出现、它采取的形式，以及正义的起源，因为对事物的理解，莫过于知道其成分。对于钟表或相当复杂的装置，除非将它拆开，分别研究其部件的材料、形状和运动，不然就无从知晓每个部件和齿轮的作用。同样，在研究国家的权利和公民的义务时，虽然不能将国家拆散，但也要分别考察它的成分，要正确地理解人性，它的哪些特点合适、哪些特点不适合建立国家，以及谋求共同发展的人必须怎样结合在一起。[2]

霍布斯确信，他凭借分析-综合法就可在政治哲学（公民哲学）中完成伽利略和哈维在自然哲学中所完成的伟业，"因为在我自己的著作《论公民》出版之前，是根本无所谓公民哲学的（我的这样一种说法可能会受到挑衅，但我的诽谤者可能知道他们对我影响甚微）"[3]。在《利维坦》中对国家、正义和宪法等政治事实的分析采用的都是分析-综合法。分析法即将宪法"拆开"来分析，首先把宪法还原为"自然状态"（state of nature）下人与人之间缔结的契约，再把契约分析为个人的身体意志，最后又把个人的身体意志化约为一种身体激情。综合法指的是反过来从个人的身体激情产生出身体意志，再把众多身体意志整合为一个契约（集体意志），最后在契约基础上产生宪法。从这个过程来看，《利维坦》第一部分"论人类"就是运用分析法描述宪法被拆开的过程；第二部分"论国家"就是运用综合法描述宪法重新组装的过程。

霍布斯认为，要探求事物的原因，一方面需要分析法，另一方面又需

---

[1] [英]霍布斯：《论物体》，段德智译，商务印书馆2019年版，作者献辞，第5页。
[2] [英]霍布斯：《论公民》，应星、冯克利译，贵州人民出版社2003年版，致读者的前言，第9页。Thomas Hobbes, *On the Citizen*, ed. and tr. by Richard Tuck and Michael Silverthorne, Cambridge: Cambridge University Press, 1998.
[3] [英]霍布斯：《论物体》，段德智译，商务印书馆2019年版，作者献辞，第6页。

要综合法。因此，分析-综合法是关于原因知识推理的最为便捷的方法。[1]但是通过分析-综合法获得的原因知识在自然哲学和政治哲学中的性质绝对不一样。对于自然物体，我们只能根据原因性假设进行推理。这是因为虽然我们知道是运动造成了诸多自然结果，但对于到底是哪种具体的运动造成的，它隐藏在神秘的自然深处，是无从获悉的。由此，人类的理性只能作出各种假设，来说明各种自然结果是产生的原因。当然这种假设"应该是可以想象的，而通过对这些事实的承认，现象必须可获得证明，最后，不得有任何谬论从中衍生"[2]。霍布斯提出这种假设的前提是："我们只能理解我们所创造的事物。既然我们并未创造自然的存在物，严格说来，它们就不是我们所能理解的。"[3]因此，根据这种假设所得的原因只能说是最大可能性的原因而非实际的原因，但毕竟是人类理性可认识的原因。霍布斯由此"把逻辑形式的世界同时间性因果关系的世界分离出来，把可以理性地把握的必然世界同在时间中发生并为感觉和技艺所把握的世界分离开来"[4]。

如果说把分析-综合法应用到自然哲学，得到的是假设性、猜想性的原因知识；那么把它应用到政治哲学，得到的却是可证明的、确定性的原因知识。这是因为政治物体就像几何图形一样，它们都是人造物体。对于人造物体的原因的探究，完全在我们理性所及范围之内，因为这"不过是推演我们自己运作的结论"而已。几何学是可证明和确定性的，因为几何图形是我们自己绘制和描述的；政治哲学是可证明和确定性的，因为国家和契约（宪法）是我们自己创造和制定的。自然哲学之所以不能获致几何哲学和政治哲学那样的确定性，正是因为自然结果并非我们人为建构。霍布斯把自然知识限定在心灵的"幻象"或"想象"上，并认为它只能算是"一些意见"，它的目标是尽可能地接近政治哲学的成果。

---

[1] 霍布斯认为："方法就是根据结果的已知原因来发现结果，或者根据原因的已知结果来发现原因时所采用的便捷的道路。"[英]霍布斯：《论物体》，段德智译，商务印书馆2019年版，第85页。

[2] 转引自[美]史蒂文·夏平、西蒙·谢弗：《利维坦与空气泵——霍布斯、玻意耳与实验生活》，蔡佩君译，上海人民出版社2008年版，第144页。

[3] [美]列奥·施特劳斯：《自然权利与历史》，彭刚译，生活·读书·新知三联书店2003年版，第177页。

[4] 转引自吴增定：《有朽者的不朽：现代政治哲学的历史意识》，载渠敬东编：《现代政治与自然》，上海人民出版社2003年版，第259页。

霍布斯通过从神秘莫测的自然退回到人类理性的世界——一个人造物的世界，他由此由漫无目标的因果之流进入了一个人为的安全岛，这个安全岛的创造"确保了一种唯物主义的和机械论的哲学或科学的可能，与此同时又没有强迫人们去设定一个不可化约为被动的物质的灵魂或心灵"[1]。霍布斯满足于"柏拉图所说的'洞穴'，满足于真正意义上的'人的城邦'"[2]，在当时自然哲学绝望的地方，他看到了希望；在它怀疑的地方，他建立了确定性。正如霍布斯在《论公民》的献辞中写道：

> 在一片怀疑的阴霾中露出的一线理性之光，指引我们走向豁然开朗的境界，那么它就是我们探讨的出发点，就是我们消除怀疑过程中寻找的指路明灯。[3]

---

[1] [美]列奥·施特劳斯：《自然权利与历史》，彭刚译，生活·读书·新知三联书店2003年版，第177页。

[2] 吴增定：《有朽者的不朽：现代政治哲学的历史意识》，载渠敬东编：《现代政治与自然》，上海人民出版社2003年版，第261页。

[3] [英]霍布斯：《论公民》，应星、冯克利译，贵州人民出版社2003年版，献辞，第4页。

第六章 道德基础

霍布斯的政治哲学包括两个部分：一部分是道德哲学，研究人类的气质和生活方式；另一部分是狭义的政治哲学，注重研究人类的公民责任。[1] 道德哲学是政治哲学的基础，而道德哲学的基础又是物理学，后者属于自然哲学。在谈到道德哲学和物理学的关系时，霍布斯说过：

> 在物理学之后，我们将进而考察道德哲学。在道德哲学中，我们将要考察心灵的运动，这就是：欲望、厌恶、爱、仁慈、希望、恐惧、愤怒、竞争、嫉妒等；它们都有些什么样的原因，以及它们又是什么东西的原因。其所以要在物理学之后考察这些东西，乃是因为它们的原因存在于感觉和想象之中，而感觉与想象乃是物理学默思的对象。[2]

道德哲学即关于心灵运动的知识。因此，政治哲学、道德哲学和物理学三者相互依存的关系又可表述为："政治学的原则是以关于心灵的知识为基础的，而关于这些运动的知识则来自关于感觉和想象的知识。"[3] 道德哲学包括关于"人类激情的推理"的伦理学。[4] 霍布斯指出："柏拉图和迄今为止的任何其他哲学家都没有整理就绪并充分或大概地证明伦理学说中的全部公理。"[5] 他希望建立起一个全新的道德哲学，以解决"治人与治于人之道"的问题。正如施特劳斯所评价："霍布斯的政治哲学是为近代所特有的第一次尝试，企图赋予道德人生问题，同时也是社会秩序问题，以一个逻辑连贯的、详尽的答案。"[6] 霍布斯把道德哲学奠基于心灵的激情运动之上，并以此作为解决社会秩序之道。人类最强烈的激情恰是

---

[1] 参见［英］霍布斯：《论物体》，段德智译，商务印书馆2019年版，第25页。
[2] ［英］霍布斯：《论物体》，段德智译，商务印书馆2019年版，第91页。
[3] ［英］霍布斯：《论物体》，段德智译，商务印书馆2019年版，第92页。
[4] 霍布斯将有关"人类激情的推理"称为伦理学，它与语言的推理一起构成了人类特有性质的推理。［英］霍布斯：《利维坦》，黎思复、黎廷弼译，商务印书馆1985年版，第62页。
[5] ［英］霍布斯：《利维坦》，黎思复、黎廷弼译，商务印书馆1985年版，第288页。
[6] ［美］列奥·施特劳斯：《霍布斯的政治哲学：基础与起源》，申彤译，译林出版社2001年版，引言，第1页。

对身体遭受暴死的恐惧，基于这种激情，人类凭借理性创立了道德法则——自然法，而自然法的基础是身体的自我保存权。身体的自我保存权不仅构成了道德哲学的基础，而且是政治哲学的起点，契约和宪法正是基于这一根本性权利而产生的。

第一节　身体的恐惧

激情在霍布斯的道德哲学中之所以处于如此基础和核心地位，是因为它与身体的"意愿运动"紧密相关。动物有两种特有的运动：一种被称为生命运动（vital motion），如血液的流通、脉搏、呼吸、消化营养、排泄等；另一种运动是动物运动（animal motion），又称自觉运动（voluntary motion），它是按照在心中想好的方式行走、说话、移动肌体的行动。这两种运动中，前者不需要感觉和想象的帮助，它是人类有机体的基本特征，假如这种运动没有了，有机体也就死亡了；后者由于是按照某种目的或目标而进行的活动，它离不开想象。因此，"想象是自觉运动最初的内在开端"[1]。建立在感觉基础上的想象还只是一种身体内部的被动运动，它不能产生意愿运动。要实现前者向后者的转化，需要的是激情。激情是身体内部的主动运动，即意愿运动。想象运动是霍布斯物理学中思考的对象，激情运动是伦理学和心理学研讨的对象，二者之间的转变又是如何实现的呢？意向（endeavour，又译为"努力"）这一概念在其中起着极其关键的作用。在《论物体》中，霍布斯从物理学角度给"endeavour"下了一个定义：

> 我将努力（ENDEAVOUR）定义为在能够得到的空间和时间少些的情况下所造成的运动；也就是说，比显示或数字所决定或指派给的时间或空间都要少些；也就是说，通过一个点的长度，并在一瞬间或时间的一个节点上所造成的运动。[2]

从这个定义可知，意向或者努力就是推动物质运动的那个力。正如华特金斯所认为的，在霍布斯那里，意向"与其说是运动，毋宁说就是运动

---

[1]　[英]霍布斯：《利维坦》，黎思复、黎廷弼译，商务印书馆1985年版，第35页。
[2]　[英]霍布斯：《论物体》，段德智译，商务印书馆2019年版，第225页。

后面的压力或运动力"[1]。在《利维坦》中，霍布斯从生理学角度对意向进行了定义：

> 当被驱动的东西看不见，或其运动的空间由于太小而无法感知时，无知的人虽然想象不到那里有任何运动存在，却并不妨碍这种运动的实际存在。因为空间即令是小得不能再小，这个小空间也是被驱动的东西移经的较大空间的一部分，它首先必须移经这较小空间。人体中这种运动的微小开端，在人没有表现为行走、说话、挥击等可见的动作之前，一般称之为意向。[2]

从这个定义可知，意向是自觉运动的内在开端。意向在前面已被用来分析感觉和想象，现在又用它来分析激情。意向分为两种："当这种意向是朝着引起它的某种事物时，就称为欲求（appetite）或欲望（desire）"[3]；"而当意向避开某种事物时，一般称之为嫌恶（aversion）"[4]。欲望和嫌恶是身体内两种最基本的激情，其他激情都由二者衍生出来。人们欲望的东西，也就是他所爱的东西，而嫌恶的东西，则是人们所憎的东西，欲望和爱、嫌恶和憎其实是一码事。正因为如此，霍布斯笔下的激情都是按照欲望或反感的形式成双成对地出现，无论是单纯的激情（simple passions）还是并不单纯的激情（non-simple）。[5] 在这个意义上讲，身体的激情就是形形色色的欲望或者嫌恶。欲望和嫌恶都是运动，一个是接近，另一个是退避。这种接近或退避某对象的运动的表象或感觉，就是愉快或痛苦的心理。愉快和痛苦这两种激情与生命运动相连：加强和辅助生命运动的事物让人们感到愉快，阻碍和干扰生命运动的事物让人们感到痛苦。因此，激情引导身体寻求产生快乐的事物而避免产生痛苦的事物。恰如詹姆斯（Susan James）所总结："激情的功能是，鼓励我们规避对肉体有害的事物和

---

[1] [英] 华特金斯：《霍布斯》，蓝玉人译，远景出版事业公司1985年版，第127页。
[2] [英] 霍布斯：《利维坦》，黎思复、黎廷弼译，商务印书馆1985年版，第35—36页。
[3] Thomas Hobbes, *Leviathan*, ed. by Richard Tuck, Cambridge: Cambridge University Press, 1996, p. 38.
[4] Thomas Hobbes, *Leviathan*, ed. by Richard Tuck, Cambridge: Cambridge University Press, 1996, p. 38.
[5] 单纯的激情是指理性尚未介入，激情与激情之间也没有相互影响的最原初的激情，包括欲望与嫌恶、爱好与憎恶、快乐与悲伤等；非单纯的激情就是上述单纯的激情在理性参与下所出现的激情，包括希望与失望、畏惧与勇气、自信与不自信等。

追求对肉体有益的事物。"[1]霍布斯认为,身体在受孕那一刻就有趋乐避苦的倾向:"当胚胎还在子宫中的时候,它就在以随意的运动不停地运动其肢体,为的是避免指向它的无论什么让它烦恼的东西,或者追求着任何使它快乐的东西。"[2]身体趋乐避苦的倾向根源于身体自我保存的意向,这种意向在胎儿和婴儿阶段主要通过无意识的运动发挥作用,随着年龄和经验的增长,有意识的运动发挥着越来越大的作用。霍布斯通过意向不仅解释了感觉、想象和激情(欲望、嫌恶、愉快、痛苦)是如何产生的,而且解释了彼此之间是如何转化的。霍布斯把这些运动统一用意向来解释,还有一个目的,那就是试图以此来克服柏拉图和笛卡尔的身体与灵魂二元论的矛盾。霍布斯认为,人的身体不可能被一个非身体的灵魂所驱动,心灵现象都不过是身体运动,即身体感官受到外界物体的作用而"被迫"转入其中的运动。

激情作为自觉运动的内在开端,它与生命运动休戚相关。一些激情促进生命运动,另一些激情则阻碍生命运动。只要身体以生命形式存活着,身体的自我保存的意向就将持续,既然如此,身体就会产生一组组相互对立的激情。反而言之,一旦身体没有激情,身体也就无法自我保存,它就没有了生命(变成了尸体)。激情与生命(或生活)如影相随,没有激情就意味着死亡。霍布斯说:"欲望终止的人,和感觉与映象停顿的人同样无法生活下去。"[3]人本质上是充满激情的生物,只有通过激情,才能找到道德的根源。

了解激情的最好方法是通过把人从公民状态重新送回到自然状态去考察,也就是前面所说的"综合-分析法"的运用。自然状态指的是没有公共权力和法律下"人类的自然状况"(natural condition of mankind),它不是人类文明之初真实经历的历史状态。梅因在《古代法》中指责霍布斯所描述的自然状态是"非历史的"和"无法证实的"[4],霍布斯也为自然状态的历史性作了一些辩护:

> 也许会有人认为这种时代和这种战争从未存在过,我也相信决不会整个世界普遍出现这种状况,但很多地方的人现在却是这

---

[1] [英]苏珊·詹姆斯:《激情与行动:十七世纪哲学中的情感》,管可秾译,商务印书馆2017年版,184页。
[2] [英]霍布斯:《论物体》,段德智译,商务印书馆2019年版,第419页。
[3] [英]霍布斯:《利维坦》,黎思复、黎廷弼译,商务印书馆1985年版,第72页。
[4] [英]梅因:《古代法》,沈景一译,商务印书馆1959年版,第76页。

第六章 道德基础

样生活的。因为美洲有很多地方的野蛮民族除开小家族以外并无其他政府,而小家族中的协调又完全取决于自然欲望,他们今天还生活在我在上面所说的那种野蛮残忍的状态中。[1]

他认为下列三种情况接近人类的"自然状况":美洲土著民族的生活,一国内部战争时的状况,主权国家之间战争时的状况。尽管如此,霍布斯笔下的自然状态并不是来自历史的事实,而是源于人性的哲学构想(construction)。这是因为在霍布斯看来,"涉及政治问题的全部判断所赖以立足的原则,要有哲学基础;这个哲学基础,比较甚至最为凿凿可据的历史知识,都更带有根本性,并且无法比拟地更为重要"[2]。在自然状态下,霍布斯把一切社会因素(血缘关系、社会团体或组织关系)排除在对人性的思考之外,"将人看成像是蘑菇一样刚从地上冒出来,彼此不受约束地成长起来"[3]。个体之间不像柏拉图所认为的那样具有等级秩序,他们"均作为一个原子而出现,在组成上稍有差别但具有相同的一般外观,飞速移动在一个平坦的社会层面即没有任何可见社会差别的轮廓阻挡其路径或预先决定其运动路线的场景"[4]。推动他们运动的就是各色各样的激情。霍布斯承认,自然状态就是根据激情作出的推论。[5] 正是通过对自然状态下具体激情的考察,霍布斯发现了人类的困境。霍布斯对自然状态的讨论是以人的自然平等(natural equality)起论的:

> 自然使人在身心两方面的能力都十分平等,以致有时某人的体力虽则显然比另一个人强,或是脑力比另一人敏捷;但这一切总加在一起,也不会使人与人之间的差别大到使这人能要求获得人家不能像他一样要求的任何利益,因为就体力而论,最弱的人运用密谋或与其他处在同一种危险下的人联合起来,就有足够的力量来杀死最强的人。[6]

---

[1] [英] 霍布斯:《利维坦》,黎思复、黎廷弼译,商务印书馆1985年版,第95页。
[2] [美] 列奥·施特劳斯:《霍布斯的政治哲学:基础与起源》,申彤译,译林出版社2001年版,引言,第124页。
[3] Thomas Hobbes, *On the Citizen*, ed. and tr. by Richard Tuck and Michael Silverthorne, Cambridge: Cambridge University Press, 1998, p. 102.
[4] [美] 谢尔登·S. 沃林:《政治与构想——西方政治思想的延续和创新》,辛亨复译,上海人民出版社2009年版,第296页。
[5] [英] 霍布斯:《利维坦》,黎思复、黎廷弼译,商务印书馆1985年版,第95页。
[6] [英] 霍布斯:《利维坦》,黎思复、黎廷弼译,商务印书馆1985年版,第92页。

所谓自然平等指的是身体能力或力量的大致平等,其决定性证据在于每个人都掌握着平等杀死他人的能力或力量;反面观之,每个人也有被杀的平等。这是每个人运用自己的体力和智力毁灭对方身体的平等,也即人们无法进行自我保存的机会是平等的,因此它是一种"致命的平等"(fatal equality)。这种"致命的平等"根源于身体的脆弱性(fragile),早在《法律要义:自然法与民约法》中霍布斯就指出:"成年者身心之力所差不过毫厘之间,力弱智寡或二者皆逊一筹者欲取强者生命也殊非难事;只缘命危于朝露,去之本不费吹灰之力。"[1]在《论公民》中他再次强调:"人的身体结构是多么脆弱,如果失去了它,人所有的力量、活力和智慧都会随之而去。而哪怕是一个体质最弱的人,要杀掉比他强壮的人又是多么的容易。"[2]

人的自然平等并没能使人类处于和平状态,反而是"一切人对一切人"的战争状态。这是因为在自然状态下有三种原因造成了彼此的争斗,分别是竞争(competition)、疑惧(diffidence)和荣耀(glory)。第一种原因使人"为了求利益"而进行侵犯,第二种原因使人"为了求安全"而进行侵犯,第三种原因则使人"为了求名誉(reputation)"而进行侵犯。"求利"、"求安"和"求荣"这三种欲望都可归结于权力欲。[3] 自然状态下每个人基于身体力量的平等产生了"达到目的的希望的平等",希望的平等导致了所有具有同样欲望的人之间的竞争,在没有一个公共权力的情况下,这种欲望竞争的后果是"使人倾向于争斗、敌对和战争"。霍布斯说:

> 任何两个人如果想取得同一东西而不能同时享有时,彼此就会成为仇敌。他们的目的主要是自我保全,有时则只是为了自己的欢乐;在达到这一目的的过程中,彼此都力图摧毁或征服对方。[4]

欲望竞争主要是财富欲、荣誉(honour)欲、统治欲之争,这些欲望可以统称为权力欲。激发权力欲望的动力来自荣誉。譬如,赞誉的竞争为

---

[1] [英]霍布斯:《法律要义:自然法与民约法》,张书友译,中国法制出版社2010年版,第75页。
[2] [英]霍布斯:《论公民》,应星、冯克利译,贵州人民出版社2003年版,第6页。
[3] [英]霍布斯:《利维坦》,黎思复、黎廷弼译,商务印书馆1985年版,第54页。
[4] [英]霍布斯:《利维坦》,黎思复、黎廷弼译,商务印书馆1985年版,第93页。

什么使人倾向于厚今薄古？这是"因为人与生者竞而不与死者争，对死者赋予过当之誉，就可以使生者之荣（glory）相容逊色"[1]。

疑惧加剧了自然状态下人与人之间的敌对。疑惧本身是一种激情，它指的是"不自信"，即"长存的失望"，与之相反的词是自信（confidence）[2]。自信在一定条件下又与自荣同义。霍布斯指出："因构想自己的权势与能力而产生的快乐就是所谓自荣（glorying）的欣喜心情。这种心情所根据的，如果是自己以往的经验，便与自信相同。"[3]因此，疑惧就可以理解为是对自荣的否定。由于人们相互疑惧，每个人为了自保必"先发制人，也就是用武力或机诈来控制一切他所能控制的人，直到他看到没有其他力量足以为害为止"[4]。霍布斯还告诉人们，如果你不相信他根据疑惧所作出的推理，可根据自己的经验进行验证：当你外出旅行时，为什么携带武器并设法结伴而行？就寝时，为什么要把门闩上？即使在屋子里，为什么还要把箱子锁上？

导致战争的第三个原因是荣耀。荣耀指的是"一种想象或认定我们自己的权力高于（above）与我们竞争的其他人的权力的激情"[5]。荣耀总是建立在与别人相比较的基础上，"荣耀就像荣誉一样，既然它的存在在于比较和突出，那么如果人人都有了它，它就会什么都不是"[6]。例如，笑是由于知道别人有什么缺陷，相比之下感到自己的优越。荣耀能给人带来一种心灵的快乐，而非肉体或感官的快乐。霍布斯说："心灵的各种愉悦或者是荣耀（或对自己有利的舆论），或者从终极上与荣耀有关的东西。"[7]但如果"仅根据他人的谀词，或仅是自己假想一套以自得其乐，便是虚荣

---

[1] Thomas Hobbes, *Leviathan*, ed. by Richard Tuck, Cambridge: Cambridge University Press, 1996, p. 70.
[2] [英]霍布斯:《利维坦》，黎思复、黎廷弼译，商务印书馆1985年版，第39页。
[3] [英]霍布斯:《利维坦》，黎思复、黎廷弼译，商务印书馆1985年版，第41页。
[4] [英]霍布斯:《利维坦》，黎思复、黎廷弼译，商务印书馆1985年版，第93页。
[5] Thomas Hobbes, *The Elements of Law: Natural and Politic*, edited with a preface and critical notes by Ferdinand Toennies; second edition, with a new introduction by M. M. Goldsmith, London: Frank Cass, 1969, pp. 36-37.
[6] [英]霍布斯:《论公民》，应星、冯克利译，贵州人民出版社2003年版，第5页。
[7] [英]霍布斯:《论公民》，应星、冯克利译，贵州人民出版社2003年版，第5页。在《利维坦》中，霍布斯说："人类的快乐却在于把自己和别人作比较，感到得意只是出人头地的事情。"[英]霍布斯:《利维坦》，黎思复、黎廷弼译，商务印书馆1985年版，第130页。

(vain-glory)"[1],虚荣是对自己权力的一种虚幻意识。由此观之,在霍布斯那里,虚荣、自负和骄傲是一回事,它们是荣耀的特殊形式。人生而平等,但人们通常不承认这一点。[2] 他们总是"愚蠢地过高估价自己的身价",否认彼此之间的平等,自认为高人一等,并强使他人承认,这就是虚荣自负。霍布斯指出:

> 每一个人都希望共处的人对自己的估价和自己对自己的估价相同。每当他遇到轻视或估价过低的迹象时,自然就会敢于力图尽自己的胆量(在没有共同权力使大家平安相处的地方,这就足以使彼此互相摧毁)加害于人,强使轻视者作更高的估价,并且以诛一儆百的方式从其他人方面得到同样的结果。[3]

在自然状态下,多数人追求权力是为了自我保存,少数人则是为了享受权力所带来的虚荣,他们"把征服进行得超出了自己的安全所需要的限度之外,以咏味自己在这种征服中的权力(power)为乐"[4]。正因为少数人的虚荣,他们会因为鸡毛蒜皮的小事而争斗。这些区区小事包括:"一言一笑、一点意见上的分歧,以及任何其他直接对他们本人的藐视。或是间接对他们的亲友、民族、职业或名誉的藐视。"[5]针对这段文字,福山不无揶揄地评价:

> 伟大的唯物主义者霍布斯用一个与唯心主义者黑格尔没有多少差别的词汇对"最初之人"的本性进行了最权威的描述,即最先驱使人投入所有人以所有人为敌的战争的情感,不是一种对物质占有的贪婪,而是满足少数野心家的骄傲和虚荣。[6]

少数人为了虚荣而进行权力争斗的结果是,把追求权力只求自保的多

---

[1] [英]霍布斯:《利维坦》,黎思复、黎廷弼译,商务印书馆1985年版,第41页。
[2] 霍布斯认为平等需要承认,他是这样论证平等的:"如果人生而平等,那么这种平等就必须予以承认。如果生而不平等,那也由于人认为自己平等,除了在平等的条件下不愿意进入和平状态!因而同样也必须承认这种平等。"[英]霍布斯:《利维坦》,黎思复、黎廷弼译,商务印书馆1985年版,第117页。
[3] [英]霍布斯:《利维坦》,黎思复、黎廷弼译,商务印书馆1985年版,第93—94页。
[4] [英]霍布斯:《利维坦》,黎思复、黎廷弼译,商务印书馆1985年版,第93页。原中译本把"power"译为"权势",为了统一用语,现译为"权力"。
[5] [英]霍布斯:《利维坦》,黎思复、黎廷弼译,商务印书馆1985年版,第94页。
[6] [美]弗朗西斯·福山:《历史的终结及最后之人》,黄胜强、许铭原译,中国社会科学出版社2003年版,第177页。

数人也卷入权力的争斗之中，从而进入"一切人对一切人"（every man against every man）的战争状态。个中原因霍布斯说得很清楚：

> 其他那些本来乐于安分守己，不愿以侵略扩张其权力（power）的人们，也不能长期地单纯只靠防卫而生存下去。其结果是，这种统治权的扩张成了人们自我保存的必要条件，应当加以允许。[1]

从以上分析可知，荣耀不仅是造成战争状态的间接原因（正是荣耀引发竞争和疑惧），而且是造成战争状态的直接原因。因此，荣耀是造成战争状态的总原因。动物不追求荣耀，所以能"群处相安地生活"[2]，"人是为荣誉和尊严而发生争斗的"[3]。真正导致人与人处于战争状态的又是荣誉中一种最为危险的激情——虚荣。人由于虚荣而对彼此之间的平等地位缺乏清醒的认识时，"就会为了竞争、猜疑、荣誉而走上危险的道路：不惜性命进行斗争、先发制人、主动扩张、要消除一切轻视从而无顾忌地摧毁他人乃至残忍报复，这种激情是导致战争状态的根本原因"[4]。准确地说，不是荣耀，虚荣才是造成战争的根本原因。虚荣是最不利于承认平等的激情，是霍布斯最为反对的激情，也是最不义的激情，它与恐惧的激情针锋相对。

福山认为，霍布斯所言的虚荣其实质是"为获得承认或认可的欲望"，它是人格中最具有共性的层面，从古至今没有一个统一的名称来称呼它：柏拉图用的是"激情或精神"，马基雅维利用的是"对荣耀的渴望"，霍布斯用的是"骄傲或虚荣"，汉密尔顿使用的是"对名声的酷爱"，麦迪逊用的是"野心"，尼采用的是"红面野兽"[5]。福山把霍布斯的虚荣追溯到

---

[1] [英]霍布斯：《利维坦》，黎思复、黎廷弼译，商务印书馆1985年版，第93页。"power"原中译本译为"权势"，现译为"权力"。
[2] [英]霍布斯：《利维坦》，黎思复、黎廷弼译，商务印书馆1985年版，第130页。
[3] [英]霍布斯：《论公民》，应星、冯克利译，贵州人民出版社2003年版，第55页。
[4] 王利：《国家与正义：利维坦释义》，上海人民出版社2008年版，第256页。
[5] 参见[美]弗朗西斯·福山：《历史的终结及最后之人》，黄胜强、许铭原译，中国社会科学出版社2003年版，第188—189页。另参见吴增定对"获得承认的欲望"的名称古今变化的梳理，这种欲望在柏拉图那里叫作"意气"（spiritedness），在亚里士多德那里称为"荣誉"（honor），在基督教神学家那里被贬为"野心"（ambition）和"原罪"（sin），在马基雅维利那里被讴歌为"荣耀"（glory），在霍布斯那里则被称为令人恐惧的"权力欲"或"虚荣"（vain glory）。吴增定：《利维坦的道德困境——早期现代政治哲学的问题与脉络》，生活·读书·新知三联书店2012年版，第277页。

《理想国》中灵魂中的激情。但这两个词不仅名称不同,在性质上也大异其趣。恰如德鲁里所认为,柏拉图是一个客观主义者,他在分析激情时,是把它作为灵魂的一部分,它关乎的是激情与理性、欲望之间的内在正义关系,即关乎的是人与他自己的关系;而虚荣(承认的欲望)必须欲求他人认同自己想象中的高评价,它是主体间性的,即关乎的是自己与他人的关系。[1]

虚荣造成的自然状态是"一切人对一切人的战争状态",人们共处时,感觉到的不是"快乐存在",而是"很大的忧伤"。由于没有一个共同的公共权力,也就没有正义和法律;由此也没有财产,没有"你的"和"我的"之分。"最糟糕的是人们不断处于暴力死亡的恐惧和危险中(continual fear and danger of violent death),人的生活孤独、贫困、卑污、残忍而短寿。"[2] 自然状态下处处弥漫着对暴死的恐惧,恰恰是这种恐惧驯服了人的虚荣自负,使人类走出了困境。

霍布斯尊奉恐惧为他的"孪生兄弟",它是霍布斯政治哲学著作中出现频率最高的激情。[3] 霍布斯给恐惧下的定义是:"当人们具有对象将造成伤害的看法时,嫌恶就称为恐惧。"[4] 恐惧按照其对象分为两种:身体的恐惧(bodily fear)和精神的恐惧(fear of spirits)或幻象的恐惧(fear from vision)。霍布斯对身体的恐惧和精神的恐惧二分法在《利维坦》中的两个地方进行了集中的表述。第一处是在第十四章论述恐惧最能加强信约的力量时,霍布斯指出:

> 这两种激情(恐惧,引者注)有两种十分普遍的对象,一种是不可见的神鬼力量,另一种是失约时将触及的人的力量。在这两种力量中,前一种力量较大,但就恐惧感讲来,则一般是对后一种的恐惧较大。[5]

---

[1] 参见[加]德鲁里:《亚历山大·科耶夫——后现代政治的根源》,赵琦译,新星出版社2007年版,第323—324页。
[2] [英]霍布斯:《利维坦》,黎思复、黎廷弼译,商务印书馆1985年版,第95页。
[3] 据孔新峰统计:在《法之原本》中,"fear"一词出现了71次;在《论公民》中出现了93次;在《利维坦》中出现了183次。孔新峰:《从自然之人到公民:霍布斯政治思想新诠》,国家行政学院出版社2011年版,第117页。
[4] [英]霍布斯:《利维坦》,黎思复、黎廷弼译,商务印书馆1985年版,第39页。
[5] [英]霍布斯:《利维坦》,黎思复、黎廷弼译,商务印书馆1985年版,第107页。

第二处出现在论述因恐惧所为或不为是否获得宥恕时，霍布斯认为：并不是每一种恐惧的激情都能使其所产生的行为是正当的，唯有对人身伤害（corporeal hurt）的恐惧（即身体的恐惧）才能如此；相反，根据精神的恐惧或幻象的恐惧做出或不做出某些行为时就不能获得宥恕，而是一种罪行。[1]

精神的恐惧主要来自宗教，宗教指的是"头脑中假想出来的，或根据公开认可的传说构想出的对于不可见力量的畏惧"[2]。因此，身体的恐惧和精神的恐惧的二分构成了霍布斯宗教批判的人性基础。身体的恐惧和精神的恐惧究竟谁更为根本？王利认为，霍布斯"通过将精神的恐惧等归结为幻象的恐惧——而幻象又只不过是来自身体的感觉——也就是通过将精神的恐惧实体化（物质化），最终归结为身体的恐惧，从而证明，基督教国家的政治原则来自利维坦，启示宗教要从属于利维坦"[3]。

如果说虚荣是一种"眩惑力量"或"使人盲目的力量"，与之相反，身体的恐惧是一种"发蒙启蔽的力量"或"使人明目的力量"。在没有身体的恐惧之前，人们生活在持续地胜过其他任何人的喜悦之中，他认识不到人对保存生命和身体的依赖，而只体验到心灵上虚幻的欢快和哀伤。必须有一种经验将他从虚幻的梦境中惊醒，把他拉回到真实的世界之中。对于目空一切、虚荣自负之人怎么能获得这种经验呢？霍布斯认为，只能通过始料不及的致命危险，他才能从幻梦世界中幡然觉醒，认识到自己的蒙昧无知，同时对现实世界也获得一点点谦卑谨慎的知识。用霍布斯的话来说："人们除了根据自己所遭遇的意外灾祸进行推论外，便没有其他办法认识自己的黑暗。"[4]意外灾祸在极端情况下，就是无法预见的致命危险。因虚荣而引发的战争"不仅存在于战役或战斗之中，而且也存在于以战斗进行争夺的意图被人相信的一段时期之中"[5]。战争不仅包括真枪真刀的实际战斗，还包括整个没有和平保障期所共知的战斗意图，霍布斯认为这就像恶劣气候的性质不在于一两阵暴雨，而在于一连许多天"下雨的倾

---

[1] 参见[英]霍布斯：《利维坦》，黎思复、黎廷弼译，商务印书馆1985年版，第234—235页。
[2] [英]霍布斯：《利维坦》，黎思复、黎廷弼译，商务印书馆1985年版，第41页。
[3] 王利：《国家与正义：利维坦释义》，上海人民出版社2008年版，第259页。
[4] [英]霍布斯：《利维坦》，黎思复、黎廷弼译，商务印书馆1985年版，第490页。
[5] [英]霍布斯：《利维坦》，黎思复、黎廷弼译，商务印书馆1985年版，第94页。

向"。在战斗意图普遍被相信的这段时期里,较量双方都不以置对方于死地而后快,因为争斗的目标"不在致死而在制服",至于自己会不会因此丧失生命,也漠然不计。随着争斗越来越激烈,最后演变为真正的人身较量和生死搏斗。起初未曾预料到的人身伤害,更准确地说是对身体和生命最严重、最强烈的伤害——"暴死"(violent death)[1],唤起了自然人对丧失生命的恐惧。在最后的争斗中,人人都可能是暴死的对象。即使你杀死另一个敌手,却又马上"面临着来自别人的同样威胁"。正是在这种不确定的致命危险中,自然人第一次切身体验到一切激情中最强烈的乃是对死亡的恐惧,更准确地说是暴死于他人之手的恐惧(violent death by the hands of others);也正是在与死神无限接近之际,他们第一次认识到死亡乃是首要的恶,同时也是最大和至高无上的恶。因此,不是痛苦折磨中的死亡本身,而是被他人暴力所造成的横死;不是自然,而是自然的劲敌——死亡,才是自然人进行自我认知的基础。因此这种自我认知与古人的自我意识也截然有别,正如施特劳斯所总结,霍布斯这种自我意知,并不是关于人在宇宙中的位置的知识,而是个人在内心关于自己与其他个人的关系的一种正确意识,是关于自己面对其他个人的那个情势的正确意识。[2]

与对虚荣强烈否定相反,霍布斯最为肯定的是身体的恐惧。身体的恐惧让人认识到了自己的黑暗处境并寻求摆脱这种糟糕的自然状况的办法,自然不再像古典时期一样充当人们生活的指南,而是向人们昭示应该避免什么。身体的恐惧唤醒人性中倾向于和平的激情,它包括"对舒适生活所需要的欲望"和"通过自己的勤劳取得这一切的希望"。[3] 正是这些激情或欲望是制衡虚荣自负的有力武器,霍布斯的这种驯服欲望的策略被现代宪法学者表述为"以欲望制衡欲望",它最著名的例子出现在《联邦党人

---

[1] 暴死在霍布斯那里不仅是一般的人为原因如侵害或伤害而造成的死亡,而且是用暴力(violence)对人造成的突如其来的当下即死,它在致死手段、突然程度、短促程度、不可预防性等方面都具有无与伦比的威力。王利:《国家与正义:利维坦释义》,上海人民出版社2008年版,第260页。

[2] [美]列奥·施特劳斯:《霍布斯的政治哲学:基础与起源》,申彤译,译林出版社2001年版,第153—154页。

[3] [英]霍布斯:《利维坦》,黎思复、黎廷弼译,商务印书馆1985年版,第96—97页。

文集》之中："野心必须用野心来抵抗。"[1]这印证了登特列夫（Alexander Passerin d'Entreves）的话："今天的人实际上只是给极古老的一个东西赋予一个新的名称。"[2]利维坦又称"骄傲之王"，它就是用来制服虚荣自负这桀骜不驯的激情，这也就是国家存在的理由：

> 写到这里为止，我已说明了人类的天性，他们由于骄傲和其他激情——被迫服从了政府；此外又说明了人们的统治者的巨大权力，我把这种统治者比之于利维坦；这比喻是从《约伯记》第xli章最后两节取来的，上帝在这儿说明了利维坦的巨大力量以后，把他称为骄傲之王。[3]

第二节 身体的自我保存权

身体的恐惧在唤醒了倾向于和平的激情同时，还召唤着理性。理性伴随着激情提出了人们和平相处的条件——自然法。"以上所说的就是单纯的天性使人实际处在的恶劣状况，然而这种状况却有可能超脱。这一方面要靠人们的激情，另一方面则要靠人们的理性。"[4]理性还创造了社会契约，在此基础上，建立了国家，使人类最终走出困境，进入文明社会。正是在这个意义上，奥克肖特说"人是被对死的恐惧所文明化的生物"[5]。

理性（reason）在霍布斯那里根据不同的用途有两种不同的名称：理论理性和实践理性。前者用于探究原因知识，它实质是一种计算；后者用于实践，称为智慧（wit）、明辨（discretion）、判断力（judgement）、睿智或审慎（prudence）。作为推理的理性在第五章已有论述，它与激情一样是

---

[1] [美]汉密尔顿、杰伊、麦迪逊：《联邦党人文集》，程逢如、在汉、舒逊译，商务印书馆1980年版，第264页。
[2] [意]登特列夫：《自然法——法律哲学导论》，李日章译，联经出版事业公司1984年版，第9页。
[3] [英]霍布斯：《利维坦》，黎思复、黎廷弼译，商务印书馆1985年版，第248—249页。
[4] [英]霍布斯：《利维坦》，黎思复、黎廷弼译，商务印书馆1985年版，第96页。
[5] [英]奥克肖特：《〈利维坦〉导读》，应星译，载渠敬东编：《现代政治与自然》，上海人民出版社2003年版，第204页。

一种心灵能力（one of faculties of mind），即心灵的计算能力，这种能力"不象感觉和记忆那样是与生俱来的，也不象慎虑那样单纯是从经验中得来的，而是通过辛勤努力得来的"[1]。理论理性有助于在真理讨论过程中形成判断（judgement），实践理性有助于在斟酌中形成意志。霍布斯指出："正如斟酌中最后的欲望称为意志一样……真理的探讨中最后的意见就称为讨论者的判断。"[2]

相比于柏拉图对理性和激情的理解，霍布斯对二者关系的理解发生了转变。这种转变来源于他们在人性认识上的变化。柏拉图认为人的本性是灵魂，而霍布斯认为人的本性是身体。在灵魂的内在秩序中，理性的地位最高，它统领着激情和欲望，也是区分善恶的唯一标准；激情和欲望严格区分，欲望地位最低，激情居中并协助理性对欲望进行控制。在身体的内在秩序中，激情和欲望其实是一回事，欲望成为激情的一部分，柏拉图的"理性-激情-欲望"三分法由此变成了"理性-激情"二分法。[3] 正如福山所指出，在霍布斯的道德哲学中袪除了古典灵魂秩序中"意气"（精神）这一环节，并用欲望和理性取而代之。[4] 霍布斯非常强调激情中的意志，而对柏拉图来说，意志是一个完全陌生的词，赖尔指出：

> 柏拉图和亚里士多德在他们多次细究灵魂的本性和行为的动机时从未提到过意志活动，并不是由于他们反常地忽视了日常生活中众所周知的组成部分，而是由于历史环境，他们并不了解这样一种专门的假说。[5]

人的内在秩序最大变化是，激情超越理性处于优势地位。[6] 第一，从身体内在运动的发生时间上看，激情先于理性。激情在思维序列阶段发生作用，它是思维序列的目的，还是身体自觉运动的内在开端；理性是在思

---

[1] [英] 霍布斯：《利维坦》，黎思复、黎廷弼译，商务印书馆1985年版，第32页。
[2] [英] 霍布斯：《利维坦》，黎思复、黎廷弼译，商务印书馆1985年版，第46页。
[3] 1651年出版的《利维坦》英文版和1668年出版的《利维坦》拉丁文版中，都找不到柏拉图意义上的激情（spirit或thymos），取而代之的是passion这个词。为了区分二者，有人把spirit或thymos翻译为"意气"，把passion翻译为"激情"。
[4] [美] 弗朗西斯·福山：《历史的终结及最后之人》，黄胜强、许铭原译，中国社会科学出版社2003年版，213页。
[5] [英] 吉尔伯特·赖尔：《心的概念》，徐大建译，商务印书馆1992年版，第66页。
[6] 以下论证激情超越理性的三个方面参考了王利的观点。参见王利：《国家与正义：利维坦释义》，上海人民出版社2008年版，第234—238页。

维序列转化到语言序列阶段产生作用，它处理的是语言序列中词语之间的计算。第二，激情在力量上比理性强大。理性在实践中所体现出的智慧或学识相比激情被认为是一种微小的力量，"因为它在任何人身上都不是很显著，因而也不易被人公认；而且除开在少数人身上以外，连小力量（power）都不是，在这些人身上也只限于少数事物"[1]。第三，理性变成激情的工具。理性再也难以节制激情，体现了它荏弱的一面；理性一旦成为激情的工具，又体现了无所不能的一面。这尤其体现在自然状态下，恐惧的激情正是借助理性提出人类得以摆脱困境的一般法则（自然法）。恰如施特劳斯所说："理性荏弱无力，并不意味着没有能力建立生活准则，或者没有能力论证行动准则。"[2] 霍布斯从新的人性观出发，颠覆了人的内部秩序，"激情以自由为目标对理性的造反在霍布斯哲学中变成了现实"[3]。不是理性，而是欲望现在成为判断善恶的标准："任何人的欲望的对象就他本人说来，他就称为善，而憎恶或嫌恶的对象则称为恶。"[4]

自然法/律（laws of nature）就是"理性所发现的诫条（precept）或一般法则（rule）"[5]。由于霍布斯把关于自然法的学说视为"唯一真正的道德哲学"[6]，自然律又可称为"道德律"（moral law）。在《利维坦》中霍布斯用"三个禁止"表述自然法的具体内容：

---

[1] [英] 霍布斯：《利维坦》，黎思复、黎廷弼译，商务印书馆1985年版，第63—64页。"power"原中译本译为"权势"，现译为"力量"。此外，在《利维坦》中，霍布斯多次强调激情远比理性强大。在第十三章论述自然状态下信约的有效与无效时提到："语词的约束过于软弱无力，如果没有对某种强制力量的畏惧心理存在时，就不足以束缚人们的野心、贪欲、愤怒和其他激情。"[英] 霍布斯：《利维坦》，黎思复、黎廷弼译，商务印书馆1985年版，第103页。在第十九章论述君主制比贵族制和平民制更能把公共利益和私人利益紧密结合在一起时指出："在大多数情况下，当公私利益冲突时，它会先顾个人利益，因为人们的感情的力量一般说来比理智更为强大。"[英] 霍布斯：《利维坦》，黎思复、黎廷弼译，商务印书馆1985年版，第144页。在第二十七章论述仇恨、淫欲、野心和贪婪等激情易于产生罪恶时指出："野心和贪婪也是经常存在而且富有压力的激情，而理智不能经常存在来抵抗它们。"[英] 霍布斯：《利维坦》，黎思复、黎廷弼译，商务印书馆1985年版，第232页。

[2] [美] 列奥·施特劳斯：《霍布斯的政治哲学：基础与起源》，申彤译，译林出版社2001年版，引言，第110页。

[3] 王利：《国家与正义：利维坦释义》，上海人民出版社2008年版，第271页。

[4] [英] 霍布斯：《利维坦》，黎思复、黎廷弼译，商务印书馆1985年版，第37页。

[5] [英] 霍布斯：《利维坦》，黎思复、黎廷弼译，商务印书馆1985年版，第97页。

[6] 霍布斯指出："研究这些自然法的科学是唯一真正的道德哲学，因为道德哲学就是研究人类相互谈论与交往中的善与恶的科学。"[英] 霍布斯：《利维坦》，黎思复、黎廷弼译，商务印书馆1985年版，第121—122页。

禁止人们去做毁损（destructive）自己生命的事情；禁止人们去做剥夺（take away）保存自己生命的手段的事情；禁止人们不去做（omit）自己认为最有利于生命保存的事情。[1]

三个禁止是从反面规定不利于"保存生命"的事情，从正面来看就是肯定和鼓励"保存生命"。自然法具体体现为十九条，第一条自然法包括两部分内容：第一部分是"寻求和平、信守和平"，第二部分是"自然权利"。为了保护个人的自然权利，"寻求和平、信守和平"乃是唯一的办法，霍布斯视它为基本的自然法则。由"寻求和平、信守和平"又直接推导出第二条自然法——在每个人都自愿放弃"一切事物的权利"的前提下，以对等的方式和程度互相对待，"在对他人的自由权方面满足于相当于自己让他人对自己所具有的自由权利"[2]，这条法则用福音书上的戒律来表述就是"你们愿意别人怎么待你们，你们也要怎样待人"，用孔子的话来说就是"己所不欲，勿施于人"。因此，第二条自然法表述的是达成和平的基本途径。这两条构成了整个自然法的总纲，通过这两条自然法推导出的其他自然法都被称为派生性的（derivative）自然法。派生性的自然法规定了谋求和平的各种手段（霍布斯称之为"和平的必要条款"），然后又从这些手段中推演出人的各种德性和品质：正义、感恩、谦逊、公道、仁爱等。可见，霍布斯把派生性自然法当作道德性的法律来看待。正是在这个意义上，霍布斯指出：

> 自然法就是公道、正义、感恩以及根据它们所产生的其他道德，正象我在第十五章末所说，这一切在单纯的自然状态下都不是正式的法律，而只是人们倾向于和平与服从的品质。[3]

十九条自然法基本上是关于达成和平途径和手段的内容，由于寻求和平的目的是保护个人的自然权利。因此，自然权利才是整个自然法的起点和基础。什么是自然权利？霍布斯在论述自然法的第十四章开篇就对它下了非常有名的定义：

---

[1] Thomas Hobbes, *Leviathan*, ed. by Richard Tuck, Cambridge: Cambridge University Press, p. 91. 在《论公民》中，霍布斯认为："自然法是正确理性的指令，它为了最持久地保存生命的可能，规定了什么是应该做的，什么是不该做的。"[英]霍布斯：《论公民》，应星、冯克利译，贵州人民出版社2003年版，第15页。
[2] [英]霍布斯：《利维坦》，黎思复、黎廷弼译，商务印书馆1985年版，第98页。
[3] [英]霍布斯：《利维坦》，黎思复、黎廷弼译，商务印书馆1985年版，第207页。

第六章 道德基础

THE RIGHT of NATURE, which writers commonly call jus naturale, is the liberty each man hath, to use his own power, as he will himself, for the preservation of his own nature; that is to say, of his own life; and consequently, of doing any thing, which in his own judgement, and reason, he shall conceive to be the aptest means thereunto.[1]

著作家们一般称之为自然权利的，就是每一个人按照自己所愿意的方式运用自己的力量保全自己的天性——也就是保全自己的生命——的自由。因此，这种自由就是用他自己的判断和理性认为最适合的手段去做任何事情的自由。[2]

自然权利的定义包含了丰富的内容，我们分三个层次来对它进行解读。自然权利的第一层含义是"身体的保存"。保存的对象是"自己的天性"，而"自己的天性"霍布斯特指的是自己的生命。保存自己的生命根源于身体恐惧。在自然状态下，基于身体恐惧的激情，人们把暴死（对身体的最大伤害和否定）确认为最大的恶。[3] 在这种情况下，人类切身感受到的是身体的死亡，而不是生命，因此他们的唯一目标是"逃避身体死亡"。在理性的参与下，人类逐渐认识到身体活着（生命）才是首要的善之时才产生对保存生命的欲望，于是，肯定和积极的"保存生命"取代了否定和消极的"逃避身体死亡"。正如施特劳斯所指出："对于死于暴力的恐惧最深刻地表达了所有欲求中最强烈、最根本的欲求，亦即最初的、自我保全的欲求。"[4]霍布斯在这里不依靠一切外在物（灵魂、上帝和宇宙），仅凭人的身体就完成了对人性或自我的确认。正如王利所分析："虽然这仅仅是在'身体'上对'人性'的确认，但却是完全依赖于对人本身的证明，而不是依靠终极目的和至善，不是依靠创世的上帝或道成肉身的

---

[1] Thomas Hobbes, *Leviathan*, ed. by Richard Tuck, Cambridge: Cambridge University Press, 1996, p. 91.

[2] [英]霍布斯：《利维坦》，黎思复、黎廷弼译，商务印书馆1985年版，第97页。

[3] 霍布斯总结了两条人性的绝对假设：一条是人类贪婪的假设，它使人人都极力要把公共财产据为己有；另一条是自然理性的假设，它使人人都把死于暴力作为自然中的至恶并努力予以避免。[英]霍布斯：《论公民》，应星、冯克利译，贵州人民出版社2003年版，献辞，第4页。

[4] [美]列奥·施特劳斯：《自然权利与历史》，彭刚译，生活·读书·新知三联书店2003年版，第185页。

耶稣基督，也不依靠外在于人的宇宙或其他外在的抽象物，而是用人所共有的身体达成对人的证明。"[1]根据霍布斯对人性的确定，自然权利本质上是保存身体的权利。唐格维（Daniel Tanguay）对此也有相同的观点："对自我保存的关怀其实就是对一个特定个体的身体保存的关怀。"[2]

自然权利的第二层含义是自由。霍布斯界定自然权利的定义中，中心词是"自由"（liberty），其他词都是对自由的说明与修饰，它是自然权利的实质内容。自然权利的实质就是身体保存的自由。自由被分解为力量（权力）、意志、判断和理性诸要素，其中意志（激情）是核心，理性和判断是工具，它们共同决定了运用力量时所采用的手段和方式。具体来说就是，对身体恐惧的激情完全能够作为"意志"引导理性，并以理性作为强大的工具，实现保存身体的自由。

自然权利的第三层含义是"自我"。霍布斯强调自然权利直接与每个人自己相关，在霍布斯定义自然权利的61个单词中，own（自己的）这个单词就出现了四次，另外还有一个它的同义词 himself 和一个同义的词组 each man hath。自然权利即自由，而自由隶属于每一个人（each man hath）且是每一个人自愿的产物（as he will himself），它的具体内容是运用他自己的力量（his own power）和自己的理性与判断（his own judgement and reason）以保护自己的天性（his own nature），也就是自己的生命（his own life）。自己即自我（self），自我在自然权利的含义中既是主体的"我"（每一个人、自己的意愿、自己的力量、自己的理性和判断），又是客体的"我"（自己的天性、自己的生命），自然权利说到底是身体的自我保存权。Jus naturale 正是因为指向了自我，由此丧失了客观法的意义，而用来指个人的主观权利（right）。[3]

---

[1] 王利：《国家与正义：利维坦释义》，上海人民出版社2008年版，第269页。
[2] ［法］丹尼尔·唐格维：《列奥·施特劳斯：思想传记》，林国荣译，吉林出版集团有限责任公司2011年版，第171页。
[3] 拉丁语 jus 既有"法"又有"权利"的意思，在大陆法系国家用来翻译 jus 的词（意大利语 diritto、法语 droit 和德语 Recht）均有法和权利之义，为了区分 jus 含义的古今变化，通常采用的是增加形容词的方法。例如，德语用客观的法（objectives Recht）和主观的法（subuektives Recht）来区分，即前者表示的是法，后者表示的是权利。所谓客观意义上的法指国家适用的法原则的总体、生活的法秩序，所谓主观意义的法即抽象法原则具体化为个人的权利。参见［德］鲁道夫·冯·耶林：《为权利而斗争》，胡宝海译，中国法制出版社2004年版，第4页。在英语世界中，由于 right 成了权利的专名，没有任何法的意义，因此法和权利对应 law 和 right。中文一般把客观的法和主观的法直接迻译为"法"与"权利"。

霍布斯在对自然权利定义的一开始就指出，他的这个定义也就是对 jus naturale 的定义。Jus naturale 在霍布斯之前表示的并不是自然权利，而是自然法。换言之，霍布斯自然权利（the right of nature）取代了自然法（jus naturale）。这是自然法思想上的一个转折点。自然法在拉丁文中表述为 ius naturale 或 jus naturale。[1] 一般认为，第一个明确、系统地阐述自然法思想的人是西塞罗，他在《法律篇》中对自然法作了经典的解释：

> 法律是植根于自然的、指挥应然行为并禁止相反行为的最高理性（reason），那么看来他们是正确的。这一理性，当它在人类的意识中牢固确立并完全展开后，就是法律。因此，他们认为法律就是智识，其自然功能就是指挥（command）正确行为并禁止错误行为。他们认为这一特性的名称在希腊来源于使每个人各得其所的观念，而在我们的语言中，我认为它是根据选择这一观念而得名的。因为当他们将公平的观念归于法律这个词时，我们也就给了法律以选择的观念，尽管这两种观念都恰当地属于法律。如果这是正确的——因为我认为一般说是正确的——那么正义的来源就应该在法律中发现，因为法律是一种自然力；它是聪明人的理智和理性，是衡量正义与非正义的标准。[2]

从西塞罗的定义中，可以看出自然法的渊源不在罗马，而在希腊。当希腊人对自然正义或自然正当进行哲学研究时，自然法就诞生了。[3] 正如罗门（Heinrich A. Rommen）所言："自然法的学说与哲学一样古老。"[4] 在希腊语中，法律（nomos）和正义（dike）是两个本来含义不相同的词，在拉丁语中正义和法律是同一个词 ius（jus）。阿奎那认为 ius 就是"正义事情的本身"（the just thing itself），即公正（the fair）。[5] 杜兹纳（Costas

---

[1] ius naturale 这个拉丁文短语在17、18世纪的时候被习惯性地书写为 jus naturale，这两个拉丁词语在含义上一直是通用的，jus naturale 实际上等同于 ius naturale。
[2] [古罗马] 西塞罗：《国家篇 法律篇》，沈叔平、苏力译，商务印书馆1999年版，第158页。
[3] 在现代自然权利（natural rights）出现之前，自然正当（right by nature 或 natural right）、自然正义（natural justice）和自然法（natural law）基本等同。
[4] [德] 海因里希·罗门：《自然法的观念史和哲学》，姚中秋译，上海三联书店2007年版，第3页。
[5] 转引自 John Finnis, *Natual Law and Natual Rights*, New York: Oxford Uiversity Press, 1980, p. 206.

Douzina）同样认为，ius（法）在古罗马法中指"正当之事"，是每个公民在与他人的关系中应得的公正份额。[1] 这些定义皆与柏拉图关于正义的哲学有渊源。登特列夫也指出，在《罗马法大全》中，自然法与自然的善和自然的正当相关。[2] 在拉丁语中，与 ius（法）相对应的词是 lex，"前者在哲学层面上指客观法则或事物的自然构成（natural constitution），在政治和法律意义上指自然正义；后者即制定法，律必须符合法"[3]。在古罗马时期，法（ius）和法律（lex）一般在相对应的意义上使用。但是到了中世纪，这两个词开始混用，例如，阿奎那就用 lex naturale 指称自然法，格劳秀斯却用 jus naturale 来指自己的自然法。

由于自然法指的是约束人的客观"法则"，所以它在更大的程度上指向的是属于人的义务，即人的法律义务或者道德义务。巴克指出："在希腊的政治思想中个人概念并不突出，权利概念则似乎几近于从未形成过。"[4] 登特列夫进一步指出，在罗马的自然法中，也没有现代的自然权利观念。[5] 因此，如果用现代意义上的自然权利去理解古典的自然法是毫无意义的。古代的自然法向现代的自然权利的转变发生在霍布斯那里，这种转变又是从严格区分 jus（权利）和 lex（法律）开始的：

> 虽然谈论这一问题的人经常把权利（jus）和法律（lex）混为一谈，我们却应该把它们分开；因为权利（jus）的本质在于去做或不去做的自由，法律（lex）则决定应该去做或不应该去做，而且迫使人不得不去做或不得不克制自己；因此法律（lex）和权

---

[1] [美]科斯塔斯·杜兹纳：《人权的终结》，郭春发译，江苏人民出版社2002年版，第50页。
[2] [意]登特列夫：《自然法——法律哲学导论》，李日章译，联经出版事业公司1984年版，第14页。
[3] 汪栋：《霍布斯公民科学的宪法原理》，知识产权出版社2010年版，第73页。
[4] [英]厄奈斯特·巴克：《希腊政治理论——柏拉图及其前人》，卢华萍译，吉林人民出版社2003年版，第9页。
[5] 登特列夫说："罗马的自然法概念，绝非一项革命原理。其中没有为'人权'的辩护。它也跟在某些近代宪法中所设定的所谓'高级法'观念没有多少相同之处。本身不过是'被反映在现有法律上'的东西，它绝不含有可以'予法律以合法的认可而使其成为法律'之义。事实上，'当发生冲突时，它往往都是被已然成为法律的那些法律所压倒'。不论跟自然法多么违背，奴隶制度这类的体制，甚至在拜占庭法学家眼中，也仍然是完全可以接受的与合法的东西。为了要正确了解罗马自然法概念，我们不但需要摆脱近代自然权利的概念，而且还需要摆脱今时大家已经很熟悉的'实定法从属于自然法'的观念。"[意]登特列夫：《自然法——法律哲学导论》，李日章译，联经出版事业公司1984年版，第25—26页。

利（jus）之区别大得有如义务和自由之区别。[1]

霍布斯通过把 jus（法）转换为权利，jus naturale 就转换为了自然权利（natural right/right of nature），lex naturale 就转换为了自然律（laws of nature）。正如有人指出："霍布斯把 ius naturale 转换为 natural rights，把 lex naturale 这个本来跟 ius naturale 同义的短语转换为 laws of nature，更新颖的是，经过转化之后的这两个概念之间的关系，发生了根本性的变化，甚至可以说是颠覆性的变化。"[2]登特列夫也洞察出了 ius（jus）naturale 的古今差异："近代政治哲学之 ius naturale 已不再是中世纪道德学家的 lex naturalis，也不是罗马法学家的 ius naturale。这几个不同的概念，相同的只有名称。"[3]

霍布斯把古典的 lex naturale 和 jus naturale 分别转换为自然法（laws of nature）与自然权利（right of nature）。自然权利和自然法在本性上是一致的，二者的目的都是身体的自我保存权，只不过前者是为此目的从正面规定的允许的自由，后者是从反面规定的禁令。霍布斯把自然法直接归功于人性中的理性，理性指的是推理，而推理是一种计算。所以，自然法不过是从身体的自我保存权推导出的结论或法则而已，恰如算术可以从公理推出确定的结论。整个十九条自然法正是通过理性计算出最有利于身体的自我保存权实现的准则、途径和方法。也就是说，自然法并不是非遵守不可，只有当它有利于身体的自我保存时，我们才遵守它。用康德的话来说，它是假言命令，而非定言命令。正因为如此，霍布斯通常把自然法表述为"laws of nature"，而不是"natural law"。这是因为在古典时代，laws of nature 与 natural law 的意义在实质上是等同的，只是前者强调事物本性的客观性，强调自然法是一种客观的法则，后者强调自然法与人定的实在法一样，也是由立法者（神或者上帝）制定的。近代科学摧毁了目的论的世界观以后，laws of nature 更多的是在科学哲学中使用，确切地说，是一

---

[1] Thomas Hobbes, *Leviathan*, ed. by Richard Tuck, Cambridge: Cambridge University Press, 1996, p. 91. 另参见："法律迫使我做或禁止我做某事；因而，它对我施加了一项责任。而我说的权利，则是法律留给我做法律不禁止我做的事情。及不做法律不命令我必须做事情的自由。"［英］霍布斯：《哲学家与英格兰法律家的对话》，姚中秋译，上海三联书店 2006 年版，第 29 页。
[2] 杨帆：《自然权利理论研究》，吉林大学 2007 年博士学位论文，第 3 页。
[3] ［意］登特列夫：《自然法——法律哲学导论》，李日章译，联经出版事业公司 1984 年版，第 57 页。

种自然法则，它更多地用来描述牛顿定律或几何学公理这类自然科学定律，natural law 才用来指居于实在法之上的自然法。[1] 霍布斯通过用语的改变，表明了他的自然法来自自然科学演绎推理的结果，不像古典的自然法来自形而上学的玄思臆想。

自然权利是伦理学和道德哲学（狭义）的结合，它在伦理学和道德哲学之间起着承上启下的作用。自然权利首先来自对人性的分析，对人性考察的最好方法是把公民状态还原到它的前法律状态——自然状态。李猛指出："霍布斯并不是第一个使用'自然状态'这一说法的人，但就将这一概念作为政治社会的人性基础或出发点，霍布斯可以说是现代自然状态学说第一个严格的阐述者。"[2] 这种研究方法对后世的影响我们只要听下卢梭的这句话就会了于心："所有研究过社会基础的哲学家们都感到有必要回归到人类的自然状态。"[3] 霍布斯的自然状态与古典道德哲学中的"自然状态"截然相反。古典道德哲学认为，人天生是政治的动物，公民社会是人的目的，人唯有在公民社会中才能实现灵魂德性的完善。由于公民社会先于个人，基于这种自然状态的道德必然是自然义务。霍布斯反而认为自然状态下，"人类能够集体生活在一起并且相安无事，并不是一件自然的事，而是一件非常偶然的事"[4]。古典时期的"自然状态"在霍布斯看来是最"不自然"的状态。自然状态不再是人的目的，而是人的开端。在公民社会之前的自然状态中，人既不属于国家，也不属于他人。这种原子式的个人由身体中最原始的激情所驱动。由于个人先于或独立于公民社会，基于这种自然状态的道德必然是自然权利。人在身体暴死的恐惧基础上产生了身体的自我保存的欲望，身体的自我保存权正是这种内在欲望的表达。霍布斯把自然权利而不是自然义务作为道德的基础，这是道德哲学上一次根本性的转变。对此施特劳斯给予了恰如其分的总结：

如果自然法必须得从自我保全的欲求中推演出来，如果，换

---

[1] Daryn Lehoux, "Laws of nature and natural laws", *Studies In History and Philosophy of Science*, Part A, Vol. 37, 2006, pp. 527-530. 转引自柯岚：《"自然"与"自然法"概念的古今之异——关于自然法学术史的一个初步反思》，载《法律科学》2008 年第 5 期，第 27 页。

[2] 李猛：《自然社会：自然法与现代道德世界的形成》，生活·读书·新知三联书店 2015 年版，第 106 页。

[3] [法] 卢梭：《论人类不平等的起源》，高修娟译，上海三联书店 2009 年版，第 19 页。

[4] [英] 霍布斯：《论公民》，应星、冯克利译，贵州人民出版社 2003 年版，第 4 页。

句话说,自我保全的欲求乃是一切正义和道德的唯一根源,那么,基本的道德事实就不是一桩义务,而是一项权利;所有的义务都是从根本的和不可离弃的自我保全的权利中派生出来的。因此,就不存在什么绝对的或无条件的义务;义务只在其施行不致危及我们的自我保全时,才具有约束力。唯有自我保全的权利才是无条件的或绝对的。按照自然,世间只存在着一项不折不扣的权利,而并不存在什么不折不扣的义务。确切说来,阐明人的自然义务的自然法并非一项法则。既然基本的、绝对的道德事实是一项权利而非一桩义务,公民社会的职能和界限就一定得以人的自然权利而不是其自然义务来界定。[1]

这是《自然权利与历史》一书中最精华的一段话,赵汀阳甚至认为,"这段概括比霍布斯本人在《利维坦》等著作中的滔滔之词说得更为清楚"[2]。自然权利不仅是伦理学和道德哲学的结合点,而且是道德哲学和政治哲学的结合点。自此以后,国家和法律的构建不是围绕如何完善灵魂的德性展开,而是围绕如何保护身体的自我保存权展开。

---

[1] [美]列奥·施特劳斯:《自然权利与历史》,彭刚译,生活·读书·新知三联书店2003年版,第185页。在《霍布斯的政治哲学:基础与起源》的前言中施特劳斯同样对霍布斯的开创性作了精当的概括:"霍布斯显然不像传统学说那样,从自然'法则'出发,即从客观秩序出发,而是从自然'权利'出发,即从某种绝对无可非议的主观诉求出发;这种主观诉求完全不依赖于任何先在的法律、秩序和义务,相反,它本身就是全部的法律、秩序或义务的起源。霍布斯的政治哲学(包括他的道德哲学),就是通过这个作为道德原则和政治原则的'权利'概念,而最明确无误地显示他的首创性的。"[美]列奥·施特劳斯:《霍布斯的政治哲学:基础与起源》,申彤译,译林出版社2001年版,前言,第2页。
[2] 赵汀阳:《坏世界研究——作为第一哲学的政治哲学》,中国人民大学出版社2009年版,第227页。

第七章　从意志到宪法

在上一章中，我们阐述了霍布斯基于身体恐惧的激情创立了身体的自我保存权，并把它作为政治哲学乃至宪法学的道德基础。这一章我们将讨论霍布斯宪法学的本体论，即宪法是如何产生的，它的本性是什么。对这些问题的解答必须从身体的另一要素——意志——开始。

第一节　从意志到契约

一、意志

霍布斯在定义斟酌（deliberation）之后提出了意志（will）的概念。斟酌的定义是：

> 一个人内心中对某一事物的欲望、嫌恶、希望与畏惧如果交替出现，做或不做这桩事情的各种好坏结果在思想中接连出现，以致有时想望这一事物、有时嫌恶这一事物；有时希望能做，有时又感到失望或害怕尝试；那么一直到这一事物完成或被认为不可能时为止这一过程中的一切欲望、嫌恶、希望和畏惧的总和，便是我们所谓的斟酌。[1]

斟酌，简而言之就是身体内欲望、嫌恶、希望和畏惧这些激情交替出现的序列。在此基础上，霍布斯给出了意志的定义：

> 在斟酌之中，直接与行动或不行动相连的最后那种欲望或反感，便是我们所谓的意志。它是意愿的行为，而不是意愿的能力（the act, not the faculty, of willing）。兽类具有斟酌，便必然也具

---

[1]　[英]霍布斯：《利维坦》，黎思复、黎廷弼译，商务印书馆1985年版，第43页。

有意志。经院学派通常为意志提供的定义是理性的欲望,这个定义不好。因为如果这样的话,便没有违背理性的自愿行为了。因为自愿的行为(a voluntary act)不是别的,而是从意志中产生的行为。[1]

从这一定义可以看出意志具有以下特质:第一,意志本质上是身体内的一种激情(欲望或反感),即令斟酌走向终结的最后一个激情。第二,意志是行为,而不是能力。霍布斯否定了经院哲学家对意志的认知——意志是人类理性灵魂的能力,正是这一能力把人与兽类区分开。只要有激情,就有意志,兽类具有激情,因此也具有意志,它不是属于人类特有的能力,更不具有道德能力,霍布斯由此抽空了意志的道德内涵,使意志仅具意志行为。斯金纳一针见血地指出,在霍布斯那里,"欲望及意志在人的身上和在兽身上'其实是同一码事'"[2]。第三,意志的直接后果是产生行为,即意愿行为。不仅出于欲望或希望而开始的行为是自愿的行为,而且出于嫌恶或恐惧而开始的行为也是自愿行为。人类正是出于恐惧,经过反复斟酌后产生了一次重大的意志行为——订立建国契约。

二、契约:统一的意志

前面已有论述,自然法的第二条是关于实现和平的基本途径,那就是每个人放弃和转让权利。霍布斯认为这一过程就涉及契约(contract)问题。他首先区分了放弃权利和转让权利:前者指出让人不管其中的权益归属于谁,后者指出让人把其中的权益赋予某一个人或某一些人。[3] 契约就是"权利的相互转让"[4]。权利的转让分为三种情形:第一种是立约双方或多方都立即履行;第二种是一方先履行,相信另一方在往后的某一时间履行;第三种是双方都在目前立约而在往后履行。后两种情况是对另一方在将来,或双方在将来履行契约的信任,霍布斯称之为信约(covenant)。信约实质上是一种承诺(promise),它是一种特殊的契约。无论是契约还

---

[1] Thomas Hobbes, *Leviathan*, ed. by Richard Tuck, Cambridge: Cambridge University Press, 1996, p.44.
[2] 转引自[英]昆廷·斯金纳:《霍布斯与共和主义的自由》,管可秾译,上海三联书店2011年版,第32页。
[3] [英]霍布斯:《利维坦》,黎思复、黎廷弼译,商务印书馆1985年版,第99页。
[4] [英]霍布斯:《利维坦》,黎思复、黎廷弼译,商务印书馆1985年版,第99页。

是信约都是意志的产物，区别仅在于实现这种意志究竟是在现在还是在将来。契约的表示有些是明确的，有些是推测的。但无论哪一种表示，"都充分表明立约者的意愿（will）的任何东西"[1]。霍布斯把意愿的意涵区分为"我愿意"和"我将"，"我愿意"表示的是一种现在意志的行为，"我将"表示对未来意志行动的一种承诺。"我愿意"是契约中的意愿表示，"我将"是信约中的意愿表示。霍布斯明确指出信约是经过斟酌后的意志行为：

> 信约的内容或主题始终是深思熟虑（deliberation）中的事物，因为订立信约就是一种意志行为（act of the will）；它是一种行为而且是通过深思熟虑所决定的最后一次行为。[2]

正因为如此，霍布斯在第二条自然法中描述契约产生的方式时，核心是身体的意志，"在别人也愿意（be willing）这样做的条件下，当一个人为了和平与自卫的目的认为必要时，会自愿（shall）放弃这种对一切事物的权利；而在对他人的自由权方面满足于（be contented with）相当于自己让他人对自己所具有的自由权利"[3]。不仅订立信约是一种意志行为，而且履行信约也被理解为使自己现在和将来的意志符合订立信约时的意志，即保持意志的前后一致，因此，"履行是义务的自然终结"。概而言之，意志是信约的本性。

人类通过契约取得的最伟大的成果就是建立了国家。霍布斯把建国的方式分为两种：按约建立（by Institution）与以力获得（by Acquisition）。前者指通过契约——我们通常所说的社会契约——人为建立的国家，后者指通过自然权力和力量自然生成的国家。根据社会契约建立的国家叫"政治的国家"或"按约建立的国家"，根据自然力量构成的国家叫"自然国家"或"以力取得的国家"。同理，主权按照获得方式也分为按约取得的主权和以力取得的主权。霍布斯主张，建立公共权力的唯一路径是按契约建立。[4] 通过社会契约不但人为建立了国家和主权权力，还实现了个人意志的人为统一。通过社会契约统一个人意识的过程笼统来说就是"把大家

---

[1] 本书根据不同场合不加区分地用了"意愿"和"意志"来指称"will"。
[2] [英]霍布斯：《利维坦》，黎思复、黎廷弼译，商务印书馆1985年版，第104页。
[3] [英]霍布斯：《利维坦》，黎思复、黎廷弼译，商务印书馆1985年版，第98页。
[4] [英]霍布斯：《利维坦》，黎思复、黎廷弼译，商务印书馆1985年版，第131页。

所有的权力和力量付托给某一个人或一个能通过多数的意见把大家的意志化为一个意志的多人组成的集体"[1]。这一过程具体说来包括四个步骤:

第一个步骤:"指定一个人或一个由多数人组成的集体来代表他们的人格,每一个人都承认授权于如此承当本身人格的人在有关公共和平或安全方面所采取的任何行为、或命令他人作出的行为";

第二个步骤:"在这种行为中,大家都把自己的意志服从于他的意志,把自己的判断服从于他的判断";

第三个步骤:"这不仅是同意或协调,而是全体真正统一于唯一人格之中";

第四个步骤:"这一人格是大家人人相互订立信约而形成的,其方式就好像是人人都向每一个其他的人说,我承认这个人或这个集体,并放弃我管理自己的权利,把它授与这人或这个集体,但条件是你也把自己的权利拿出授予他,并以同样的方式承认他的一切行为"[2]。

社会契约是通过两个基本要素完成的:信约和授权。信约对应步骤四,授权对应步骤一和步骤二,授权和信约所产生的结果是步骤三的"唯一人格"。在建立公民社会时,授权和信约是同时产生的;但在逻辑上是先有信约行为本身,再有该行为的内容——授权。关于信约的本性和内容霍布斯在第十四章和第十五章"论自然法"(尤其是第二、第三条自然法)中作了详细叙述,关于授权霍布斯专门用第十六章"人格、授权人和由人代表的事物"进行介绍,这一章刚好位居"论自然法"和"论国家"(第十七章)之间,从《利维坦》整个章节来看,第十六章也刚好处于第一部分"论人"(前十五章)和第二部分"论国家"(后十五章)之间。从文章的布局谋篇就可看出该章在整个论证体系中的重要位置。

霍布斯对授权的定义是基于代表(to personate, to act, to represent),代表的定义又是基于"人格"(person)。霍布斯反对经院哲学关于人格的定义,人格"就是具有理性本质的个别物质"[3]。霍布斯认为人格的特质不在于理性,而在于它能扮演的角色。霍布斯进行词源考古发现,"人格"

---

〔1〕 [英] 霍布斯:《利维坦》,黎思复、黎廷弼译,商务印书馆1985年版,第131页。
〔2〕 [英] 霍布斯:《利维坦》,黎思复、黎廷弼译,商务印书馆1985年版,第131—132页。
〔3〕 这一定义由波爱修斯(Boethius)提出,并得到阿奎那的支持,在当时处于权威的正统地位。[爱尔兰] 菲利普·佩迪特:《语词的创造:霍布斯论语言、心智与政治》,于明译,北京大学出版社2010年版,第74页。

这个词来源于拉丁语，它的原义指舞台上演员的化装或外表，有时具体专指演员的面具或面甲，用来代表剧中人物的角色。后来"人格"则指法庭和剧院中的任何言行的代表，它的意义与演员（actor）的意义相同，因为演员就是剧中人物言行的代表。"代表"（personate）就是由"人格"（person）这个舞台用语转化而来的，它既有"代表"的意思，又有"扮演"的意思。霍布斯说："代表（to personate）就是扮演（to act）或代表（to represent）他自己或其他人。"[1]霍布斯对"人格"的全新理解，还得益于中世纪法学中"法人"概念的出现。法人指的是像修道院、教会、行会之类的团体，它们可以进入一定的法律关系，拥有财产、缔结契约、提出诉讼以及接受他人诉讼。中世纪法学理论将团体法人称为拟制的人格，它像自然人一样具有法律地位，但法人的言行需要通过代表来实现。在"人格"的原义和"法人"概念的基础上，霍布斯提出了人格的定义：

> 一个人格（A PERSON），是他的言语或行动要么被视为是他自己的，要么被视为代表了另一个人的言语或行动，又或者被视为这些言语或行动被归属给的任何东西的言辞和行动，不管是真的，还是虚构的。[2]

根据这个定义，人格被分为自然人格（natural person）和虚拟人格（feigned person）或人造人格（artifical person）。言语和行为被认为发自其自身的是自然人格，被认为代表他人的言语和行为时就是虚拟人格或人造人格。[3]霍布斯紧接着从人格与代表的关系上阐明了代表的定义："代表某人就是承当他的人格或以他的名义行事。"[4]正是在这个定义基础上，霍布斯给出了人格的另一个定义："人格就是被代表的人，而且每当被代表时就是人格。"[5]代表人在不同的场合有不同的名称：代表、代表者、副手、副牧师、代诉人、代理人（Deputy）、公诉人和代行者（Actor，又

---

[1] [英]霍布斯：《利维坦》，黎思复、黎廷弼译，商务印书馆1985年版，第123页。
[2] Thomas Hobbes, *Leviathan*, ed. by Richard Tuck, Cambridge: Cambridge University Press, 1996, p. 111.
[3] Thomas Hobbes, *Leviathan*, ed. by Richard Tuck, Cambridge: Cambridge University Press, 1996, p. 112.
[4] [英]霍布斯：《利维坦》，黎思复、黎廷弼译，商务印书馆1985年版，第123页。
[5] [英]霍布斯：《利维坦》，黎思复、黎廷弼译，商务印书馆1985年版，第395页。

第七章 从意志到宪法

译为"代理人")等[1]。霍布斯重点定义了"代行者",并在此基础上定义了"授权人":

> 在人造人格中,某些人格的言行得到被代表者的承认(Owned),于是他便称为代理人(Actor),承认他的言行的人就是授权人(Author)。在这种情况下,代理人是根据权威(authority)去行动。这种授权者,在货物与财产方面称之为所有者(Owner)。指行为方面的情形时就称为授权人。[2]

授权(authorize)就是授权人授予代理人在"有关共同和平或安全的方面"做出任何行为的权利。授权是授权人的单方面让渡权利,霍布斯称之为"自由赠与"(free gift)。授权的同时每个人与每个人还要立约,内容是都放弃"管理自己的权利",并将它授予代理人。因此,经过授权代理人获得了权威,代理人根据授权行事也就是根据权威行事(done by authority)。霍布斯对上述层层定义,都是为了解决自然状态下一群人(multitude, crowd)的代表问题。

霍布斯认为,世界上不能被代表的事物很少见,譬如,无生命物(比如教堂、医院和桥梁),不能运用理智的儿童、白痴、癫疯者,真神以及单纯由人们心中虚构的"异教的神"都可以由他人来代表,因此,一群人也不例外。一群人"每个人在每种意见上都有自己的意志和判断",他们不是"单一的实体"。[3] 霍布斯称一群人为"一个没有组织的人群"[4]和"一群涣散的人"[5],其实质是人与人互相为敌的战争状态。必须为这样一群杂多的大众找一个代表,以走出战争状态。由于一群人不是一个人而是许多人,当人群的中每个人对代表者(一个人或由多人组成的集体)都给出个别的同意时,这群人就成为"单一人格"(One Person,又译为"唯一人格")或"公共人格"。由于代表者是经过每个人个别的同意,对代表者的授权也是每个人各自以自己的身份进行。"对于他们的代表者以他们

---

[1] Thomas Hobbes, *Leviathan*, ed. by Richard Tuck, Cambridge: Cambridge University Press, 1996, p. 112.
[2] Thomas Hobbes, *Leviathan*, ed. by Richard Tuck, Cambridge: Cambridge University Press, 1996, p. 112.
[3] [英]霍布斯:《论公民》,应星、冯克利译,贵州人民出版社2003年版,第60页。
[4] [英]霍布斯:《论公民》,应星、冯克利译,贵州人民出版社2003年版,第81页。
[5] [英]霍布斯:《利维坦》,黎思复、黎廷弼译,商务印书馆1985年版,第410页。

的名义所说的每一句话或所作的每一件事都不能理解为一个授权人，而只能理解为许多授权人。"[1]因此，"人格"的单一性指的是代表者的统一性（unity，也有"单一性"或"唯一性"的意思），而不是被代表者的统一性。"人格"的单一性又集中体现在意志的统一性，"全体真正统一于唯一人格"的过程，就是"把大家的意志化为（reduce）一个意志"，"大家都把自己的意志服从于他的意志"的过程。霍布斯特别强调，单一人格的统一意志不仅仅是"同意或协调一致"（Consent or Concord），后者是同一目标上若干意志的联合（combination），它不是许多人具有一个意志。一群人成为单一人格，他们就可以称为"人民"（people）。人民与一群人有根本性的区别，"人民是个单一的实体，有着单一的意志；你可以将一种行动归于它"[2]。一群人经过代表变成单一的团体人格的过程，被佩迪特形象地描述为，"从群体这一幼虫中，诞生出的是一只团体人格的蝴蝶"[3]。霍布斯把统一在单一人格之中的一群人就称为国家（commonwealth），也就是伟大的利维坦（Leviathan）的诞生。[4] 主权者（the sovereign）就是承担单一人格的人，主权（sovereignty）是他履行这一任务所需要的权力，主权者之外的所有人都称为他的臣民（subject）。主权者可以是一个人，也可以是一个议会。霍布斯说："获得主权的那个会议或个人的意志就是国家的意志，因此它就包含了公民个体的意志。"[5]也就是说，主权者的意志就是国家的意志，也是每一个臣民的意志。社会契约通过授权所建立的代表关系，解决了国家这一人造政治体（body politic）中意志的统一性问题。施特劳斯宣称这种转变是自然公法上的一次"根本性的虚构"，并认为这是17世纪出现的自然公法与传统自然法之间的重要区别。[6] 通过社会契约建立的主权者意志不但具有统一性，而且具有公共性。意志的公共性体现在它不仅是"每个人"的意志，而且是"所有人"的意志。霍布

---

［1］［英］霍布斯：《利维坦》，黎思复、黎廷弼译，商务印书馆1985年版，第125页。
［2］［英］霍布斯：《论公民》，应星、冯克利译，贵州人民出版社2003年版，第126页。
［3］［爱尔兰］菲利普·佩迪特：《语词的创造：霍布斯论语言、心智与政治》，于明译，北京大学出版社2010年版，第96页。
［4］［英］霍布斯：《利维坦》，黎思复、黎廷弼译，商务印书馆1985年版，第132页。
［5］［英］霍布斯：《论公民》，应星、冯克利译，贵州人民出版社2003年版，第67页。
［6］施特劳斯认为，实际上，在主权者和个人意志之间存在着根本区别，服从于主权者就意味着做主权者而非个人意愿的事。参见［美］列奥·施特劳斯：《自然权利与历史》，彭刚译，生活·读书·新知三联书店2003年版，第194页注30。

斯指出，主权者的意志（个人或议会的意志）被看成是"所有人和每一个人的意志（the will of all and each）"[1]。因此，主权者或人格代表的是全体群众和每一个人。[2] 主权者意志的公共性要求主权者只能为所有人和每一个人谋取公共利益，它不能为自身（自然人格）谋取私人利益，也不能为任意公民谋取私人利益。霍布斯说："一个国家的形成不是出于自己的缘故而是出于公民的缘故。要注意的是，那也不应该被看成是出于这个那个公民的缘故。"[3]兼具统一性和公共性的主权者意志是国家的灵魂。没有主权者的意志，人造的国家就无法行动。正是在这个意义上，霍布斯指出："主权是国家的灵魂，灵魂一旦与身躯脱离后，肢体就不再从灵魂方面接受任何运动了。"[4]

国家产生的第二种方式是通过自然之力（natural force）取得，自然之力指的是武力（force）。霍布斯说：

> 以力取得的国家就是主权以武力得来的国家。所谓以武力得来就是人们单独地、或许多人一起在多数意见下，由于畏惧死亡或监禁而对握有其生命与自由的个人或议会的一切行为授权。[5]

以霍布斯之见，以自然之力取得的主权是一种支配权（dominion）。作为支配权的主权包括两种形态：一种是基于自然生殖建立的父母对子女的支配权，即父系支配权（paternal dominion）；另一种是基于自然征服建立的主人对奴隶的支配权，即专制支配权（despotical dominion）。霍布斯强调，无论哪种主权形态，纯粹依靠自然力量都不足以建立起支配关系，他们都需要被支配者的自愿同意。父母对子女的支配权是来自后者的同意。子女没有父母没法生存下去，因此为了保存自己的生命而同意了父母的支配，其道理是："一个人服从另一个人的目的是保存生命，

---

[1] Thomas Hobbes, *On the Citizen*, ed. and tr. by Richard Tuck and Michael Silverthorne, Cambridge: Cambridge University Press, 1998, p. 72.
[2] ［英］霍布斯：《利维坦》，黎思复、黎廷弼译，商务印书馆1985年版，第142页。
[3] ［英］霍布斯：《论公民》，应星、冯克利译，贵州人民出版社2003年版，第133页。
[4] ［英］霍布斯：《利维坦》，黎思复、黎廷弼译，商务印书馆1985年版，第172页。另参见："因为主权者是给国家以生命和活动的公众灵魂，它衰竭以后，四肢就不再受它的管制了，正象人的尸体不受已经脱离的灵魂管制一样，虽然这灵魂是永生不灭的。"［英］霍布斯：《利维坦》，黎思复、黎廷弼译，商务印书馆1985年版，第260页。
[5] ［英］霍布斯：《利维坦》，黎思复、黎廷弼译，商务印书馆1985年版，第153页。

每一个人对于掌握生杀之权的人都必须允诺服从。"[1]父母对子女的支配权不是因为父母生育了子女，而是因为子女以明确的方式或其他表达出来的充分证据表示了同意。这种同意无须通过表达出来的意愿或契约，而是通过本能地表现自己的意愿方式即可，例如恐惧、需要和叫喊等。

主人对奴隶的支配权来自他们之间缔结的信约。这种契约不同于享有自由和平等的一群人彼此缔结的社会契约，它是战胜者与战败者之间缔结的臣服契约或政治契约。"被征服者为了避免眼前的丧生之灾，以明确的词语或其他充分表示意志的形式订立信约，规定在允许他保全生命和人身自由时，战胜者可以任意加以使用。"[2]战败者正是因为缔结了保护自己生命和人身自由的信约，而对战胜者具有服从的义务。霍布斯进而指出：

> 对于被征服者的支配权（the right of Dominion）不是由战胜而来的，乃是由于他自己的信约而来的。他服从的义务，不是因为被征服，也就说不是被打败、被抓住或被击溃，只是因为他自愿臣服于战胜者。[3]

在以力取得的国家里，同意和契约的过程就是每个臣民臣服于同一主权者意志的过程。通过意志臣服的过程，每个臣民的意志都包含在主权者的意志之中，或者说，主权者的意志代表了臣民的意志：父母代表了子女的意志，奴隶主代表了奴隶的意志。[4]在意志臣服的过程中，由于被支配者（被征服者）之间没有通过社会契约形成一个公共人格或唯一人格，主权者的意志缺乏"统一性"和"公共性"。因此，主权者的意志也无法真正代表"每一个人"和"所有人"的意志。

---

[1]［英］霍布斯：《利维坦》，黎思复、黎廷弼译，商务印书馆1985年版，第155页。
[2]［英］霍布斯：《利维坦》，黎思复、黎廷弼译，商务印书馆1985年版，第156页。
[3] Thomas Hobbes, *Leviathan*, ed. by Richard Tuck, Cambridge: Cambridge University Press, 1996, p. 141.
[4] 霍布斯认为经过契约取得专制支配权之后，"每个奴隶的意志被包含在他主人的意志中，以至于主人可以随心所欲地使用他们的力量和资源"。［英］霍布斯：《论公民》，应星、冯克利译，贵州人民出版社2003年版，第105页。

第二节 从契约到宪法

一、契约与主权权力

霍布斯在《利维坦》的献辞中揭示了他希望研究权力的意图:"我论述的不是人,而是(抽象意义上的)权位(Seat of Power)"[1],《利维坦》英文原书的副标题就是"教会和市民共同体的质料、形式和权力"。在霍布斯之前,权力是一个表示"力"的物理学概念,是他创造了一种抽象的权力使之成为一个政治科学乃至宪法学的核心。[2] 施特劳斯同样指出:"正是霍布斯的政治学说中,权力第一次 eo nomine(以其名义)成为了主旋律。考虑到在霍布斯看来科学本身也是为着权力而存在的这一事实,人们可以把霍布斯的全部哲学称为第一部权力哲学。"[3] 权力在霍布斯那里包括个人权力和主权权力,主权权力是通过契约从个人权力那儿转让而来的。

(一) 个人权力

在霍布斯那里,权力来自对身体自然(nature,又译为"本性")的分析,它首先指的是身体(包括心灵)的自然力量。在《法律要义:自然法与民约法》中,霍布斯把身体的自然力量(powers)等同于身体的能力(faculties)来描述身体的自然,身体的自然不过是身体的力量或能力的总和,包括营养、运动、生殖、感觉、理性。[4] 在《论公民》中,身体的力量或能力被归纳为四种——体力、经验、理性和激情。[5] 在《利维坦》

---

[1] Thomas Hobbes, *Leviathan*, ed. by Richard Tuck, Cambridge: Cambridge University Press, 1996, p. 3.
[2] [美]哈维·C. 曼斯菲尔德:《驯化君主》,冯克利译,译林出版社 2005 年版,第 173 页。
[3] [美]列奥·施特劳斯:《自然权利与历史》,彭刚译,生活·读书·新知三联书店 2003 年版,第 198 页。
[4] [英]霍布斯:《法律要义:自然法与民约法》,张书友译,中国法制出版社 2010 年版,第 4 页。
[5] 霍布斯:《论公民》,应星、冯克利译,贵州人民出版社 2003 年版,第 3 页。

中，身体的力量或能力包括经验（感觉、想象、记忆、斟酌和语言）、理性和激情（意志运动）。吴增定认为，经验和理性属于人的认识能力，激情则是意志能力，经验和理性都是追求自我保存的激情或意志运动的工具。[1]因此，身体最重要的力量是意志或激情。在《利维坦》中，霍布斯给出了力量的普遍性定义："人的力量（power）普遍来讲，就是一个人取得某种未来表面之善（apparent good）的现有手段。"[2]在这个定义的基础上，霍布斯把力量分为两类：自然的力量（原始的力量）和获得的力量。前者指卓尔不群的体力、外表、慎虑、技艺、口才、慷慨、高贵等；后者指来自前述诸种的优越性，或来自幸运并以之作为取得更多优势的手段或工具的力量，如财富、地位、名誉、朋友和被称为好运的上帝的暗中相助等。[3]霍布斯在这里没有把自然的力量定义为身体和心灵的能力，而是指身体和心灵能力的"优越性"（eminence）。一个人的身体力量现在不是绝对量，而是一个相对量，即一个人身体的力量超过或胜过另一个身体力量的部分。当 power 被界定为相对量而非绝对量时，它的含义就从"力量"转变为"权力"。麦克弗森认为，霍布斯从相对量来界定权力的背后隐含了一个设定：每个人的力量或能力都受到其他人力量或能力的对抗。[4]财富和名誉之所以是一种权力，是因为它们赋予了人们进攻和防御他人的力量。

> 财富与慷慨大度相结合也是权力（Power），因为这样可以获得朋友和仆人。没有慷慨大度就不然了，因为在这种情形下财富不能保护人，只能受嫉妒而成为被人掠夺的对象。

---

[1] 吴增定：《霍布斯与自由主义的"权力之恶"问题》，载《浙江学刊》2006年第3期，第136页。
[2] Thomas Hobbes, *Leviathan*, ed. by Richard Tuck, Cambridge: Cambridge University Press, 1996, p. 62.
[3] [英] 霍布斯：《利维坦》，黎思复、黎廷弼译，商务印书馆1985年版，第62页。施特劳斯发现，霍布斯把他的人性认识与权力科学建立起直接联系并不是一蹴而就的，而是经历了种种思想的困境之后才逐渐确立的。上面所提到的财富、地位、智慧等在1950年发表（写于1940年）的《法律要义：自然法与民约法》中霍布斯是以"荣誉"为框架来处理的，而在《利维坦》中才改为以"权力"为框架来处理。参见 [美] 列奥·施特劳斯：《霍布斯的政治哲学：基础与起源》，申彤译，译林出版社2001年版，第203页。另参见 [英] 霍布斯：《法律要义：自然法与民约法》，张书友译，中国法制出版社2010年版，第39—40页。
[4] [加] C. B. 麦克弗森：《占有性个人主义的政治理论：从霍布斯到洛克》，张传玺译，浙江大学出版社2018年版，第37页。

具有权力的声誉也是一种权力，因为它可以吸引需要保护的人前来依附。

……使一个人受到许多人爱戴或畏惧的任何品质或其声誉都是权力，因为这是获得许多人帮助或服务的手段。[1]

一个人的价值（value）或身价（worth）体现在他运用权力时所开出的价格，这个价格不是绝对的，它取决于别人的需要与评价。权力的象征是令人尊重，一个人尊重某人意味着承认别人的力量高于或超过他自己当时拥有的力量。服从是尊重，因为一个人如果认为别人没有力量帮助或伤害自己，就不会服从他；对人畏惧也是尊重，因为畏惧是高度评价。[2]

人之所以如此渴求权力，是因为作为手段的权力一直处于与他人的竞争与较量之中。麦克弗森从霍布斯对权力的普遍性定义出发，把权力重新定义为："一个人的手段，对比其他人手段的超出或优越之处。"[3] 正是由于权力的这一特质，每个人必然加入对权力的无休止争夺之中，这也正是人的权力欲永无止境的原因。霍布斯说：

因此，我首先作为全人类共同共有的普遍倾向提出来的便是，得其一思其二、死而后已、永无休止的权力欲。造成这种情形的原因，并不永远是人们的得陇望蜀，希望获得比现在已取得的欢乐还要更大的欢乐，也不是他不满足于一般的权力，而是因为他谋求更多就会连现有的权力以及取得美好生活的手段也保不住。[4]

人如此热衷于权力的根本原因在于古典道德哲学所言的"终极目的和最高的善根本不存在"。世上不存在绝对善或恶的事物，因此，"不可能从对象本身的本质之中得出任何善恶的共同准则"。[5] 前文已分析指出，善恶与身体的欲望和嫌恶直接相关。既然善纯粹是个人身体欲望的对象，没

---

[1] [英]霍布斯：《利维坦》，黎思复、黎廷弼译，商务印书馆1985年版，第63页。"power"原中译本译为"权势"，现都译为"权力"。
[2] [英]霍布斯：《利维坦》，黎思复、黎廷弼译，商务印书馆1985年版，第65页。
[3] [加]C. B. 麦克弗森：《占有性个人主义的政治理论：从霍布斯到洛克》，张传玺译，浙江大学出版社2018年版，第42页。
[4] Thomas Hobbes, *Leviathan*, ed. by Richard Tuck, Cambridge: Cambridge University Press, 1996, p. 70.
[5] [英]霍布斯：《利维坦》，黎思复、黎廷弼译，商务印书馆1985年版，第37页。

有一个共同的标准，那么就不存在最大的善或至善。但是存在"首要的善"或"真实的善"，那就是保存生命，因为人只有活着，才能继续追求幸福、荣耀、财富和权力，它是其他善的必要条件。死亡是对"首要的善"的彻底否定，它便是"最大的恶"。由于"生命（life）本身就是一种运动，不可能没有欲望"[1]，幸福（felicity）就是对生命中一个接着一个欲望的不断满足。

> 幸福就是欲望从一个目标到另一个目标不断地发展，达到前一个目标不过是为后一个目标铺平道路。所以如此的原因在于，人类欲望的目的不是在一项间享受一次就完了，而是要永远确保达到未来欲望的道路。[2]

生命中的欲望延绵无尽，幸福也就不可停驻于某一点，心灵永远无法进入一种永恒宁静的佳境。

"权力是一个人取得某种未来表面之善的现有手段"这个定义中，"表面之善"显然是相对于"真实的善"（保存生命）提出的一个概念，指的是财富、权势、统治权和荣誉。[3] 财富、权势、统治权和荣誉都是欲望的对象，在霍布斯看来，对它们的欲望统归为权力欲。对财富、统治权和荣誉的追求最终落脚于对权力的追求，曼斯菲尔德对此给予了合理的解释：

> 财富、荣誉和主子地位都是靠不住的，它们都不是可靠的价值……既然任何有价值的事物都没有能力为我们保证其为价值，我们便获得了追求权力的权利，而不去考虑特定权力的价值或目的。[4]

原本作为目的的表面之善成为获取权力的手段，而权力从取得表面之善的手段转变为目的，善和权力的关系发生了反转。施特劳斯直截了当地

---

[1] Thomas Hobbes, *Leviathan*, ed. by Richard Tuck, Cambridge: Cambridge University Press, 1996, p. 46.
[2] [英] 霍布斯：《利维坦》，黎思复、黎廷弼译，商务印书馆1985年版，第72页。另参见："一个人对于时常想望的事物不断取得成功，也就是不断处于繁荣昌盛状态时，就是人们所说的福祉（felicity）。"[英] 霍布斯：《利维坦》，黎思复、黎廷弼译，商务印书馆1985年版，第45页。
[3] 王军伟：《霍布斯政治思想研究》，人民出版社2010年版，第151页注1。
[4] [美] 哈维·C. 曼斯菲尔德：《驯化君主》，冯克利译，译林出版社2005年版，第199页。

概括为:"目的变成了一种手段,手段变成了一个目的。"[1]通过颠倒善和权力的关系,权力摆脱了善的制约,成为一种独立自在的东西。霍布斯也因此成为"权力哲学"的创始人。

古典宪法学把灵魂的自然(本性)理解为诸种德性,各德性存在等级秩序,判断的标准是善。霍布斯把身体的自然理解为权力,各权力之间无高低等级之分,判断权力好坏的标准不是善恶,而是对权力欲望的强弱。把权力作为最终目的且强烈追求的欲望就是权力的意志,后来尼采直接把权力等同于意志。[2] 王利指出:"在霍布斯的那个年代里,将人类的事物建立在脱离了道德指导的权力之上,仅凭人类本身对权力的意志来判断善恶,已经是十分具有革命意义的见解了。"[3]对权力的关注取代了古典宪法学对德性的关注,这种转变也意味着追溯既往的有效原因取代了追求未来善的目的。[4]用权力取代德性的后果是,"将目的引导、调节、控制的手段的纵向等级关系逐渐'削平'成因果关系的链条这种平等的横向关系,由此不但在逻辑上真正杜绝了目的成为至善的最后可能,而且强化了起点和开端"[5]。从"德性"到"权力"的转变以最凝练的方式表达了古今宪法学由于对人性的不同看法(从灵魂到身体)所带来的结果。

把身体的自然统一理解为权力后,个人与个人和国家与个人就可以进行沟通与交流。正如吴增定概括:"人与人之间只有权力贪欲的强弱之别,却无德性的高低贵贱之分;人与国家之间只有权力之量的差异,却并不存在自然的等级秩序。"[6]依凭权力这一唯一的媒介,个人与个人之间通过契约产生了最大的权力——国家权力:

---

[1] [美]列奥·施特劳斯:《斯宾诺莎的宗教批判》,李永晶译,华夏出版社2013年版,第135页。
[2] 关于霍布斯的权力意志与尼采的权力意志差异的分析,请参见[法]吉尔·德勒兹:《尼采与哲学》,周颖、刘玉宇译,社会科学文献出版社2001年版,第116—117页。
[3] 王利:《国家与正义:利维坦释义》,上海人民出版社2008年版,第257页。
[4] 在霍布斯那里,"权力和原因是同一回事,原因和结果与权力和行动者相对应;而且双方是相同的事物……无论由于什么原因使行动者拥有对其对象产生作用所需的所有条件(即各种属性之结合),我们认为,他只要愿意便有权力产生这种影响……所以,行动者的权力和有效的动因是一回事"。邓正来主编:《布莱克维尔政治学百科全书》,中国政法大学出版社1992年版,第595页。
[5] 王利:《国家与正义:利维坦释义》,上海人民出版社2008年版,第8页。
[6] 吴增定:《霍布斯与自由主义的"权力之恶"问题》,载《浙江学刊》2006年第3期,第139页。

人类权力（Powers）中最大的，是大多数人根据自愿同意的原则联合起来，把自身的权力总合在一个自然人或社会法人身上的权力；这种自然人或法人有时是根据自己的意志运用全体的权力，如国家的权力等就是这样；有时则是根据各分子的意志运用，如党派或不同党派的联盟就是这样。[1]

（二）主权权力的产生：契约

C. E. 沃恩认为，霍布斯是"掌握了主权观念的充分性的第一人……他当之无愧地率先认识到，主权的观念是整个国家理论的根本基础；他率先意识到确定主权观念本来地位的必要性，以及界定其功能及局限性的必要性"[2]。主权问题也就是古典宪法学中"谁应该统治"的问题，当时的答案是：由于人的天性（灵魂）不平等，有些人宜于"治人"，有些人宜于"受治于人"，前者指的是灵魂中理性占统治地位的人，后者指的是灵魂中激情和欲望占统治地位的人。古典时期的人性基础遭到了霍布斯的反驳，他从人的身体出发，提出自然使人在身心方面是平等的，即使不平等，我们也必须承认这种平等。因此，霍布斯认为古典宪法学中的人性基础不但违背理性，而且违反经验，"因为世间很少人会愚蠢到不愿意自己管自己的事而宁愿受治于人"[3]。只有在理性和理性赖以存在的人性基础都受到质疑的情况下，主权的问题才可能出现。

主权是通过契约产生的，按约取得的主权通过社会契约产生，以力取得的主权通过臣服契约产生。社会契约和臣服契约都是基于人们自愿的同意，而自愿的同意又建立在恐惧基础之上。因此，同意并非发自内心的"自愿"，而是基于恐惧的"被迫的自愿"。用福柯的话来说，主权是"通过怀着恐惧的人的意愿形成"[4]。正是凭借恐惧，才解决了契约的有效性问题。前文已有论述，产生国家和主权的契约其实是信约。立约双方尤其是先履行承诺的一方存在着极大风险，因此，信约最大的问题就是它的有

---

[1] [英] 霍布斯：《利维坦》，黎思复、黎廷弼译，商务印书馆1985年版，第62—63页。"power"原中译本译为"权势"，现都译为"权力"。
[2] 转引自 [美] 列奥·施特劳斯：《霍布斯的政治哲学：基础与起源》，申彤译，译林出版社2001年版，第190页。
[3] [英] 霍布斯：《利维坦》，黎思复、黎廷弼译，商务印书馆1985年版，第117页。
[4] [法] 米歇尔·福柯：《必须保卫社会》，钱翰译，上海人民出版社1999年版，第85页。

效性问题。霍布斯列举了三种可能使信约无效的情况：前约使后约无效，不以强力防卫强力的信约永远无效，没有获得赦免的保证而控告自己的信约同样无效。信约本身的力量太小，不足以保障人们履行其信约。身体中以下两种激情可用来加强词语的力量："一种是对食言所产生后果的恐惧，另一种是因表现得无需食言所感到的光荣或骄傲。"[1]由于光荣或骄傲在"追求财富、统治权和肉欲之乐的人中尤其罕见，偏偏这种人却占人类的绝大部分"[2]，对一般人来说，唯一可资利用的激情便是恐惧，它足以束缚"野心、贪欲、愤怒和其他激情"。正因为如此，霍布斯说："契约之所以具有约束力，并不是因为其本质，（因为最容易破坏的莫过于人们的言词）而不过是由于畏惧契约所产生的某种有害结果而来的。"[3]

在按约取得主权的过程中，人们是出于对自然状态下暴死他人之手的恐惧，自愿达成了社会契约。在以力取得主权的过程中，无论是由自然生殖取得的父系支配权还是由自然征服取得的专制支配权，人们都是出于与支配者之间"自然之力悬殊"[4]的恐惧而自愿达成了臣服契约。因此，两种主权的取得都依赖于恐惧。它们的唯一区别只在于恐惧的对象不同：一个是对彼此之间的相互恐惧，另一个是对支配者的恐惧。进入公民社会之后，臣民恐惧的对象都转变为对公共权力或主权权力的恐惧。按约取得主权前后恐惧对象的变化尤为受到学者的注意，约翰·麦克里兰把它概括为："一种对一切人的恐惧，非常普遍的恐惧，换成盖过一切的、对主权者的恐惧。"[5]施特劳斯认为，伴随人们恐惧对象的转变，危险的对象也发生了改变：

> 对一个中立的第三者（即政府）的权力的恐惧，同样是胁迫性的恐惧；他们自愿用这个同样是胁迫性的恐惧，去取代胁迫性的相互恐惧；这样，他们用一个可计量的、有限度的、可以避免

---

[1] [英]霍布斯：《利维坦》，黎思复、黎廷弼译，商务印书馆1985年版，第107页。这是《利维坦》中唯一一次将恐惧与骄傲相提并论。
[2] [英]霍布斯：《利维坦》，黎思复、黎廷弼译，商务印书馆1985年版，第107页。
[3] [英]霍布斯：《利维坦》，黎思复、黎廷弼译，商务印书馆1985年版，第99页。
[4] 由自然生殖取得的父系支配权中，自然之力悬殊表现在婴儿完全在父母的权力掌握之下，他的父母可以养育他，也可以抛弃他；在由自然征服取得的专制支配权之中，自然之力悬殊表现为战胜者完全支配了战败者，前者对后者拥有生杀予夺的权力。
[5] [美]约翰·麦克里兰：《西方政治思想史》，彭淮栋译，海南出版社2003年版，第254页。

的危险,去取代一个无法计量、无限度的、不可避免的危险;前者来自敌手的威胁,后者来自法庭,它只威胁违法肇事者。[1]

信约的效力和力量正是来源于人们时时刻刻对这一巨大和确定的公共权力的恐惧:

> 如果在信约之外还需要某种其他东西来使他们的协议巩固而持久便不足为奇了,这种东西便是使大家畏服、并指导其行动以谋求共同利益的共同权力。[2]

无论是按社会契约取得的主权,还是按臣服契约取得的主权,我们都能在其中找到相同的要素:恐惧、意愿和主权。正是在这个意义上,霍布斯认为,按社会契约取得的主权和按臣服契约取得的主权在权利、后果和理由上都是完全相同的。[3] 同意解决的是主权的正当性问题,主权者之所以是主权者,不是因为他具有智慧或理性,而是因为大家的自愿同意。换言之,同意取代了智慧,意志优于理性。恐惧解决的是主权的最终实现问题,没有臣民对主权权力的恐惧,主权得以产生的信约就成为一纸空文。霍布斯和马基雅维利都把国家(主权)的实效性建立在恐惧的基础之上,前者不同于后者在于,前者寻找感到恐惧的臣民,后者寻求带来恐惧的君主。[4] 霍布斯之所以用《圣经》中一个骇人海兽——利维坦——作为他最伟大著作的书名,是因为他意欲通过神话的这种非理性形式激发人性中

---

[1] [美]列奥·施特劳斯:《霍布斯的政治哲学:基础与起源》,申彤译,译林出版社2001年版,第80—81页。

[2] [英]霍布斯:《利维坦》,黎思复、黎廷弼译,商务印书馆1985年版,第131页。另参见:"信约本身只是空洞的言辞,除开从公众的武力中得到的力量以外就没有任何力量来约束、遏制、强制或保护任何人;所谓从公众的武力中得到的力量,指的是从具有主权的一个人或一群人组成的不受束缚的集体的手中取得的力量。这个人或这个集体的行为得到全体的保证、并以大家结合在本身之中的力量来予以执行。"[英]霍布斯:《利维坦》,黎思复、黎廷弼译,商务印书馆1985年版,第135页。

[3] 吴增定认为,霍布斯有意区分两种取得主权的方式,他的真实意图恰恰是要否定这种区分的存在,这种做法表面上自相矛盾,实际上却体现了他的主权学说包含着自愿意愿和武力强迫之间的内在张力。吴增定:《霍布斯主权学说初探》,载《天津社会科学》2007年第5期,第20页。

[4] [美]哈维·C. 曼斯菲尔德、乔治·W. 凯利:《政治哲学·美国政治思想》,朱晓宇译,浙江大学出版社2015年版,第32页。

的恐惧来维持和平。[1]

契约的主要内容是"把大家所有的权力和力量"转让给主权者。[2]也就是说，主权权力来源于自然权力的转让。但是没有人能按照字面的意思将他的权力转让给另一个人，与其说把权力转让给主权者，毋宁说我们不对主权者的意志有所抵抗。[3]一个人所拥有的权力无法转让出去，转让的只是使用权力的自由和权利。这意味着转让之后只能根据主权者的意志而不是自己的意志来使用自己的权力和力量。因此，通过契约产生的主权权力实质上是一种主权权威（sovereign authority），不是个人自然权力相加的总和。权威来源于人们对契约的自愿同意，尽管这种同意建立在恐惧的基础之上。正如科尔曼（Frank M. Coleman）所说："主权者的权威来自被统治者的同意，而不是来自主权者所掌握的权力（power）。"[4]钱永祥也认为："霍布斯心目中的主权者的权力，乃是一种对属民下指令或作要求的权威，在这种权威的指挥下，人民的能力与资源统合成为一股庞大的力量。"[5]主权权力作为一种权威最鲜明地体现在对"征服"一词的使用上。霍布斯首先对征服和胜利作了区分，他说：

> 征服（conquest）并不是胜利（overcome），而是根据胜利对一个人取得一种权利。因此，被杀死的人是被制服了而不是被征服（conquered）了。被俘入监或以镣铐拘禁的人虽然被制服了，但却没有被征服；因为他还是一个敌人，而且可以在办得到的时候挽救自己。一个人如果在允诺征服后由人家准许他获得生命和自由，那么他在这时便征服成了一个臣民，在此之

---

[1] 施米特从政治神话的角度对霍布斯为何用怪兽——利维坦——作为书名作了出色的评论。[德]卡尔·施米特：《霍布斯国家学说中的利维坦》，应星、朱雁冰译，华东师范大学出版社2008年版，第41—51页。

[2] [英]霍布斯：《利维坦》，黎思复、黎廷弼译，商务印书馆1985年版，第131页。另参见："每个公民将他自己所有的力量和权力转让给那个人或会议。"[英]霍布斯：《论公民》，应星、冯克利译，贵州人民出版社2003年版，第58页。

[3] Thomas Hobbes, *On the Citizen*, ed. and tr. by Richard Tuck and Michael Silverthorne, Cambridge: Cambridge University Press, 1998, p. 73.

[4] Frank M. Coleman, *Hobbes and America: Exploring the constitutional foundations*, Toronto: University of Toronto Press, 1977, p. 90.

[5] 钱永祥：《伟大的界定者：霍布斯绝对主权论的一个新的解释》，载渠敬东编：《现代政治与自然》，上海人民出版社2003年版，第132页。

前并不这样。[1]

制服只是战胜了对方的躯体，但对方在意志上依然是敌人。能够征服对方的唯一办法就是他应允被统治，"一个人如果在允诺服从后由人家准许他获得了生命和自由，那么他在这时便是被征服而成了一个臣民"[2]。霍布斯接着对征服下了一个明确的定义：

> 征服就是根据胜利取得主权的权利。这种权利是由于人民臣服而取得的，他们通过这种臣服和战胜者立约，为获得生命和自由而允诺服从。[3]

通过征服主权者取得了统治对方的权利，即主权者的权力转换为主权者的权利（right）。[4] 在取得主权的过程中，没有真实的战争，只有战争状态；没有实际运用武力，只有武力威胁和臣民的臣服。

按约取得的主权权力有十二项。前三条是根据信约，依次是：臣民不得另立新的信约，因此不得摆脱主权者重回到自然状态中去，也不能推翻现有的主权者而另立新的主权者；由于主权者不是立约的一方，因此臣民不能以主权者违约而解除对他的服从；多数人同意选定一个主权者，持异议的人必须承认主权者的一切行为。[5] 第四、第五种权力是根据授权得出的推论：臣民不可能遭到主权者的侵害，故臣民没有控诉主权者的权利；臣民在任何时候都不能对主权者进行惩罚。[6] 这五种权力是随着主权产生过程（契约和授权）而产生的，它们不是主权者可以运用的权力，而是防止主权者的地位受到臣民挑战、反抗乃至被臣民推翻，因此它们是一种消极的权力。后七种权力是根据主权的目的——全体的和平与防卫，由主权者决定保卫和平的手段，这些权力是主权者可以积极运用的权力，它们是主权者的权力之实质所在，充分体现了主权者的意志。这些权力包括：审定各种意见和学说、立法、司法、发动战争和缔结和平条约、选任官员、奖赏和惩罚、颁赐荣衔等。

---

[1] [英]霍布斯：《利维坦》，黎思复、黎廷弼译，商务印书馆1985年版，第570页。
[2] [英]霍布斯：《利维坦》，黎思复、黎廷弼译，商务印书馆1985年版，第570页。
[3] [英]霍布斯：《利维坦》，黎思复、黎廷弼译，商务印书馆1985年版，第571页。
[4] 霍布斯把主权者具有的十二项权力统称为主权者的权利。
[5] 参见[英]霍布斯：《利维坦》，黎思复、黎廷弼译，商务印书馆1985年版，第133—136页。
[6] 参见[英]霍布斯：《利维坦》，黎思复、黎廷弼译，商务印书馆1985年版，第136页。

主权权力最大的特点是，它是绝对的（absolute），因此，主权权力一般称为绝对主权。主权的绝对性从肯定方面来理解指的是它的至高无上性、唯一性和完整性，从否定方面来理解指的是它的"不可转让性"（incommunicable）和"不可分割性"（indivisible and inseparable）。[1] 主权权力的绝对性乃是基于主权者意志的特性。前文已有论述，通过社会契约主权者实现了意志的统一性和公共性，也就是说主权者的意志不但代表"每一个人的意志"，而且代表"所有人的意志"。这意味着主权权力不仅是每个人实现身体的自我保存的手段的总和，而且是实现所有人（全体）身体的自我保存的总和。因此，上面列举的主权权力都不是自然状态下的自然权力，而是为了"全体的和平与防卫"而"增添"（annexed to）到主权者身上的。因此，主权权力远比自然状态下的自然权力大。霍布斯说：

> 主权不论是象君主国家那样操于一人之手，还是象平民或贵族国家那样操于一个议会之手，都是人们能想象得到它有多大，它就有多大。[2]

按臣服契约取得的主权权力像按社会契约取得的主权权力一样，都具有绝对性。但由于臣服契约并没有像社会契约一样建立起一个具有统一性和公共性的意志，因此，按臣服契约产生取得的主权权力没有按社会契约取得的主权权力那样"绝对"，它很大程度上只是自然状态下的自然权力的延伸，没有真正扩大主权者的权力。

二、契约与正义

（一）正义：遵守信约

正义（justice）的含义简而言之就是遵守信约。自然法第三条的内容是"所订信约必须履行"，如果没有这一条的规定，"信约就会无用，徒具虚文，而所有的人对一切事物的权利也会依然存在，我们也就会依然处于

---

[1] 钱永祥是从认识论去解读主权的绝对性，他认为它指的是作为众多标准的终极颁布者之意义下的"绝对"。参见钱永祥：《伟大的界定者：霍布斯绝对主权论的一个新的解释》，载渠敬东编：《现代政治与自然》，上海人民出版社2003年版，第140页。
[2] [英]霍布斯：《利维坦》，黎思复、黎廷弼译，商务印书馆1985年版，第161页。

战争状态中"[1]。霍布斯从这一条推导出正义的德性，即正义与信约相联系才成为一种德性。首先，正义源于信约的订立，在信约出现之前每个人对一切事物都有权利，没有信约的地方也就没有权利转让，也就没有正义与不正义之分，"在订立信约之后，失约就成为不义，而非正义的定义就是不履行信约。任何事物不是不义的，就是正义的"[2]。其次，正义的本义在于遵守有效的信约。正义的来源虽然在于信约的订立，但由于立约的任何一方只要出现任何合理怀疑，即存在对对方失约的恐惧，此时的信约便归于无效，因此，正义与非正义无从区分。霍布斯认为，为了克服自然状态下人们对失约的恐惧，保证信约的履行，只能指靠一种强制性的公共权力，"以使人们所受惩罚比破坏信约所能期望的利益更大的恐惧来强制人们对等地履行其信约，并强制人们以对等的方式来维持通过相互约定、作为放弃普遍权利之补偿而获得的所有权"[3]。也就是说，正义和非正义出现的前提是先有一种强制性的公共权力存在。在国家出现之前的自然状态中，由于没有这种强制性的公共权力，因此也就无所谓正义和非正义。对强制性的公共权力的恐惧不仅使信约在订立时即为有效，而且保证有效信约的履行。信约的履行也即信约的自然终结，整个信约由此完成了从订立到终结的全过程。正因为履行信约在信约整个过程中的重要地位，霍布斯才认为正义的本义在于"遵守有效的信约"，即守信（to keep the faith）。又因为"有效的（valid）信约"与"有约束力的（obliged）信约"在霍布斯那里表达的是同一个意思，也就是立约者有履行契约的义务（obligation）。[4] 因此，"遵守有效的信约"也就是遵守义务，正义的含义也可理解为履行义务。

义务在霍布斯的学说体系中也是一个极易被误解的词，我们同样必须从身体的意志出发才能获得对它连贯一致的理解。首先，义务出于一个自愿的行为，"任何人所担负的义务都是由他自己的行为中产生的，因为所有的人都同样地生而自由的"[5]。这种行为就是"自愿放弃对一切事物的

---

〔1〕 ［英］霍布斯：《利维坦》，黎思复、黎廷弼译，商务印书馆1985年版，第108页。
〔2〕 ［英］霍布斯：《利维坦》，黎思复、黎廷弼译，商务印书馆1985年版，第108—109页。
〔3〕 ［英］霍布斯：《利维坦》，黎思复、黎廷弼译，商务印书馆1985年版，第109页。
〔4〕 譬如，霍布斯在分析自然状态下所订立的契约时指出，"因恐惧而订立的契约是有约束力的"，他接着指出，这类契约便是"有效的"，亦即立约者负有遵守的义务。［英］霍布斯：《利维坦》，黎思复、黎廷弼译，商务印书馆1985年版，第105页。
〔5〕 ［英］霍布斯：《利维坦》，黎思复、黎廷弼译，商务印书馆1985年版，第168页。

权利",他可以是单纯地放弃权利,还可以是转让权利。无论是出于哪种方式,他都"是以某种自愿而充分的表示对接受者宣布或表明就此放弃或转让或是已经放弃了或转让了该项权利"[1]。因此,自愿表示一旦作出之后,为了"不使自己的出于自愿的行为归于无效",他"就谓之有义务或受约束不得妨害他所捐弃或允诺让出的权利人享有该项权益"[2]。在建国的社会契约中,既包括每个人与每个人相互转让权利的内容,又包括大家都放弃管理自己的权利,并将它授予未来的主权者的内容。因此,通过社会契约,臣民产生双重义务,"一方面的义务是对其他公民的,另一方面的义务是对统治者的"[3]。不遵守义务就构成不义或造成伤害,即妨害他人享有自己已经捐弃或允诺让出的权利,也就是"自动(voluntarily)毁弃本人自开始以后自愿(voluntarily)作成的事"[4]。霍布斯认为这与经院学派中所说的"荒谬"是一样的,所谓荒谬就是"反对自己开始时的主张"。人之所以进行这种自愿行为,是因为意志始终考虑能从中得到某种"好处"(good),这种"好处"就是实现身体的自我保存。正是为了这一"好处",人们才承担义务,不遵守义务就是不义或伤害。从逻辑上讲,这是霍布斯的学说体系中唯一的义务,除此之外没有任何其他意义上的义务。

其次,义务来源于自愿放弃一切权利,而权利的放弃或转让是订立契约和信约。由契约和信约所产生的义务才算是真正的义务,但它必须不被那些不愿承担者弄得无效。守信保障了信约的履行,能够履行的信约才称得上有效,有效的信约才能产生真正的义务。正因为如此,霍布斯才认为正义的本性在于守信。又由于守信的根源在于人性中的恐惧,在纯粹的自然状态下,由于没有公共权力所激发的恐惧迫使人们遵守信约,这时的信约就是一纸空文,霍布斯用双关语表达了这个意思:"如果没有刀剑(swords),信约不过是空话(words)而已。"[5]因此,在纯粹自然状态下产生的义务和在公民社会中产生的义务的效力绝对不一样。

---

[1] [英]霍布斯:《利维坦》,黎思复、黎廷弼译,商务印书馆1985年版,第99页。
[2] [英]霍布斯:《利维坦》,黎思复、黎廷弼译,商务印书馆1985年版,第99页。
[3] [英]霍布斯:《论公民》,应星、冯克利译,贵州人民出版社2003年版,第72页。
[4] [英]霍布斯:《利维坦》,黎思复、黎廷弼译,商务印书馆1985年版,第99页。
[5] 转引自[美]小詹姆斯·R. 斯托纳:《普通法与自由主义理论:柯克、霍布斯及美国宪政主义之诸源头》,姚中秋译,北京大学出版社2005年版,第147页。

最后，义务与法律紧密相连。因为承担义务就意味着对自己的自然权利和自由进行限制，而且这种限制出于自愿，正如奥克肖特对它的解读："说一个人有'义务'，对他来说就是受约束，是被某些由他自己直接或间接施加的外在阻碍而制约。"[1]在这个意义上，义务与霍布斯所说的意义上的法律（lex）是一致的，其内容都是对自由和权利的限制，其性质都是一种自愿的克己行为，其目的都是逃避死亡而追求和平的生活。霍布斯由此把义务也分为三种：以自然法为依据的自然义务或道德义务，以国法为依据的法律义务，以神法为依据的神圣义务。在霍布斯看来，自然义务的核心在于守信（to keep the faith），也就是自然法第三条所强调的内容。自然义务不及人的外在行为，它于"无时不在，无处不在的内在的法庭或良心中"。也就是说，自然义务只要求人们用心去遵守自然法，并不要求实际去遵守它。因为当别人不遵守时，遵守的人就会成为牺牲品，这与自然法的目的——身体的自我保存——相违背。当信约以国家强制性权力为后盾时，信约就变成了法律。[2]这时自然义务也就转化为法律义务。法律义务以遵守建国信约为前提，同时对国法绝对服从，它的核心就是守法。霍布斯又把神圣法分为神圣自然法和神圣实在法，神圣自然法就是自然法，神圣实在法就是犹太国家的法律，最终神圣义务被简化为自然义务和法律义务。

正义的本义在于遵守有效信约，包括履行自然义务和法律义务，也就是守信和守法，而守信是守法的来源和根基，要进一步理解正义，就得理解守信。守信的关键在于"信"（trust），其次才是"守"（be trusted）。究其原因，霍布斯认为信约的本性就是一种信任，人们之所以一开始订立信约，就是因为立约双方彼此互相"被信任"，它不会因为合理的怀疑动辄失效，"有效的信约"就是"有效的信任"；守信就是把这种"被信任"

---

[1] 奥克肖特在上述定义的基础上，进而认为下列三种情况下说一个人"有义务"不做或阻止某种行为都是不恰当的说法：如果一个人在某种行为的意志和实施上受约束是因为理性的判断和恐惧而产生的约束是内在的，而不是外在的；如果一个人想做他因为缺乏力量而不能去做的行为（如举起超过他举重能力的重物）；如果约束完全是外在的，而不是自我强加的。[英]奥克肖特：《〈利维坦〉导读》，应星译，载渠敬东编：《现代政治与自然》，上海人民出版社2003年版，第232页。
[2] 斯托纳认为："霍布斯意义上的法律乃是一份信约加上一把剑"，因此"信约和主权就好像一只钟表中的各种部件一样，是共同发挥作用的，所有部件必须各就其位，整套机械才能正常运转"。[美]小詹姆斯·R. 斯托纳：《普通法与自由主义理论：柯克、霍布斯及美国宪政主义之诸源头》，姚中秋译，北京大学出版社2005年版，第149页。

转变为积极的履行，由被动形式变为主动形式。那什么是信任？霍布斯认为：

> 所谓信任（Faith）是指人而言；而相信（Belief）则同时涉及人和他所说的话的真实性。因此，"相信"一词中包含着两种看法，一种是对这人所说的话的真实性，另一种是对这人的品德（virtue）的看法。信任或信赖、相信某人，所指的同一回事，也就是认为某人诚实（veracity）的意见。[1]

简言之，信任就是对人所具有的诚实品德或德性的信任。人正因为其诚实而被信任，由此信约得以订立和履行。从中不难发现，霍布斯实质上把正义界定为诚实。王利认为，诚实在霍布斯那里包括三层内容：说真话、言行一致、表里如一。这三层内容在意志层面指的是表露的意志与外在言行意志一致，表露出来的意志与未曾表露出来的意志一致，最后是意志与自身的同一，即诚实就是诚实意志。[2] 人们正是因为具有诚实的意志而守信，于是就是正义的，从而正义也可以等同于这种意志。至此，从一开始论述不义，然后给出了对正义的最初定义——正义在于履行信约，再从中得出正义的首要任务是履行义务，最后归结为个体的诚实。在阐述契约、信约、不义、义务、诚实时，霍布斯都认为它们的本性都与意志相关，是意志把它们贯穿在一起。因此，正义的本性在于"意志"，它在霍布斯那里就变成了"正义的意志"。正义经过霍布斯的剥茧抽丝，最终剩下其内核：意志。概言之，正义即意志的产物。

（二）正义的古今之变

霍布斯和柏拉图都把正义建立在对人性的认识基础上，但由于对人性的理解有根本的不同，古今正义在本性、含义和地位等方面发生巨大变化。柏拉图把正义的本性理解为一种灵魂的德性，指的是灵魂中理性、激情和欲望之间的和谐秩序，它是城邦宪法的道德基础。霍布斯把正义理解为身体意志的直接产物，没有把它作为国家宪法的道德基础——身体的自我保存权才是，它指的是对信约（原初宪法）和法律义务的遵守。柏拉图

---

[1] [英]霍布斯：《利维坦》，黎思复、黎廷弼译，商务印书馆1985年版，第48页。
[2] 从正义延伸到诚实德性的详细讨论，请参见王利：《国家与正义：利维坦释义》，上海人民出版社2008年版，第196—204页。

的正义是只存在于哲人的灵魂之中，它是一种贵族的德性。霍布斯把正义理解为一种诚实，诚实是与中下层阶层相并列的德性。这样霍布斯把正义的标准大大降低，成为每一个人都可具有的德性，它不再是贵族式的德性，而是每个人都具有的诚实。正义在霍布斯那里的变化，"是在以中等阶级德行的名义反对贵族的斗争的重要见证"[1]。在柏拉图看来，正义是因为它自身成为德性，且是众多德性中的最高德性；但在霍布斯看来，正义之所以成为德性是因为它是实现人类和平和身体的自我保存的手段，即它是一种社会德性，而且是众多社会德性中的一种德性而已。[2]

正义的本性在于意志，意志成为理解正义的出发点和基础，同时也是判断正义与不义的来源和依据，它不仅是正义的质料，而且是其形式。意志的本性是身体的一种自然欲望或激情，把正义的本质奠定在它之上，就把正义变成了一个完全属人的德性。以个体的身体意志本身作为人类正义的标准，就意味着否弃了超验价值和意志之外的一切评价标准，使正义不具有独立或超越于意志的实质性内容，由此丧失道德的评价功能。霍布斯成为"不再预设外在目的或意志的第一人"[3]。意志论以自身作为自身的标准就可能意味着没有标准，它很可能的结果是滑向相对主义和虚无主义。但霍布斯并没有走向极端的虚无主义，在把意志这一自然激情从各种外在力量中解放之后，霍布斯并没有让意志成为判断正义与否的唯一尺度，而是在意志之后设置了评判标准，这就是必须接受人性中另一构成要素——理性——的检验与判断。只有当意志合乎理性时，才被认为是正义。在这个意义上，正义是人性中意志和理性共同作用的结果。合乎理性在霍布斯看来就是合乎自然法和神法，因为自然法是理性的戒条，神法（神圣实在法）就是上帝的意志，它的意志就是理性。正如王利指出："正义意志就是意志朝向自然法和神法不断的努力（endeavour）。"[4]正义意志的核心虽然是意志，但并没有抛弃正义，而是以正义作为其目标。因此，霍布斯驳斥了当时愚昧之徒认为"根本就没有所谓正义存在"的观点。他

---

[1] [美] 列奥·施特劳斯：《霍布斯的政治哲学：基础与起源》，申彤译，译林出版社2001年版，第150页。
[2] 利维坦建立在"必须承认彼此平等"基础之上，这意味着要抹杀人类之间的彼此差异，包括德性之间的差异。
[3] [加] C. B. 麦克弗森：《占有性个人主义的政治理论：从霍布斯到洛克》，张传玺译，浙江大学出版社2018年版，第89页。
[4] 王利：《国家与正义：利维坦释义》，上海人民出版社2008年版，第204—208页。

们主张只要有助于个人利益，就不违反理性，不违反理性就不违反正义。根据这种推理，获得成功的恶便得到了德性之名。霍布斯把愚昧之徒的主张归结为两点：只要能达到自己利益就可以不顾他人利益；为了一己私利就可以不择手段，甚至包括欺诈和暴力。霍布斯反驳道："无论如何这种似是而非的推理却是站不住脚的。"[1]

霍布斯从巩固和平和保护人免遭横死推衍出自然法或道德法则的努力，导致了对古典德性的修改或否弃。"德性决不能理解为国家为之存在的东西；相反，德性仅仅为了国家的缘故才存在。"[2]在霍布斯的自然法中，除了正义，他唯一提到的是勇气，"使人们的行为具有正义色彩的是一种罕见的高贵品质或侠义的勇敢精神，在这种精神下，人们耻于让人看到自己为了生活的满足而进行欺诈或背信"[3]。正因为勇气是正义的来源，才得到了霍布斯的肯定。霍布斯把古典众多德性化约为正义，而正义又被化约为为了人类和平和身体的自我保存所必需的社会德性，它与柏拉图对正义的定义相差不可以道里计。智慧和节制因为无助于和平和身体的自我保存，在霍布斯的自然法中无立锥之地。智慧被霍布斯定性为一种激情，哲人对政治的言论变成了需要提防和克服的对象，因为这种言论不利于政治的稳定。苏格拉底那样对知识的爱欲被霍布斯认为是激情过分和不受规范的激情，霍布斯称之为癫狂（madness）。在《论人》中，霍布斯认为节制"与其说是一种道德品行，毋宁说是对恶的摆脱，那些恶来自人的自然禀赋（共同体不会受到它们的明显损害，受到损害的是它们自身）"[4]。由于节制是个人对恶习的戒除，与和平水火不相容，在《利维坦》中霍布斯对它保持了沉默。

---

[1]［英］霍布斯：《利维坦》，黎思复、黎廷弼译，商务印书馆1985年版，第110页。

[2]［美］列奥·施特劳斯：《现代性的三次浪潮》，丁耘译，载刘小枫编：《苏格拉底问题与现代性——施特劳斯演讲与论文集：卷二》，华夏出版社2008年版，第37页。

[3]［英］霍布斯：《利维坦》，黎思复、黎廷弼译，商务印书馆1985年版，第113页。在《法律要义：自然法与民约法》中，霍布斯论述道，当生命遇到危险时，就否定了勇气作为一种德性的地位。霍布斯说："勇自为德之一端，无畏系其极致，然若得正果，如何不能称之为德？而大难巨险而极端畏惧，更何必责之为慝（vice）？"［英］霍布斯：《法律要义：自然法与民约法》，张书友译，中国法制出版社2010年版，第101页。

[4]转引自［美］列奥·施特劳斯：《自然权利与历史》，彭刚译，生活·读书·新知三联书店2003年版，第192页注27。另参见："节制乃戒除恶之习，反之无度则为慝。"［英］霍布斯：《法律要义：自然法与民约法》，张书友译，中国法制出版社2010年版，第101页。

三、契约与宪法

霍布斯通过契约论向我们展示了国家的起源或"构成性原因",契约(尤其是社会契约)因此被看作现代宪法的"原型"(prototype)。正如巴克所言:

> 一国之宪法即为构成该国之契约的条款。从这个角度上看,我们可以说,宪法的条款构成了一个契约——如果不是一个社会契约的话,起码也是一个"政治契约"——不管这些条款是逐步形成的还是一揽子确立的。[1]

张千帆认为,社会契约是"作为宪法基础及其存在前提的'元宪法'(metaconstitution)"[2]。契约之所以被认为是"原初宪法"或"元宪法",是因为它已具备现代宪法的一些基本要素。首先,契约的本性是意志。契约来源于自然人基于恐惧而经过反复斟酌决定的身体意志行为,它是个人意志的表达。契约通过代表所确立的单一人格实现了个人的意志统一于主权者的意志,它最终体现为主权者的意志。国家、主权权力、正义、宪法和法律都是通过契约产生,因此,意志是它们的共同本性。其次,契约的内容是主权者和臣民之间以"保护与服从"为主旨的权利-义务关系,主权者保护臣民的生命权和身体自由,但前提条件是臣民必须服从主权者,即臣民必须履行义务。对主权者的服从就是对主权者意志的服从,也就是对主权者颁布的法律和命令的服从。

建国的契约通常是隐而不现的,它唯一闪现的时刻就是在国家诞生的一刹那——施米特形容为"理智的灵光一闪"[3]。根据建国契约而制定出来的法律就是宪法。"本质上,宪法是一部建立在社会契约基础上的立法。"[4]霍布斯在《利维坦》论述法律的专门章节(第二十六章)之中,没有直接使用宪法,而用的是基本法。霍布斯根据法律在建国中所取的作

---

[1] [英]欧内斯特·巴克:《社会契约论·导论》,载[英]迈克尔·莱斯诺夫等:《社会契约论》,刘训练、李丽红、张红梅译,江苏人民出版社2006年版,第218—219页。
[2] 张千帆:《作为元宪法的社会契约》,载《比较法研究》2018年第4期,第159页。
[3] [德]卡尔·施米特:《霍布斯国家学说中的利维坦》,应星、朱雁冰译,华东师范大学出版社2008年版,序言,第70页。
[4] 张千帆:《作为元宪法的社会契约》,载《比较法研究》2018年第4期,第159页。

用把它分为基本法和非基本法。基本法是国家得以建立的原因和根据,"基本法就是取消了以后,国家将象屋基被毁的房屋一样,无法成立并彻底解体的法律",而"非基本法则是废除之后不会使国家解体的法律"。[1]霍布斯提到基本法的唯一一项内容是:

> 根据基本法这种法律,臣民就必须支持已经赋与主权者(不论是君主还是主权会议)、而国家缺了又无法维持的一切权力。诸如宣战、媾和、司法、任官以及主权者做出他认为对公共福利有必要的一切事情的权力等都属于这一类。[2]

这唯一一条基本法律只谈到臣民对主权者的义务,没有提到主权者对臣民的义务。建国信约是自然人格与自然人格之间达成的,作为公共人格的代表——主权者——在立约时尚未出现,即他是外在于立约的第三方,因此,主权者不受信约的约束,也不存在对臣民的义务问题,而自然人格通过信约产生对彼此和主权者的双重义务。基本法也没有谈论对主权权力的限制。主权权力具有绝对性,这意味着主权者的意志就是法律。具体表现为主权者不再需要经过人民的同意,就可以将自己的意志转化为法律,且自身不受法律约束。正如施特劳斯指出:"霍布斯的主权学说给拥有主权的君主或人民赋予了不受限制的权利,而令他们随心所欲地置一切法律或宪法的限制于不顾。"[3]主权者现在唯一的限制是自然法,这种自然法是神法意义上的自然法,它约束的是主权者的良知:

> 所有的主权者都要服从自然法,因为这种法是神设的,任何个人或国家都不能加以废除。但主权者本身(也就是国家)所订立的法律,他自己却不会服从。[4]

霍布斯在讨论按约建立的国家过程中,分析了宪法或政体的类型。柏拉图根据统治者的灵魂宪法好坏把城邦宪法分为哲人王制、荣誉制、寡头

---

[1] [英]霍布斯:《利维坦》,黎思复、黎廷弼译,商务印书馆1985年版,第224页。
[2] [英]霍布斯:《利维坦》,黎思复、黎廷弼译,商务印书馆1985年版,第224—225页。
[3] [美]列奥·施特劳斯:《自然权利与历史》,彭刚译,生活·读书·新知三联书店2003年版,第196—197页。
[4] [英]霍布斯:《利维坦》,黎思复、黎廷弼译,商务印书馆1985年版,第253页。另参见:"他(主权者,引者注)除开自己是上帝的臣民、因而必须服从自然律之外,对其他任何事物都决不缺乏权利。"[英]霍布斯:《利维坦》,黎思复、黎廷弼译,商务印书馆1985年版,第165页。

制、民主制和僭主制，最好的城邦宪法是哲人王制，最坏的城邦宪法是僭主制。亚里士多德把城邦宪法分为两类：好的宪法包括君主制（王制）、贵族制和共和制；坏的宪法包括僭主制、寡头制和民主制。[1]霍布斯认为古典宪法学关于宪法或政体类型的划分并不科学，它们只是标明了人们主观上的好恶而已：不满君主制的人就称之为僭主制，不喜欢贵族制的人就称之为寡头制，厌恶民主制的人就称之为无政府状态。[2]霍布斯保留了君主制、贵族制和民主制这三种，区分三者的关键不在于统治者的德性，而是谁掌握了主权：当主权由君主一人掌握时，就是君主制；当主权由议会掌握时，就是民主制；当主权由部分议员即贵族掌握时，就是贵族制。三种类型的政体对应三种类型的国家，国家也分为君主制、民主制和贵族制三种类型。他所沿用的君主制、贵族制和民主制的正当性不是来自政体本身的"好"，而是来自人为的同意，即缔结建国契约时的相互同意。这是"一次性的、一劳永逸的同意……之后主权者的行动不再需要每一次都得到臣民的同意"[3]。建国契约本身就是民主制的最初体现，"人们聚在一起建立一个国家时，几乎就他们聚会议事这一点而言，就可说他们建立的是民主制"[4]。君主制和贵族制的"根源在于对民主制下的权利的转让"[5]，即二者都发轫于民主制。民主制是君主制和贵族制的开端。[6]从这个意义上说，君主制、贵族制和民主制说到底都是民主制，都是基于人为同意。因此，通过君主制、贵族制和民主制产生的主权具有合法性，并且权力的大小也一样，都是绝对的主权。霍布斯以"人为同意取代了自然等级或基于后者之上的德性品级，成为一个独立的判断国家权力是否合法的标准"[7]。以人为同意作为区分主权合法与否的标准，就不能把古典宪法学特别关注的君主与僭主区分开来。因为通过诉诸人为的同意，事实上的统治（甚至是篡夺主权的僭主统治）就会变成名义上合法的统治。正因为如此，霍布斯大胆宣称，"君主与僭主没有什么不同"。霍布斯给出了三

---

[1]［古希腊］亚里士多德：《政治学》，吴寿彭译，商务印书馆1965年版，1279b，第137页。
[2]［英］霍布斯：《利维坦》，黎思复、黎廷弼译，商务印书馆1985年版，第143页。
[3] 陈涛：《国家与政体——霍布斯论政体》，载《政治思想史》2015年第3期，第117页。
[4]［英］霍布斯：《论公民》，应星、冯克利译，贵州人民出版社2003年版，第79页。
[5]［英］霍布斯：《论公民》，应星、冯克利译，贵州人民出版社2003年版，第80页。
[6]［英］霍布斯：《法律要义：自然法与民约法》，张书友译，中国法制出版社2010年版，第129页。
[7] 陈涛：《国家与政体——霍布斯论政体》，载《政治思想史》2015年第3期，第119页。

条君主与僭主没有差别的理由。首先,君主与僭主的权力大小一样。其次,君主与僭主的权力都是不受制约的绝对主权。最后,在获得权力的方式上也没有差别。霍布斯说:

> 如果某个公民在民主制或寡头制国家中用暴力的方式取得了主权,那他只要得到了人民的同意,就成了合法的君主;而没有那种同意,他也并不是僭主,而是公敌(hostis)。[1]

君主与僭主的唯一差别在于运用权力的方式上,"能统治得很好的就是君主;而统治得很糟的就是僭主"[2]。君主制、贵族制和民主制虽然没有好坏之分,但霍布斯还是倾向于君主制:

> 如果把君主政体和另外两种政体加以比较,我们就可以看出:第一,不论任何人承担人民的人格,或者成为承当人格的议会中的成员时,也具有其本身的自然人身分。他在政治身分方面虽然蓄意谋求公共福利,但他会同样或更多地留意谋求他自己以及他的家属和亲友的私人利益。在大多数情况下,当公私利益冲突的时候,他就会先顾个人的利益。因为人们的感情的力量一般说来比理智更为强大。从这一点就可以得出一个结论说:公私利益结合得最紧密的地方,公共利益所得到的推进也最大。在君主国家中,私人利益和公共利益是同一回事。君主的财富、权力和尊荣只可能来自人民的财富、权力和荣誉……然而在民主政体或贵族政体中,公众的繁荣对于贪污腐化或具有野心者的私人幸运说来,所能给予的东西往往不如奸诈的建议、欺骗的行为或内战所给予的那样多。[3]

相比于贵族制和民主制,君主制中主权者的公共人格和自然人格更容易实现同一,公共利益和私人利益结合得更紧密。君主制比贵族制和民主制能更好地维护主权的统一性和公共性,从而更有利于实现每个人和所有人的身体的自我保存。霍布斯对主权统一性一以贯之的坚持,使他无法接受混合政体。混合政体的主权由君主或国王、少数人的会议和多数人的会

---

[1] [英]霍布斯:《论公民》,应星、冯克利译,贵州人民出版社2003年版,第77页。
[2] [英]霍布斯:《论公民》,应星、冯克利译,贵州人民出版社2003年版,第78页。
[3] [英]霍布斯:《利维坦》,黎思复、黎廷弼译,商务印书馆1985年版,第144页。

议分别掌握，它同时具有君主制、贵族制和民主制的因素。霍布斯指出，混合制的国家实际上"不是一个独立的国家，而只是三个独立的集团，代表者也不是一个而是三个"[1]。他进一步论证道："如果国王承担人民的人格、全民会议也承当人民的人格，而另一个会议又承当一部分的人的人格，那么他们就不是一个人格和一个主权者，而是三个人格和三个主权者。"[2]霍布斯用身体的疾病来比喻这种不正常的国家：

> 这种国家的不正常状况可以严格地比之于人体上的什么疾病我还弄不清楚。我曾经见过一个人在身体旁边又长出另一个人来，具有自己的头部、臂膀、胸部和胃部。如果他在另一边再长出一个人来，这比喻就非常恰当了。[3]

如同他不能接受混合政体一样，霍布斯也不可能接受分权制衡原则，因为它们都可能导致内战爆发和政府解体。

---

[1] [英] 霍布斯：《利维坦》，黎思复、黎廷弼译，商务印书馆1985年版，第257页。
[2] [英] 霍布斯：《利维坦》，黎思复、黎廷弼译，商务印书馆1985年版，第257—258页。
[3] [英] 霍布斯：《利维坦》，黎思复、黎廷弼译，商务印书馆1985年版，第258页。

第八章　身体自由的法律保护

为了实现身体的自我保存权，自然状态下每个人都拥有身体自由。这种自然的身体自由带来的后果是人人相互冲突的战争状态。为了摆脱这种困境，唯有订立契约建立国家。进入国家状态之后，自然的身体自由转变为法律保护下的身体自由。本章将论述自然的身体自由与法律保护下的身体自由的关系以及法律保护下的身体自由的具体内容等问题。

第一节　自然的身体自由与法律

一、自然的身体自由

霍布斯对人的自由的论述依然是以身体作为出发点和核心，我们把这种自由称为身体自由。身体自由分为自然的身体自由和臣民的身体自由。为了更好地理自然的身体自由和臣民的身体自由的关系，我们需要借助克雷默（Matthew Kramer）关于"非规范性的自由"和"规范性的自由"的区分，即把这两种自由再分为"非规范性的身体自由"和"规范性的身体自由"。依据克雷默的分析，当某人试图去做某事时，如果他身体上未受到阻碍，他就有非规范性的自由，又称为身体事实的自由；而若有诸如道德或法律法规这样的权威性规范没有禁止他去做那事，他就有规范性的自由，又称为规范状态的自由。前者核心的参照点是可能性与不可能性的拟态范畴（the moda-categories of possibility and impossibility），后者核心的参照点是容许性和不容许性的义务范畴。[1] 非规范性的身体自由在霍布斯那里是作为本义的自由：

---

[1] [加] 马修·克雷默：《作为规范状态的自由与作为身体事实的自由》，吕增奎译，载刘训练编：《后伯林的自由观》，江苏人民出版社2007年版，第349—350页。

> 自由一词就其本义说来，指的是没有阻碍的状况，我所谓的阻碍，指的是运动的外界障碍，对无理性与无生命的造物和对于有理性的造物同样可以适用。不论任何事物，如果由于受束缚或被包围而只能在一定的空间之内运动、而这一空间又由某种外在物体的障碍决定时，我们就说它没有越出这一空间的自由。[1]

本义上的自由实质上是一种物理自由，即物体或身体不受外在物理障碍而运动的自由。这种自由既适用于人，例如人被捆绑或被关在屋里，他没有活动空间或只能在固定空间活动；也适用于无生命的物体，例如水被堤岸挡住不能自由地流淌。与外在障碍相对的是内在障碍，后者存在于事物本身的构成（constitution）之中。譬如：静止的石头即使不设障碍，它也不能运动；卧倒在床的病人即使不被锁在屋子里，他也不能走出病房；一个人只能跳过一米五的横杆，即使不设置任何障碍，他也不可能跳过两米的横杆。在存在这些内在障碍的情况下，霍布斯认为我们"不能说它缺乏运动的自由，而只说它缺乏运动的能力（Power to move）"[2]。内在障碍夺走的是能力，外在障碍夺走的才是自由。

霍布斯对自由本义的界定，最终是为了回答一个关键问题：什么是人的自由？

> 自由人一词根据这种公认的本义来说，指的是在其力量和智慧所能办到的事物中，可以不受阻碍地做他愿意做的事情的人。[3]

根据这一公认的本义，人的自由就是身体的自愿行动（运动）没有遭遇外在障碍。霍布斯进一步指出：

> 若把自由这一词语运用到身体（bodies）以外的事物，那就是滥用了；因为不会运动的事物就不会受到障碍。[4]

人的自由说到底是身体自由，即身体未受到外在的物理障碍，可以随

---

[1] [英]霍布斯：《利维坦》，黎思复、黎廷弼译，商务印书馆1985年版，第162页。
[2] Thomas Hobbes, *Leviathan*, ed. by Richard Tuck, Cambridge: Cambridge University Press, 1996, p. 146.
[3] [英]霍布斯：《利维坦》，黎思复、黎廷弼译，商务印书馆1985年版，第163页。
[4] Thomas Hobbes, *Leviathan*, ed. by Richard Tuck, Cambridge: Cambridge University Press, 1996, p. 146.

意运用自己的能力（力量和智慧）去做自己意愿的事情，也就是非规范性的身体自由。非规范性的身体自由总是因为"被强制"或"被阻碍"而被夺走：如果身体被强制而不得不做某事，不去做事的身体自由就被夺走了；如果身体被阻碍而不能做某事，做事的身体自由就被夺走了。非规范性的身体自由指的是身体行为的自由，或身体自由的行为，而不是身体意志的自由：

> 从自由意志一词的用法中，我们也不能推论出意志、欲望或意向的自由，而只能推论出人的自由：这种自由就是他在从事自己具有意志、欲望或意向想要做的事情上不受阻碍。[1]

在区分了内在障碍和外在障碍之后，霍布斯很容易得出恐惧和非规范性的身体自由相容的结论，因为恐惧显然不是外在障碍，它是身体自愿运动的"内在开端"，所以恐惧不能剥夺非规范性的身体自由。譬如，当人们由于惧怕船只沉没而将货物抛到海中时，他们是十分情愿这样做的。因为假如他们愿意的话，也完全可以不这样做，霍布斯认为这便是身体自由行为。一个人因为畏惧法律而做的一切行为也是身体自由行为，"人们在国家之内由于畏惧法律而做的一切行为都是行为者有自由不做的行为"[2]。当劫匪拿着枪发出"要钱还是要命"的威胁时，如果你选择了给钱而没送命，霍布斯认为这也是身体自由行为，因为劫匪是对身体内在意志的强制，而不是对你身体外在行为的强制，对前者的强制是"被迫"，对后者的强制是"受制"（forced），"被迫"与身体自由是相容的，而"受制"不是。[3]

对非规范性的身体自由的限制只能来自外在的物理力量（physical power）。霍布斯对在自然状态（战争状态）中主奴关系性质的分析有助于我们理解这种限制，主人对奴隶身体自由的限制是将他"关在牢狱中或用刑具锁押起来"，这种是一种出于"自然锁链"的外在的绝对限制，奴隶没有任何身体自由，但他不接受任何义务的约束，因此，他可以打开镣铐

---

[1] [英] 霍布斯：《利维坦》，黎思复、黎廷弼译，商务印书馆1985年版，第163页。
[2] [英] 霍布斯：《利维坦》，黎思复、黎廷弼译，商务印书馆1985年版，第163页。
[3] 韩东晖主编：《西方政治哲学史：从霍布斯到黑格尔》（第二卷），中国人民大学出版社2017年版，第19页注2。

或越狱,"杀死或掳走他的主人"。[1] 为了避免这种自然暴力,需要在保留非规范性的身体自由的同时,用一种基于道德或法律的义务限制取代物理力量的限制,即用"人造的锁链"取代"自然的锁链"。义务限制的身体自由也就是规范性的身体自由,由于所有的义务都来自自然权利的自愿放弃,霍布斯正是在论述自然权利时给出了规范性的身体自由的定义。霍布斯把自然权利等同于自由,自由就是"每一个人按照自己所愿意的方式运用自己的力量保全自己的天性——也就是保全自己的生命——的自由"[2]。霍布斯紧接着给出了自由的确切意义:

> 自由这一语词,按照其确切的意义说来,就是外界障碍不存在的状态。这种障碍往往会使人们失去一部分做自己所要做的事情的力量(power),但却不能妨碍按照自己的判断和理性所指出的方式运用剩下的力量。[3]

霍布斯从自然权利的角度来看身体自由,就是从规范的意义上,而非事实意义上表达每个人都享有充分的身体自由来进行身体的自我保存。"自然权利是一种规范性自由,一种全面的规范性自由,一种完全不可限制的规范性自由。"[4]自然状态下规范性的身体自由是"最完整的自由(the complete liberty),但这种自由对他并没有什么用处,因为自己有自由,他可以按照自己的意志去做一切事情,也因为别人有自由,他在一切事情上都与别人的意志发生遭遇"[5]。在这种情况下,每个运动着的身体就像太空中杂乱无章运动的球体,彼此之间随时会发生碰撞。自然的规范性的自由实质上是一种为所欲为的身体自由,其结果是"每一个人对每一个人的身体都具有权利"[6]。自然的规范性的身体自由反而不能实现身体的自我保存,必须对它进行限制。对规范性的身体自由限制的唯一途径是将自然权利转化为自然法,由自然法的自然义务对它进行限制。自然权利

---

[1] [英] 霍布斯:《利维坦》,黎思复、黎廷弼译,商务印书馆1985年版,第156页。
[2] [英] 霍布斯:《利维坦》,黎思复、黎廷弼译,商务印书馆1985年版,第97页。
[3] [英] 霍布斯:《利维坦》,黎思复、黎廷弼译,商务印书馆1985年版,第97页。
[4] [加] 马修·克雷默:《作为规范状态的自由与作为身体事实的自由》,吕增奎译,载刘训练编:《后伯林的自由观》,江苏人民出版社2007年版,第357页。
[5] Thomas Hobbes, *On the Citizen*, ed. and tr. by Richard Tuck and Michael Silverthorne, Cambridge: Cambridge University Press, 1998, pp. 115-116.
[6] Thomas Hobbes, *Leviathan*, ed. By Richard Tuck, Cambridge: Cambridge University Press, 1996, p. 91.

转化为自然法的具体方式是通过缔结信约每个人自愿放弃自然权利从而形成自然义务。自然义务来源于人们自愿放弃权利，而放弃权利意味着"捐弃自己妨碍他人对同一事物享有权益的自由"[1]，因此，自然义务是人们对规范性的身体自由通过信约自愿施加的限制。"如果信约订立之后双方都不立即履行，而是互相信赖，那么在单纯的自然状态下（也就是在每一个人对每一个人的战争状态下）只要出现任何合理的怀疑，这契约就成为无效。"[2]由于在自然状态下，存在履行信约的"合理怀疑"（reasonable suspicion）问题，"人不可能自然放弃自然权利直接产生自然法的道德义务"[3]。为了真正实现和平和身体的自我保存，对规范性的身体自由的限制必须由自然法转化为国家法律。

二、法律：人为制造的锁链

霍布斯宣称他研究的不是某国的特殊法律知识，而是关于"法律本身是什么"的知识。因此，他所做的工作就像柏拉图、亚里士多德和西塞罗等做的一样，研究的是有关法律本性的知识。霍布斯把这种法律称为民约法（civil law，又译为"市民法"）。他说道："我所谓的民约法指的是成为一个国家的成员就有义务要服从的法律，而不是成为某一个国家的成员才有义务要服从的那种法律。"[4]民约法是与自然法相对的实在法（positive law），它的定义是：

> 对于每一个臣民说来就是国家以语言、文字或其他充分的意志表示命令他用来区别是非的法规；也就是用来区别哪些事情与法规相合、哪些事情与法规相违的法规。[5]

法律是一种命令（commanding），而不是建议（counsel）。命令纯粹以发布命令者的意志为基础，不需要任何理由；建议需要为所推荐的行为提供理由。下命令就是我们用言辞向他人表示我们希望某事被做或不被做的

---

[1] [英]霍布斯：《利维坦》，黎思复、黎廷弼译，商务印书馆1985年版，第98—99页。
[2] [英]霍布斯：《利维坦》，黎思复、黎廷弼译，商务印书馆1985年版，第103页。
[3] 李猛：《自然社会：自然法与现代道德世界的形成》，生活·读书·新知三联书店2015年版，第302页。
[4] [英]霍布斯：《利维坦》，黎思复、黎廷弼译，商务印书馆1985年版，第205页。
[5] [英]霍布斯：《利维坦》，黎思复、黎廷弼译，商务印书馆1985年版，第206页。

欲求或欲望，其理由就包含在该意志之中。[1] 又由于一个人的意志的目标就是自己的某种利益，因此，命令者发出命令时代表的只是自己的利益；而提出建议者不管内心意图如何，他代表的只是听取建议者的利益。[2] 基于命令和建议的不同特质，张书友认为，建议采取的是陈述句，其意义是描述（description），属实然；命令采用的是规范（祈使）语句，其意义为规定（prescription），属应然。[3]

霍布斯在不诉诸任何客观标准的前提下，使法律具有规范性，这种规范直接来源于主权者的意志。这与古典时期对法律的理解完全不同，柏拉图认为自然中存在一个客观的实在，而且人能凭借灵魂中的智慧发现它，对实在的发现就是法律。由于有这样一个客观的实在作为摹本，法律只需去发现，根本不需要人的意志去创制，从而也不需要一个人类共同意志的体现者——主权者。霍布斯彻底改变了人们对法律本性的认识，法律现在是人为创造的产物，而不是对自然的模仿；它现在以主权者的意志为唯一根据，不再诉诸客观实在的标准。法律是意志，而且这意志是纯粹的意志，在现实中没有基础，在事物的本质中也没有基础。

由于法律来源于主权者的意志，自然法就失去了作为高级法为法律提供标准的基础。登特列夫一语道破了自然法的现代命运："既然主权是法律存在之基础，自然法便不能算是法律；既然命令乃是法律之本质，我们就不可去设想有一种自然法之存在。"[4] 自然法和法律再没有等级之分，二者的关系是互相包容而且范围相同：

> 自然法在世界各国便都是国法的一个组成部分。反过来说，民约法也是自然指令的一个组成部分。因为正义——履行信约并将每一个人自己的东西给予他自己——是自然法的指令，而国家的每一个臣民又都订立了信约要服从国法（要不是像聚会推选共同的代表者那样彼此间相互立约，便是像因被武力征服而允诺服

---

[1] Thomas Hobbes. *The Elements of Law: Natural and Politic*, edited with a preface and critical notes by Ferdinand Toennies; second edition, with a new introduction by M. M. Goldsmith, London: Frank Cass, 1969, p. 67.
[2] [英] 霍布斯：《利维坦》，黎思复、黎廷弼译，商务印书馆1985年版，第198页。
[3] [英] 霍布斯：《法律要义：自然法与民约法》，张书友译，中国法制出版社2010年版，译者前言，第19—20页。
[4] [意] 登特列夫：《自然法——法律哲学导论》，李日章译，联经出版事业公司1984年版，第64页。

从以获得生命时那样各自与代表者本身立约),所以服从国法便也是自然法的一部分了。民约法和自然法并不是不同种类的法律,而是法律的不同部分,其中以文字载明的部分称为民约法,而没有载明的部分则称为自然法。[1]

自然法和民约法彼此包容,源于二者的目的都是实现身体的自我保存。自然法只能约束人的内心良知,而不及身体的外在行为;由于没有一种公共权力作为威慑和惩罚,自然法产生的是自然义务。当国家建立以后,自然法就转变成了国家的命令——民约法,自然义务也随之转变为法律义务,义务由一种道德上的"应当"转变为一种法律的"必须",保障其履行的是主权者的权力。因此,民约法来源于自然法,但前者通过后者的规范形式得到了更好的实施,一旦有了民约法,自然法也不再有意义。从这个角度上看,自然法与民约法是有差别的:

> 这些理性的规定(自然法,引者注)人们一向称之为法,但却是不恰当的,因为它们只不过是有关哪些事物有助于人们的自我保全和自卫的结论或法则而已。正式说来,所谓法律是有权管辖他人的人所说的话。但我们如果认为这些法则是以有权支配万事万物的上帝的话宣布的,那么它们也就可以恰当地被称为法。[2]

人们为了和平和身体的自我保存,通过契约创立了国家和主权者,国家和主权者的意志最终体现为国家法律(民约法)。法律产生的是义务而不是权利,义务是对自然自由的限制:

> 自然权利——人们的天赋自由则可以由民法加以剥夺和限制,甚至可以说,制订法律的目的就是要限制这种自由,否则就不可能有任何和平存在。世界之所以要有法律不是为了别的,就只是要以一种方式限制个人的天赋自由,使他们不互相伤害而互相协助,并联合起来防御共同敌人。[3]

法律是对自然的规范性的身体自由的限制,自然的规范性的身体自由经过法律限制后就是臣民的规范性的身体自由。霍布斯把国家法律比喻为

---

[1] [英]霍布斯:《利维坦》,黎思复、黎廷弼译,商务印书馆1985年版,第208页。
[2] [英]霍布斯:《利维坦》,黎思复、黎廷弼译,商务印书馆1985年版,第122页。
[3] [英]霍布斯:《利维坦》,黎思复、黎廷弼译,商务印书馆1985年版,第208页。

"人为制造的锁链"（Artifial Chains），它"通过相互订立的信约将锁链的一端系在他们赋与主权的个人或议会的嘴唇上，另一端则系在自己的耳朵上"[1]。主权者的嘴唇隐喻的是主权者的命令（或者主权者的意志），因为命令是通过嘴唇（言语）发出来的；耳朵隐喻的是臣民对主权者的命令的服从，因为主权者嘴里发出的命令进入了臣民的耳朵。从这两个隐喻可知，法律对臣民的约束不是通过物理力量，而是通过言语的劝说；臣民对法律的服从也不是迫于强制，而是出于对法律惩罚力量的恐惧，"它们之所以得以维持，虽然并不在于难以折断，但却是在于折断后所将发生的危险"[2]。因此，对身体自由的法律限制完全不同于自然状态下对它的外在限制：前者是一种人为的限制（人造锁链），后者是一种自然暴力或力量的限制（自然锁链）；前者是一种基于义务的规范性限制，后者是一种基于物理力量的非规范性限制；前者是一种保留非规范性的身体自由的相对限制，后者是取消了非规范性的身体自由的绝对限制。我们来看霍布斯对国家状态下主奴关系性质的分析，两种对身体自由的限制的差别就昭然若揭了。相比于自然状态下主人对奴隶身体自由的绝对限制，国家（霍布斯指的是以力取得的国家）建立时，主人是通过信约产生的义务来限制奴隶的身体自由，义务限制下的身体自由（规范性的身体自由）恰恰保留了非规范性的身体自由，奴隶没有被锁禁或监禁，只要他们"允诺不再逃跑，也不对主人使用暴力，从而得到主人的信任"[3]。正是在这个意义上，霍布斯说如果臣民还要求国家给予本义上的自由，即"非规范性的身体自由"或"不受锁链锁禁和监禁的自由"，那就是非常荒谬的，因为他们已经享有了这种自由。[4]

第二节 法律下的身体自由

相比自然的规范性的身体自由，法律下的身体自由（臣民的规范性的

---

[1] [英]霍布斯：《利维坦》，黎思复、黎廷弼译，商务印书馆1985年版，第164页。
[2] [英]霍布斯：《利维坦》，黎思复、黎廷弼译，商务印书馆1985年版，第156页。
[3] [英]霍布斯：《利维坦》，黎思复、黎廷弼译，商务印书馆1985年版，第156页。
[4] [英]霍布斯：《利维坦》，黎思复、黎廷弼译，商务印书馆1985年版，第164页。

身体自由）少了很多，但它们是霍布斯所谓的"真正的自由"和"无害的自由"。有了法律之后，每个臣民"既保持了他在和平中过得安宁所需要的自由，又取消了别人的某些自由，使他足以摆脱对别人的恐惧"[1]。如果有臣民要求免除法律下的身体自由，那同样是荒谬的，因为这意味着退回到自然状态，自然的身体自由（规范性的身体自由）会让"其他所有人成为他们生命的主人"[2]。在这个意义上可以说，法律通过限制自然的规范性的身体自由，对臣民的规范性的身体自由进行指引和保护。霍布斯说：

> 法律的目的不是为了限制人们享有无害的自由，而是为了防止他们陷入危险或对自己或国家的伤害之中，并使他们免受冲动的激情、莽撞或愚蠢所控，就像道路被篱笆围住却不会成为过路者的障碍一样，防止他们游走闲荡对自己的同胞造成伤害。[3]

到目前为止，无论是非规范性的身体自由还是规范性的身体自由，即霍布斯所说的本义上的自由和确切意义上的自由，它们都指的是"外在障碍的缺失"，也就是说这些自由都是身体外在的行为自由。法律只能限制身体外在的行为，它无法限制身体内在的自由，换一个角度说，身体内在的自由也是受法律保护的。法律下的身体外在和内在的自由的内容是什么？它们又是如何推导出来的呢？

一、身体外在的自由

法律究竟保护哪些身体外在的自由，霍布斯认为我们需要回溯到当初

---

[1] [英]霍布斯：《论公民》，应星、冯克利译，贵州人民出版社2003年版，第102页。

[2] Thomas Hobbes, *Leviathan*, ed. by Richard Tuck, Cambridge: Cambridge University Press, 1996, p.147. "all other men may be masters of their lives"，中译本将它翻译为"其他人便都会自己主宰自己的生命了"，这译文与原义出入比较大，霍布斯的意思是其他所有人成为他们（即要求免除法律自由的人）的主人，而不是其他所有人成为他们自己的主人。

[3] 转引自[英]罗宾·邦斯：《托马斯·霍布斯：国家与自由》，江威译，华中科技大学出版社2019年版，第69—70页。另参见："法律，作为得到批准的法规，其用处不在于约束人民不做任何自愿行为，而只是指导与维护他们，使之在这种行为中不要由于自己的鲁莽愿望、草率从事或行为不慎而伤害了自己。正如同栽篱笆不是为了阻挡行人，而只是为了使他们往路上走一样。"[英]霍布斯：《利维坦》，黎思复、黎廷弼译，商务印书馆1985年版，第270—271页。

放弃和转让自然的身体自由（具体指自然的规范性的身体自由）和权利的目的之中去推导：

> 当一个人转让他的权利或放弃他的权利时，那总是由于考虑到对方将某种权利回让给他，要不然就是因为他希望由此得到某种别的好处。因为这是一种自愿行为，而任何人的自愿行为目的都是为了某种对自己的好处。所以有些权利不论凭什么言词或其他表示都不能认为人家已经捐弃或转让。[1]

所谓"好处"，"无非是保障一个人使他的生命得到安全；并且保障他拥有既能保全生命，而又不对生命感觉厌倦的手段"[2]。

自然人转让自然的身体自由和权利是为了生命的安全，即实现身体的自我保存。基于这一目的，自然人并没有把一切自然的身体自由和权利都转让给主权者，他们还保留了一些不可转让的（inalienable）自然的身体自由和权利。"每一个臣民对于权利不能根据信约予以转让的一切事物都具有自由。"[3]自然人通过信约有条件地转让自然的身体自由和权利在国家状态下就体现为"保护与服从的关系"，臣民服从主权者是为了换得主权者的保护：如果受到了保护，就有服从的义务；如果保护停止了，服从也就随之停止。[4]"保护与服从的关系"是霍布斯国家建构的枢纽，是国家的"我思故我在"。[5]在正常情况下，主权者与臣民是相依相存的，臣民服从主权者（具体体现为对法律的服从），主权者保护臣民的身体自由，以免彼此相互侵犯。但在主权者危及臣民的生命安全时，主权者和臣民之间会发生冲突，霍布斯认为，这时臣民可以不服从乃至反抗，虽然这在民约法上是不义，但在自然法上是正义的。正是在这种非常状态下，我们就可以发现臣民还保留了哪些自然的身体自由和权利，换言之，有哪些自然的身体自由和权利是法律不能限制或剥夺的。为此，霍布斯重新回到当初

---

[1] [英]霍布斯：《利维坦》，黎思复、黎廷弼译，商务印书馆1985年版，第100页。
[2] [英]霍布斯：《利维坦》，黎思复、黎廷弼译，商务印书馆1985年版，第100页。
[3] [英]霍布斯：《利维坦》，黎思复、黎廷弼译，商务印书馆1985年版，第169页。
[4] 霍布斯指出："臣民对于主权者的义务应理解为只存在于主权者能用以保卫他们的权力持续存在的时期。"[英]霍布斯：《利维坦》，黎思复、黎廷弼译，商务印书馆1985年版，第172页。
[5] [德]卡尔·施米特：《霍布斯国家学说中的利维坦》，应星、朱雁冰译，华东师范大学出版社2008年版，第135页。

第八章 身体自由的法律保护

立约的过程为我们总结出两条依据:

> 任何人所担负的义务都是由他自己的行为中产生的,因为所有的人都同样地是生而自由的。这种论点必须或者从明确的言辞——"我承认他的一切行为",或者从服从其权力的人的意向(这种意向要根据这人如此服从的目的来理解)推引出来。因此,臣民的自由就必须或者是从这种语词及其他相等表示中去推论,或者是从建立主权的目的——臣民本身之间的和平和对共同敌人的防御——中去推论。[1]

按照这两条依据,我们可以推论出以下五种身体外在的自由:

第一,拒绝自我摧毁或剥夺保存生命手段的身体自由。如果主权者命令一个人自杀、自我伤害、自残或对来自他人的攻击不予抵抗,或是命令他"绝饮食、断呼吸、摒医药"或放弃任何其他维系生命的必需品,在这种情形之下,即便主权者的判决合乎正义,他都有不服从的身体自由。臣民保有这种身体自由是因为"不防卫自己的身体的信约是无效的"[2]。这条信约与第六章论述的自然法的一般法则相呼应,前者是后者的具体化。

第二,拒绝指控自己的身体自由。如果主权者向某个人问到他自己所犯的罪行时,在没有获得宽恕的保证的情况下,霍布斯认为他就没有义务要承认。臣民保有这种身体自由是因为"任何人都不能受信约的约束而指控自己"[3]。

第三,在不能达到建立主权的目的时,臣民有拒绝做任何危险或不荣誉事情的身体自由。这种自由是通过"我(臣民,引者注)授权于他(主权者,引者注)的一切行为或对之负责"[4]这句话推导出来的。霍布斯认为这种授权承诺对臣民自然的身体自由没有任何限制,因为允许他杀我,并不等于说在他命令我的时候我就有义务要杀死自己。"你可以任意杀我或我的朋友"和"我将杀死自己或我的朋友"完全是两码事。通过这种区分,当臣民"奉主权者之命而有义务要做任何危险或不荣誉的事情"时,虽然他们在言辞上表示服从,也不能认为这是真心意愿。相反,他们可以

---

[1] [英]霍布斯:《利维坦》,黎思复、黎廷弼译,商务印书馆1985年版,第168页。
[2] [英]霍布斯:《利维坦》,黎思复、黎廷弼译,商务印书馆1985年版,第169页。
[3] [英]霍布斯:《利维坦》,黎思复、黎廷弼译,商务印书馆1985年版,第169页。
[4] [英]霍布斯:《利维坦》,黎思复、黎廷弼译,商务印书馆1985年版,第169页。

在意向中根据建立主权的目的作自由判断：当拒绝服从而使建立主权的目的无法达到时，他们就不可以自由拒绝，否则就可以自由拒绝。这也意味着臣民拥有"不服从而不为不义"的自由判断权。

第四，除非国家的生命危在旦夕，臣民有因胆怯而逃避作战和拒绝服从兵役的身体自由。某个人如果拒绝奉命当兵杀敌时，主权者虽然有充分的权利将他处死，但霍布斯认为在诸多情况下他却可以拒绝而不为不义，譬如他已经找到一个能胜任士兵职责的人来顶替自己。又譬如，两军交战时，士兵逃亡之事时有发生，如果逃亡"不是出自叛逆而是出自恐惧"，那就不能认为该行为是"不义"的行为，而只能认为是"不荣誉"的行为。在这一点上，霍布斯与施米特划开了界限。施米特认为，国家可以拥有"要求国民随时准备赴死的权利和毫不犹豫消灭敌人的权利"[1]。

第五，一旦反抗以后继续反抗的身体自由。如果有一拨人已经不义地反抗了主权者或者犯了死罪，大家都知道必将因此而丧失生命，霍布斯认为他们就有联合起来互相协助、互相防卫的身体自由。虽然当初破坏义务时诚然是不义，但这时他们只是为了保卫自己的生命，便根本不是新的不义行为了。

上述身体的外在自由是臣民保障身体的自我保存时必不可少的自由，它们不能通过契约转让给主权者。霍布斯提到还有一种为维护自己的权利而与主权者进行诉讼的身体自由。"臣民如果根据原先已确立的法律而来的债务、土地或财物的所有权、徭役、或任何有关体刑与罚款等问题与主权者进行争议时，他便可以自由在主权者所指定的法官面前为自己的权利进行诉讼。"[2] 这种身体自由不是根据自然权利，而是根据法律推导出来的。臣民与主权者之间既然已经订立法律，这表明主权者的需要不会超过该法应有的东西，因此，臣民根据法律而不是自己的权利向主权提出诉讼，也就不违背主权者的意志。[3] 这种自由是保存身体和生命必不可少的手段，它与前文提到的转让权利都是为了得到某种好处——既能保全生命，而又不对生命感觉厌倦的手段——相契合。

除了这些自我保存的身体自由，臣民还保有一类身体自由，即"法律

---

[1]［德］卡尔·施米特：《政治的概念（1932）》，刘宗坤译，载舒炜编：《施米特：政治的剩余价值》，上海人民出版社2002年版，第181页。

[2]［英］霍布斯：《利维坦》，黎思复、黎廷弼译，商务印书馆1985年版，第171页。

[3]［英］霍布斯：《利维坦》，黎思复、黎廷弼译，商务印书馆1985年版，第171页。

之缄默"(the Silence of the Law)下的身体自由。霍布斯说:

> 世界上没有一个国家能订出足够的法规来规定人们的一切言论和行为,这种事情是不可能办到的;这样就必然会得出一个结论说:在法律未加规定的一切行为中,人们有自由去做自己的理性认为最有利于自己的事情。[1]

这类身体自由除买卖或其他契约行为的自由,选择自己的住所、饮食、生业的自由之外,霍布斯还特意提到了按自己认为适宜的方法教育子女的自由。[2] 父母有教育子女的自由,"法律允许和指定教导我们的人的话。在家庭中是父母,在教会中是教士"[3]。在论述臣民的私人团体时,霍布斯特别指出由父亲或家长管理的家庭便是这种团体,因为"他可以在法律允许的范围内管束其子女与仆人,只是不能超出这范围之外"[4]。但是霍布斯同时指出,主权者有教育臣民的职责和权利。[5] 为什么会出现这种矛盾呢?原来霍布斯在这两处说的是不同的教育,前者主要指的是德性教育,后者指的是权利教育。德性教育的核心内容是灵魂德性的完善,即人性的改造,它类似于古典的公民教育;权利教育的核心内容是主权者和臣民之间的权利-义务关系,即现代意义上的公民教育。霍布斯把德性教育和权利教育分开,前者交给家庭和父母,后者交给国家和主权者,是他们的一项职责和权利。霍布斯的教育与古典的教育这种根本性的差异源于他们对教育的本性和目的的不同认识。

霍布斯认为教育就是培育(culture),而培育的本义可追溯到拉丁人对培植(cultus)的理解:

> "培植"(cultus)就其常用的本意来说,是一个人为了获得利益而对任何对象投下的劳力。能从其中获得利益的对象要不是从属于我们,便是不从属于我们;前者所提供的利益是作为随着我们所投下的劳动力而产生的一种自然结果,后者则是只根据其

---

[1] [英]霍布斯:《利维坦》,黎思复、黎廷弼译,商务印书馆1985年版,第164页。
[2] [英]霍布斯:《利维坦》,黎思复、黎廷弼译,商务印书馆1985年版,第165页。
[3] [英]霍布斯:《利维坦》,黎思复、黎廷弼译,商务印书馆1985年版,第477页。
[4] [英]霍布斯:《利维坦》,黎思复、黎廷弼译,商务印书馆1985年版,第183页。
[5] 在《利维坦》第三十章"论主权者的职责"中,教育权是主权者的一项重要职责和权利。[英]霍布斯:《利维坦》,黎思复、黎廷弼译,商务印书馆1985年版,第261—268页。

自己的志愿酬报我们的劳力。在前一种意义下，投在土地上的劳动谓之培育（culture），而对子女的教育则称为对他们的心灵的培育（culture）。在第二种意义下，我们不是以强力、而是以殷勤顺从的方式使他人的意志服从于我们的目的；其涵义相当于讨好，也就是以迎合的方式博取宠惠；诸如以称颂、承认其权势、或以任何其他取悦于自己所讨好的人的方式博取宠惠等都是。[1]

父母对子女教育就是父母为了获得利益而在子女心灵上投下的劳力，这种利益指的是子女将来因感激而表现出对父母的崇敬，"由于子女最初的教导要依靠父母的照管，所以当他在父母的教养下时便应当服从父母。不但如此，就是在以后，感激之情也要求他们在外表上以崇敬的方式感谢其所受的教益"[2]。父母教育子女不是基于后者的德性本身，而是为了将来获得利益的计算；与之相应，子女感激父母的理由，"并不是在于施恩者的内在优点，或所受好处有多大价值，而在于感激对促进自我保护与和平的效果"[3]。

国家所要做的是敦促子女要崇敬父母，这是对父母所付出教育的回报。仅凭子女的感激还不足以确定这种回报，这时主权者就必须参与其中：

> 为了这一目的就应教导人民，原先每一个人的父亲也是他的主权者，对他操有生杀之权。建立了国家之后，这些家庭中的父亲就放弃了这种绝对权力，但却决没有打算失去由于教养而应得的孝敬，因为放弃这种权利对于主权的建立并不必要；同时，往后从子女身上所得到的利益如果不过是从旁人身上所得到的那一些，一个人也就没有理由要有儿女并尽心去教养抚育他们了。[4]

从这点上看，家庭和父母对子女的德性教育没有完全与国家分开，其中原因正如塔科夫所指出：

> 他（霍布斯，引者注）要家庭实施基本教育，去塑造人的情

---

[1] [英]霍布斯：《利维坦》，黎思复、黎廷弼译，商务印书馆1985年版，第280—281页。
[2] [英]霍布斯：《利维坦》，黎思复、黎廷弼译，商务印书馆1985年版，第265页。
[3] [美]纳坦·塔科夫：《为了自由：洛克的教育思想》，邓文正译，生活·读书·新知三联书店2001年版，第44—45页。
[4] [英]霍布斯：《利维坦》，黎思复、黎廷弼译，商务印书馆1985年版，第265—266页。

意与品行——虽然那不是学理的传授；而家庭，又得在一个由〔法律或主权者的〕公共权力所创立，为了这公共权力而存在的范围内，一个含糊暧昧的私人范围内，去执行教育功能。[1]

主权者不再承担德性和人性改造的义务，"抱负和对荣誉的渴望是不可能从人的思想中消除的，主权者没有义务做这样的努力"[2]。主权者的主要职责是教育臣民认识主权者的根本权利及其根据——即在《利维坦》中所阐述的"理性原理"。霍布斯认为："这些权利的根据很需要经常确实地教示给人民，因为它们不能靠任何世俗法或刑罚之威来加以维持。"[3]当臣民知道这些理据之后，就会从内心承认主权者的权威，即服从主权者。相反，仅仅依靠国法和刑罚维持主权，臣民"就会完全把它当成一种敌对行为；当他们认为自己具有足够的力量时，就会力图以敌对行为来规避这种敌对行为"[4]。霍布斯由此认为，对臣民的权利教育，"不仅是他的义务，而且是他的利益所在；同时这也是一种安全的保障，可以防止叛乱对他的自然人身所带来的危险"[5]。

臣民权利教育的关键在于大学教育，因为"大学是世俗学理与道德学说的泉源，传道士与士君子都从这里汲取自己所能找到的泉水，并把它在讲坛上和谈话中洒在百姓身上"[6]。霍布斯最理想的臣民教育就是寄希望于能在大学里讲授他的《利维坦》，"霍布斯将教育——严格说是哲学——变成了利维坦的构成要素，并最终使《利维坦》成为利维坦中唯一合法而正确的哲学，他的真实想法，应该是《利维坦》教育利维坦"[7]。

霍布斯要求主权制定良法，但良法的定义与古典时期有别，它不是指

---

[1] [美]纳坦·塔科夫：《为了自由：洛克的教育思想》，邓文正译，生活·读书·新知三联书店2001年版，第67页。
[2] [英]霍布斯：《论公民》，应星、冯克利译，贵州人民出版社2003年版，第139页。
[3] [英]霍布斯：《利维坦》，黎思复、黎廷弼译，商务印书馆1985年版，第261页。
[4] [英]霍布斯：《利维坦》，黎思复、黎廷弼译，商务印书馆1985年版，第261—262页。
[5] [英]霍布斯：《利维坦》，黎思复、黎廷弼译，商务印书馆1985年版，第263页。另参见："通过这种方式使大多数人知道他们的责任之后，就不致于那样被少数别有用心的人用作扩张野心的工具，危害国家了。同时也可以使他们对于那些和平与防务所需的捐税，不致于那样牢骚不满。统治者本身也就没有理由要糜费国币维持过大的军队，而只需足以保卫公众自由，使之不受外敌侵犯与侵略就行了。"[英]霍布斯：《利维坦》，黎思复、黎廷弼译，商务印书馆1985年版，第577页。
[6] [英]霍布斯：《利维坦》，黎思复、黎廷弼译，商务印书馆1985年版，第577页。
[7] 王利：《国家与正义：利维坦释义》，上海人民出版社2008年版，第156页。

公正的法律，因为主权制定的任何法律都不可能是不公正的。良法就是为人民的利益所需而又清晰明确的法律。通过教授这些法律，让臣民明白对法律的服从与对自己权利和自由的保护是一致的。霍布斯言下之意是，如果主权者能制定出良法，并通过教育使臣民遵守它，国家就会长治久安。"在制度与人性之间，霍布斯更相信前者。"[1]在分析国家致弱和解体的因素时，霍布斯就指出：

> 当国家不是由于外界的暴力、而是由于内部失调以致解体时，毛病便不在于作为质料（matter）的人身上，而在于作为建造者（maker）与安排者的人身上。[2]

主权者把教育目标降低，只教导臣民知晓基于保护与服从的权利-义务关系，而把德性教育的任务交给家庭。德性的完美虽然是人生的最高目标，但如果通过国家教育的强制手段来实现，霍布斯担心又回到基督教的"黑暗王国"，人类又陷入战争状态，连最基本的生命安全和身体自由都不可得。

二、身体内在的自由

相比身体外在的自由指的是身体（行为）运动，身体内在的自由则指的是心灵运动。由于心灵的运动主要包括良心意识（conscience）和宗教信仰，身体内在的自由包括良心自由和宗教信仰自由。霍布斯对良心意识作了简略处理，有关它的论述散见于三部政治哲学著作（《法律要义：自然法与民约法》《论公民》《利维坦》）之中；霍布斯在每一部政治哲学著作中都花了很大的篇章来论述宗教信仰，在《利维坦》中甚至用了一半篇幅。[3]

良心意识仅仅是一个人确定的判断和观点[4]，也就是每个人的自然理性。在公民社会中，个人的判断要遵从主权者的判断，个人的理性要遵从

---

[1] 王利：《国家与正义：利维坦释义》，上海人民出版社2008年版，第150页。
[2] ［英］霍布斯：《利维坦》，黎思复、黎廷弼译，商务印书馆1985年版，第249页。
[3] 关于宗教信仰的论述在《法律要义：自然法与民约法》中占了3章，在《论公民》中占了4章，在《利维坦》中占了17章。
[4] ［英］霍布斯：《法律要义：自然法与民约法》，张书友译，中国法制出版社2010年版，第172页；另参见［英］霍布斯：《利维坦》，黎思复、黎廷弼译，商务印书馆1985年版，第252页。

公共理性。对主权者的判断和公共理性的遵从最终体现为对法律的服从，因为法律是"善恶行为的尺度""公共的良心意识"（publique Conscience）。[1] 臣民如果根据个人的判断来决定是否服从法律，"这样就会使国家陷入混乱并被削弱"[2]。根据上述分析，霍布斯不赞成臣民有法律下的良心自由。但在前文论述臣民的身体外在自由时，霍布斯将每一种非常状态下"不服从而为不义"的判断权都留给了臣民而不是主权者。换言之，臣民拥有在"生死攸关、命悬一线"时刻的良心自由。身体内在的良心自由"表明了个人意志和主权意志（全体人民意志的代表者）之间的不一致，这种不一致对自然公法在根本契约基础上建立的虚构形成了严重的威胁"[3]。

霍布斯认为宗教是人性特有的品质："由于除开人类以外便没有任何宗教的迹象或其成果，所以我们就没有理由怀疑宗教的种子也只存在于人类身上；它存在于某种特殊品质之中，这种品质在任何其他生物身上都找不到，至少其突出的程度是在其他生物身上找不到的。"[4] 霍布斯对宗教的起源和本性的解释回溯到身体内的自然激情。与动物不同，人的天性喜欢探询事物的原因，当无法探清这些原因时，每一个人，尤其是关注未来的人就像高加索山上的普罗米修斯，总是无休止地恐惧与焦虑。为了消除这种恐惧和焦虑，人类把这种不可知的原因归于某种不可见的力量，这就是神；当以人的方式对它进行崇拜时，就是宗教。因此，宗教不是神，而是由人的恐惧造成的。霍布斯对宗教的本性作了"去神圣化"的理解，它不再是高于理性的神圣启示或灵感，而是一种非理性的自然激情，即对未知力量或原因的恐惧。

关于宗教对政治的作用，霍布斯是从两方面来论述的：一方面，由神所产生的恐惧，可以抑制人性中野心、贪婪和虚荣，因此，它有利于人类的和平与安全；另一方面，一些人自以为获得了神的特殊启示和恩典，而变得骄傲自负起来，由此导致人与人之间的战争。在《利维坦》中，霍布斯更强调宗教对政治的危害作用：

---

[1] Thomas Hobbes, *Leviathan*, ed. by Richard Tuck, Cambridge: Cambridge University Press, 1996, p. 223.
[2] [英] 霍布斯：《利维坦》，黎思复、黎廷弼译，商务印书馆1985年版，第252页。
[3] 王利：《国家与正义：利维坦释义》，上海人民出版社2008年版，第96—97页。
[4] [英] 霍布斯：《利维坦》，黎思复、黎廷弼译，商务印书馆1985年版，第79页。

在自以为受到神的启示而且对这种看法着了迷的一群人当中，其愚行的效果常常不能通过这种激情在一个人身上所产生的任何十分过分的行为看出来。但当他们许多人聚谋时，整个一群人的怒狂就十分明显了。[1]

施特劳斯敏锐地指出，霍布斯之所以强调宗教对政治的危害，是因为宗教是受"虚荣"的主导，这种非理性的激情压倒了自我保存。[2] 更为严重的是，当这种宗教的狂热被教士或其他野心家利用时，就可能挑起战争，导致国家解体。霍布斯在论述国家致弱或解体的因素中，把三种危害和平政府的看法都归结于教士。[3] 恐惧是产生宗教的"自然种子"，这个种子可以培育出两种宗教："一种人根据自己的独创加以栽培和整理，另一种人则是根据上帝的命令与上帝的指示。"[4] 前一种是希腊和罗马人等外邦人的公民宗教，它是"属人的政治"，宣讲尘世君主要求于臣民的一部分义务；后一种是包括犹太教和基督教在内的启示宗教，它是"属神的政治"。一些宣称获得上帝超自然启示的人以上帝之名不但宣称享有对精神世界的权力，还会干涉和分享世俗的权力，甚至在国内制造教会与国家之间、性灵方面与世俗方面之间、法律之剑与信仰之盾之间的斗争，从而使一个国家陷入永无休止的党争和内乱。更为严重的是，在每一个基督徒心中都必然会随之出现基督徒与普通人之间的冲突，臣民在到底服从谁的问题上无所适从。因此，霍布斯必须对启示宗教进行批判，他在对宗教的本性去神圣化后，接着又对宗教的教义——《圣经》——"去魅"。他不是从启示而是从自然理性的角度对《圣经》重新进行解释，将从《旧约》到《新约》的"神圣历史"或"救赎历史"还原为一个纯粹的"世俗历史"或"属人的历史"，将得救或"进入天国"的条件简化为只需承认"耶稣就是基督"，而完全不需要教会和宗教的帮助，将上帝之国的三次代表（圣父、圣子和生灵）理解为上帝的"三位一体"。为了克服宗教这种

---

[1] [英]霍布斯：《利维坦》，黎思复、黎廷弼译，商务印书馆1985年版，第55页。
[2] 参见[美]列奥·施特劳斯：《斯宾诺莎的宗教批判》，李永晶译，华夏出版社2013年版，第147页。
[3] 霍布斯指出："三种危害和平政府的看法，在我们这里主要是出自不学无术的神职人员的口头和笔下，他们违反理性地断章取义，将圣经上的文字拼凑在一起，尽一切可能使人们认为圣洁之品和自然理性不能相容。"[英]霍布斯：《利维坦》，黎思复、黎廷弼译，商务印书馆1985年版，第253页。
[4] [英]霍布斯：《利维坦》，黎思复、黎廷弼译，商务印书馆1985年版，第133页。

激情对政治的危险，霍布斯把宗教变为纯属私人领域的信仰，从而像自我保存的身体自由成为个人不可剥夺的权利一样。信仰归根结底是人的意志：

> 至于人们内在的思想和信仰则不是人间的统治者所能知道的（因为唯有上帝能知道人的心灵），而且既不能随意支配，也不是法律所造成的结果，而是未表露的意志与上帝的权力所造成的结果。[1]

对未表露的意志的约束只能是自然法和神法，而不能是约束外在行为的国法。因此，对它的约束形式只能是建议、劝服、教导，而不是命令和强迫。简言之，信仰是自愿的，而非强迫的。霍布斯批判了教会内部利用宗教审查和审判对宗教信仰的迫害：

> 那便是在人们的言行都符合宗教的情况下，通过对他们的信仰进行审查和宗教审判，把仅仅是行为法则的法律扩展到人们的思想和良知意识上去。这样一来，人们要不是由于表达真思想而受到惩罚，便是由于害怕惩罚而被迫表达非真实的思想。[2]

教会没有强迫别人信仰的权力，它只能通过规劝和建议，而不是命令或真正的法律。霍布斯把宗教信仰划入私人领域的个人自由，从而剥夺了教士政治上的统治权，去除了"黑暗王国"的影响。但反过来，世俗主权者除了要求人们的身体外在言行服从，也无权干涉臣民内在的宗教信仰自由。正如有学者指出：

> 当霍布斯将宗教去神圣化并且纳入政治世界后，他同时将政治与宗教的冲突内在化，使之成为政治世界之中公共领域与私人领域的冲突。从现在起，霍布斯面临的真正问题不再是政治与宗教的外在冲突，而是政治世界内部的公共领域与私人领域、国家与个人之间的冲突。[3]

霍布斯举出两个极端例子来予以说明：一个问题是如果主权者禁止我

---

[1] [英]霍布斯：《利维坦》，黎思复、黎廷弼译，商务印书馆1985年版，第375页。
[2] [英]霍布斯：《利维坦》，黎思复、黎廷弼译，商务印书馆1985年版，第554页。
[3] 吴增定：《利维坦的道德困境——早期现代政治哲学的问题与脉络》，生活·读书·新知三联书店2012年版，第148页。

们信基督,该怎么办?另一个问题是,如果一个异教的主权者命令我们亲口说我们不信基督教,那又该怎么办?对前一个问题,霍布斯的答复是,"这种禁止是没有用的,因为信与不信不能由人家命令决定。信仰是上帝的赐与,人无法通过应许报偿而加之,或通过刑罚威胁而夺之"[1]。对后一问题的答复,霍布斯以乃缦为例,说明一个基督徒在世俗权力面前坚守内在的宗教信仰是何等的自由。霍布斯的答复如下:

> 象乃缦那样一个臣民所做的任何事情,都是为了要服从他的主权者而被迫做出的:他不是为了自己的心,而是为了国家的法律做出的;这行为不是他的,而是他的主权者的;他在这种情形下也没有在人面前不认基督,而是他的统治者和他国家在人面前不认基督。[2]

在关于奇迹信仰的论述中,霍布斯也坚持了外在认信和内在信仰的区分。霍布斯对宗教奇迹持有一种彻底的不可知论,没有一个人能确切地知道一件事是不是奇迹。最终决定一件事究竟是奇迹还是欺骗的、可信还是不可信的,只能是上帝在地上的代理人——主权者。[3] 这个会死的上帝如果通过法律命令臣民相信某件事是奇迹,那就是奇迹,臣民都得遵守这一法令。因为,决定善恶尺度的是作为国家意志的公共法律,而不是个人的理性判断。[4] 但霍布斯随即指出:"由于思想是自由的,一个人在内心中始终有自由根据他自己对号称为奇迹的行为,与其使人相信时,根据它对于那些自称能行奇迹或支持奇迹的人会产生什么好处,来决定相信与否,并根据这一点来推测这些事情究竟是奇迹还是谎骗。"[5] 也就是说,个人内心的信与不信,则完全由私人理性决定,它保留了自己判断的权利,国家权力止于外在的公开认信。

霍布斯从"自由即身体免受外在障碍"的本义出发,衍生出法律下的身体外在的自由和内在的自由。这两种自由通过法律划出一条界线,个人在此界限内不受国家权力的强制和干涉。这可谓是消极自由的发端,伯林

---

[1] [英]霍布斯:《利维坦》,黎思复、黎廷弼译,商务印书馆1985年版,第399页。
[2] [英]霍布斯:《利维坦》,黎思复、黎廷弼译,商务印书馆1985年版,第400页。
[3] [英]霍布斯:《利维坦》,黎思复、黎廷弼译,商务印书馆1985年版,第355页。
[4] [英]霍布斯:《利维坦》,黎思复、黎廷弼译,商务印书馆1985年版,第551页。
[5] [英]霍布斯:《利维坦》,黎思复、黎廷弼译,商务印书馆1985年版,第355页。

后来在此基础上提出了消极自由（negative liberty）和积极自由（positive liberty）的著名划分。消极自由就是"一个人能够不被别人阻碍地行动的领域"，换言之，"自由就意味着不被别人干涉"。[1] 从这个意义上说，法律保护下的身体自由是一种消极自由。现代宪法基本上是沿着霍布斯开创的路线前行的：一方面防止和限制国家权力侵犯以自我保存为核心的身体外在的自由，另一方面也要防止和限制国家权力侵犯良心自由、宗教信仰自由等身体内在的自由。洛克主要是从前一个方面推进霍布斯的身体宪法学，斯宾诺莎主要是从后一个方面推进霍布斯的身体宪法学。[2]

---

[1]［英］以赛亚·伯林：《自由论》，胡传胜译，译林出版社2011年版，第170、171页。
[2] 斯宾诺莎把霍布斯的宗教信仰延伸到包括哲学思考在内的一切思想自由，他认为思想自由同样属于一个人"即使自愿，也不能舍弃的"自由，因此"最好的政府会容许哲理思辨的自由，并不亚于容许宗教信仰的自由"。［荷］斯宾诺莎：《神学政治论》，温锡增译，商务印书馆1963年版，第274页。

第九章　身体宪法学的推进

梯利曾言："没有一个哲学家比洛克的思想更加深刻地影响了人类的精神和制度。"[1]洛克是现代宪法学的另一代表性人物，他的宪法学集中体现在《政府论》（下篇）这本小册子里。[2]洛克像霍布斯一样与古典灵魂宪法学决裂，而从身体出发来思考宪法学，在《政府论》（下篇）中很少或根本没有发现灵魂及与灵魂相关的词语：慈悲、伦理学、德性、高贵或爱等。[3]为了凸显自己的宪法学与古典宪法学在人性基础上的根本差异，洛克没有把良知自由、宗教信仰自由、教育关涉灵魂的问题放到《政府论》（下篇）中讨论，而是独立成书专门论述，其中包括《论宗教宽容：致友人的一封信》和《教育漫话》。在《论宗教宽容：致友人的一封信》中，洛克强调，政府关注的是人的身体——"生命、自由、健康和疾病以及诸如金钱、土地、房屋、家俱等外在物的占有权"[4]，而不是人的灵魂，"灵魂的事属于每个人自己，也只能留给自己"[5]。洛克道明了现代宪法中一个根本取向：国家或法律只为公民提供一种身体的秩序，防止不法侵害发生，但没有义务让每个人在灵魂上过上美好的生活，这显然与古典宪法学有着根本区别。正是由于洛克把灵魂问题交由个人自由处理，有关灵魂德性的教育问题也自然成为私人领域的事。《教育漫话》讨论的正是家庭教育，关涉的是如何治人教人的艺术。如果说《政府论》的主题是权利，那么《教育漫话》的主题毫无疑问是德性。洛克的这种区分就是为了凸显现代宪法学相比古典灵魂宪法学的另一特性："权利属于公共的政治领域，而德性和教育则属于私人的家庭领域。"[6]洛克像霍布斯一样建

---

[1]［美］梯利：《西方哲学史》（增补修订版），葛力译，商务印书馆1995年版，第366页。
[2]《政府论》的上篇主要是驳斥菲尔麦的君权神授说，《政府论》的下篇系统阐述了公民政府的真正起源、范围和目的，从结构上看，上篇是"破"，下篇是"立"。
[3]［美］列奥·施特劳斯、约瑟夫·克罗波西主编：《政治哲学史》（下册），李天然等译，河北人民出版社1993年版，第556页。
[4]［英］洛克：《论宗教宽容：致友人的一封信》，吴云贵译，商务印书馆1982年版，第5页。
[5]［英］洛克：《论宗教宽容：致友人的一封信》，吴云贵译，商务印书馆1982年版，第18页。
[6]吴增定：《利维坦的道德困境——早期现代政治哲学的问题与脉络》，生活·读书·新知三联书店2012年版，第262页。

立的是身体宪法学，他把霍布斯开创的身体宪法学进一步推进，主要表现在以下两个方面：一是重构了霍布斯的身体宪法学的道德基础——身体的自我保存权，二是对政府权力进行了宪制化。

第一节 道德基础的重构

霍布斯的身体宪法学的道德基础是身体的自我保存权，身体的自我保存权来源于身体的自我保存的欲望，身体的自我保存的欲望又源于对身体暴死他人之手的恐惧。洛克的身体宪法学的道德基础也是身体的自我保存权，但他对身体的自我保存权的内在结构进行了重构。一方面洛克像霍布斯一样认为身体的自我保存源于身体的自我保存的欲望，"上帝扎根于人类心中和镂刻在他的天性上的最根本和最强烈的要求，就是保存自己的要求，这就是每一个人具有支配万物并以维持个人生存与供给个人使用的权利的基础"[1]。另一方面洛克又不同于霍布斯，认为身体的自我保存权又源于身体的自我所有权（self ownership）。由于洛克把身体的自我保存权同时建立在身体的自我保存欲望和身体的自我所有权基础之上，它在洛克那里呈现出与在霍布斯那里不一样的本性和内容。

一、身体的自我所有权

洛克关于身体的自我所有权的哲学论述出现在《人类理解论》（上册）之中。理解身体的自我所有权的关键在于如何理解"自我"（self），要理解"自我"又必须从理解"人格"（person）开始。洛克指出，人格是一个法律名词，之所以提出这一概念，是为了对人在异时异地所为的行为同样负责提供依据。因此，人格问题的关键在于人格的同一性。要探讨"人格的同一性"（personal identity）首先要弄清楚洛克对人和"人的同一性"的看法。洛克反对把人理解为纯粹的灵魂的传统观念，这种观念把"身体

---

[1] [英]洛克：《政府论》（上篇），瞿菊农、叶启芳译，商务印书馆1982年版，第76页。《政府论》（上、下篇）英文版参见 John Locke, *Two Treatises of Government*, edited by Peter Laslett, Cambridge: Cambridge University Press, 1988。

和形象排除出去",是非常荒谬的。他在对人的定义中只提到了身体的外形相貌,"精细的观察分明昭示我们,口中所发出的'人'字声音,所标记的心中的观念,只是具有某种形式的一种动物"[1]。在此基础上,洛克认为人的同一性指的是同一的连续的身体,因此,人们见到一个虽然终生没有理智,但身体的形象和组织同自己相同的生物,只会说他是一个愚昧无知的人;看到一只会谈话和推论的鹦鹉,人们也只会说是只很有理性的鹦鹉,而绝不会称之为人。就此而言,人的同一性和动物的同一性没有什么区别,于是洛克进一步提出了人格和人格的同一性的概念。

人格是"有思想、有智慧的一种东西(thinking intelligent being),它有理性、能反省,并且能在异时异地认自己是自己,是同一的能思维的(thinking)东西"[2]。人格之所以"能思维自己",需借助于意识,"所谓意识就是一个人心中所发生的知觉",意识总是伴随着思维,一个人在思维时他不可能不知觉(意识)到是自己而不是别人在思维,"只有凭借意识,人人才能对自己是他所谓自我"[3]。洛克把人格等同于自我,而自我完全由意识构成,洛克进一步指出,人格的同一性就是自我的同一性,而自我的同一性,就在于自我意志。洛克作为经验论者,他不认为自我意志能由精神实体——灵魂——单独产生,它的产生一定离不开物质性的身体,正是因为身体的一切分子和同一能思想而有意识的自我,发生了生命的联系,以至于它们受到什么感触,我们能感受到;它们遇到什么福祸,我们也能意识到。[4] 围绕身体而产生的自我意识确立了自我的同一性,恰如托马斯·霍吉斯金(Thomas Hodgkin)所解释的,每个个体通过观察和感觉,了解到自己身体的存在——自己的身材、体型、四肢和躯干,从而完成个体对自己和他人的人格同一性的认知。我们不可能认为,一个人的四肢和身体不属于他自己——实际上,这种说法是自相矛盾的:因为他、

---

[1] [英]洛克:《人类理解论》(上册),关文运译,商务印书馆1959年版,第331页。英文版参见 John Locke, *An Essay Concerning Human Understanding*, Ketchener: Batoche Books, 2001。

[2] John Locke, *An Essay Concerning Human Understanding*, Ketchener: Batoche Books, 2001, p. 268.

[3] [英]洛克:《人类理解论》(上册),关文运译,商务印书馆1959年版,第86、334页。

[4] John Locke, *An Essay Concerning Human Understanding*, Ketchener: Batoche Books, 2001, p. 269.

他自己和他的身体都是同一事物。[1] 自我意识到每个人拥有的最真实的，也是最重要的东西是自己的身体，很难想象一个人除自己的身体之外还能有什么东西，也很难想象它在任何意义上属于其他人。自我拥有自己的身体就其性质来说，是一种排他性的主张，它等于说自我是自己身体的所有者或主人，换言之，对自己的身体拥有自我所有权。洛克通过身体确定了自我所有权的范围，身体以及同自我意识联结在一起的身体上的东西，都被视为自我所有；与之相反，被肢解掉的肢体由于不与自我意识发生关联，所以它不再被看作自我的一部分。

伴随着思想的意识，不仅是对身体的意识，而且是对身体所作出行为的意识。这种意识不仅指向自己当下的行为或思想，还通过回忆延伸到自己过去的行动或思想中，正是凭借这种对现在和过去行为所产生的同一意识，自我认识到"现在的自我就是以前的自我，而且以前反省的那个自我，亦就是现在反省自我的这个自我"[2]。洛克把自我意识与行动联系起来考察，行动是与思想伴随的意志认识到的过去或现在实施的行动，也就是说，它必然是一种意图性的行动（intentional action）。洛克在对自我形成的描述中，都反复强调了这一关键点——自我"拥有"自己的行为。[3] 通过自我意识的延伸，自我所有权的范围也由身体拓展到身体的行为。

自我作为有意识、能思想的主体最为关心的是身体的快乐与痛苦、幸福和苦难，"这个意识扩展到什么地方，则这个自我便对自己关心到什么地方"[4]。身体的快乐与痛苦成了自我形成的核心内容，正如扎克特指出："如果人不是一个能感知快乐和痛苦的身体，那自我就绝不会存在。"[5] 趋乐避苦是自我行为的根源，但由于幸福是"眼所不能看到、耳所不曾听到、人心所不曾想到"的东西，因此，直接推动自我行为的不是对幸福的预期，而是由于痛苦而产生的不适（uneasiness）——它是自我最易意识到

---

[1] 转引自［美］汤姆·G. 帕尔默：《实现自由：自由意志主义的理论、历史与实践》，景朝亮译，法律出版社2011年版，第95页。
[2] ［英］洛克：《人类理解论》（上册），关文运译，商务印书馆1959年版，第334页。
[3] 洛克分别用了以下词语来表述"自我拥有自己行为"："actions belong to the same person" "action was appropriated to me" "this personality owns its actions"。See John Locke，An Essay Concerning Human Understanding，Ketchener：Batoche Books，2001，pp. 273，278.
[4] ［英］洛克：《人类理解论》（上册），关文运译，商务印书馆1959年版，第341页。
[5] ［美］迈克尔·扎克特：《洛克政治哲学研究》，石碧球等译，人民出版社2013年版，第211页。

的东西。幸福虽然不能获得，但它作为自我的一个恒常追求目标而存在。当自我认为他缺乏幸福所必需的东西时，他就会感到痛苦和不适，从而马上行动起来。因此，最低限度的幸福就是免于所有痛苦和不适而感受到的快乐和舒适（ease）。围绕身体的舒适和不适（或快乐和痛苦）而形成的自我总是"自私的"，他只关注自己的幸福，"因为能意识到苦乐的那种主体，一定要希望那个有意识的自我得到幸福"[1]。自我只关心自己的幸福根源于身体是属己的——身体的舒适与否只有自己能意识到，没有其他人能分享自己的肢体被砍掉的痛苦。诚如阿伦特所指出，没有什么东西比发生在我们身体里面的愉快和痛苦更缺少公共性，更无法与人交流。[2]

每个人从意识到自己身体属于自己开始，逐渐意识到身体所作出的行为以及同意识联系在一起的身体上的东西也是自己的。自我本身是完全抽象和空洞的，它是由以身体为源泉的自我所有权意识构成的。由于每个人依自然都拥有且仅拥有独一无二的身体，以身体为源泉的自我所有权是"自然的"，且是"真实和可靠的"。

二、作为财产权的身体的自我保存权

洛克的身体的自我保存权正是建立在自我的构成（constitution）——身体的自我所有权——基础之上。由于身体属于自我"自然"所有，或者说是自我的自然财产，其他自我所有的东西都是从中派生出来的，因此，身体的自我保存权实质上是保存以身体自我所有为源泉的财产。[3] 在洛克的思想里，"人类的身体的确成了所有财产的'精髓'，因为身体是唯一一种不能与别人分享的东西，即使想分享也不行"[4]。洛克明确指出："我所谓财产，在这里和在其他地方，都是指人们在他们的身心和物质方面的

---

[1] [英] 洛克：《人类理解论》（上册），关文运译，商务印书馆1959年版，第348页。
[2] 参见 [美] 汉娜·阿伦特：《人的条件》，竺乾威等译，上海人民出版社1999年版，第99页。
[3] 洛克将自我所有的东西称为财产（property/propriety），卡尔·奥利维克诺拉（Karl Qlivecrona）为洛克的这一用法找到有力的证据，他认为在17世纪的英语中，property 经常与propriety 交替使用，它们是拉丁文 suum（属于自己的东西）的通行英文翻译。Karl Olivecrona, "Appropriation in the State of Nature: Locke on the Origin of Property", *Journal of the History of Ideas*, Vol. 35, 1974, pp. 221-230. 转引自 [澳] 斯蒂芬·巴克勒：《自然法与财产权理论：从格劳秀斯到休谟》，周清林译，法律出版社2014年版，第159—160页。
[4] [美] 汉娜·阿伦特：《人的条件》，竺乾威等译，上海人民出版社1999年版，第99页。

财产而言。"[1]洛克所谓的财产（property）主要包括身体（生命）、自由和"物质财产"[2]。又因为在洛克那里，财产的观念还指"人对于某种事物的权利"[3]，于是，作为财产的身体（生命）、自由和地产又经常表述为作为财产权的生命权、自由权和财产权（狭义），它们都归属于身体的自我保存权。

首先，作为财产权的身体的自我保存权是生命权，即自我保护身体和生命的安全和存续的权利。身体必须借助生命存续，否则只能是一具尸体。既然身体要以生命的存续为前提，身体的自我所有权必然包含生命的自我所有权，身体的自我保存权必然包含生命的自我保存权。生命权首要的内容是保护身体和生命不受他人的伤害和杀害的权利。既然自我对自己的身体和生命拥有所有权，那么这些东西就应该具有不可侵犯性，即排除其他人对它们提出类似的权利诉求。当然，在自然状态下，每个人都是"平等和独立的"，这个自我必须承认其他人基于相同的理由提出的相同的权利诉求——不侵犯其他人的身体和生命。霍布斯由于没有从身体的自我所有权去界定身体的自我保存权，在他那里不可能出现身体的财产权概念，身体的自我保存权也不是一种"排他性的权利"，而是每个人对每一种事物甚至彼此的身体都具有的权利。生命权还包括维持生存所需物品的权利，"人类一出生即享有生存权利，因而可以享用肉食和饮料以及自然所供应的以维持他们的生存的其他物品"[4]。洛克像霍布斯一样主张自我不仅对身体和生命享有权利，而且对保存身体和生命的手段也享有权利，"凡是主宰自己和自己的生命的人也享有设法保护生命的权利"[5]。保存

---

[1] [英]洛克：《政府论》（下篇），叶启芳、瞿菊农译，商务印书馆1964年版，第110页。
[2] "物质财产"在《政府论》（下篇）中分别用"财富"（fortunes）、"财货"（goods）、"占有物"（possessions）或"地产"（estates）来表示，我们把"物质财产"称为狭义的财产，把包括身体（生命）、自由和物质财产的全部财产（property）称为广义的财产。与之相应的财产权也分为狭义的财产权和广义的财产权。
[3] 参见[英]洛克：《人类理解论》（下册），关文运译，商务印书馆1959年版，第583页。在表示"财产"和"财产权"时，洛克不加区分地使用了"property"一词，在表示"财产"时强调的是"property"作为自我的对象的一面，即自我所有的某种东西；在表示"财产权"时强调的是"property"作为自我的道德能力/力（moral faculty/power）的一面，即自我可以支配和使用自我所有的东西。参见王楠：《劳动与财产——约翰·洛克思想研究》，上海三联书店2014年版，第131、135页。
[4] [英]洛克：《政府论》（下篇），叶启芳、瞿菊农译，商务印书馆1964年版，第17页。
[5] [英]洛克：《政府论》（下篇），叶启芳、瞿菊农译，商务印书馆1964年版，第110页。

身体和生命的手段之权利还包括维持生存需要之外的"享受生活便利的权利"或"舒适生活的权利"。[1] 也就是说,洛克不满足于霍布斯那里单纯的身体的自我保存权,而是强调舒适的身体自我保存权,这与自我在他看来不仅仅意识到拥有自己的身体,而且最为关心自己身体的舒适(快乐)与否前后呼应。

其次,作为财产权的身体的自我保存权是自由权,即自我按照自己的意愿运用权力(power,又译为"能力""力量")保存身体和生命的权利。自由是"一种动作的能力或不动作的能力",并且它"一定是按照人的心理选择,来决定身体各部分运动与否的那种能力"。[2] 由于自我不仅对身体享有所有权,而且对身体的行为(或动作)享有所有权,因此,自我有通过支配和控制自己身体行为来保存身体和生命的自然自由或自然权力。自然自由或自然权力"就是不受人间任何上级权力的约束,不处在人们的意志或立法权之下,只以自然法作为他的准绳"[3]。自然权力主要包括两种:第一种是在自然法许可的范围内,为了保存自己和别人的身体和生命,可以做他认为合适的任何事情的权力。[4] 第二种是惩罚违反自然法的人的权力,它指的是一个人支配另一个的人的权力。惩罚权力的对象不仅仅指向实际侵害身体和生命的人,而且指向了有威胁或者假定有威胁身体和生命的人。[5] 如果说生命权是身体和生命免受其他人干扰的消极权利,那么这里的自由权是自我主动运用身体行使保存身体和生命的积极权利。自由权是身体的自我保存的"唯一保障",丧失了自由权,自我就丧失了对身

---

[1] 洛克说:"上帝即将世界给予人类共有,亦给予他们以理性,让他们为了生活和便利的最大好处而加以利用土地和其中的一切,都是给人们用来维持他们的生存和舒适生活的。"[英]洛克:《政府论》(下篇),叶启芳、瞿菊农译,商务印书馆1964年版,第17页。
[2] [英]洛克:《人类理解论》(上册),关文运译,商务印书馆1959年版,第232、228页。
[3] [英]洛克:《政府论》(下篇),叶启芳、瞿菊农译,商务印书馆1964年版,第15页。
[4] [英]洛克:《政府论》(下篇),叶启芳、瞿菊农译,商务印书馆1964年版,第79页。
[5] 洛克在《政府论》(下篇)先后指出:"有权制止或在必要时毁灭所有对他们有害的东西","我享有毁灭那以毁灭来威胁我的东西的权利","一个人可以合法地杀死一个窃贼,尽管窃贼并未伤害他,也没有对他的生命表示任何企图,而只是使用强力把他置于他的掌握之下,以便夺去他的金钱或他所中意的东西"。[英]洛克:《政府论》(下篇),叶启芳、瞿菊农译,商务印书馆1964年版,第6、11、12页。洛克通过自然法的执行权赋予了自然法越来越多伤害他人的权利,迈克尔·扎科特由此认为,洛克的自然法与霍布斯的自然权利——自由去做自我保存必需的事情,即使其方式会伤害他人——几乎没有什么差别。[美]迈克尔·扎科特:《自然权利与新共和主义》,王崇兴译,吉林出版集团有限责任公司2008年版,第319页。

体行为的控制，保存身体和生命就无法有效进行。"这种不受绝对的、任意的权力约束的自由，对于一个人的自我保存是如此必要和有密切联系，以致他不能丧失它，除非连他的自卫手段和生命都一起丧失。"[1]当一个人丧失自由权之后，身体行为只能"接受他人专断意志的支配"，包括身体在内自我所有的财产都将面临被侵夺的危险，"我并无理由认为，那个想夺取我自由的人，在把我置于他的掌握之下以后，不会夺去我的其他一切东西"[2]。

最后，作为财产权的身体的自我保存权是狭义的财产权，即自我获得财产以保存身体和生命的权利，亦即自我保存身体和生命的手段的权利。自我为了保存身体和生命，都需要从外部世界获取东西，但"土地和一切低等动物为一切人所共有"，能够把这些共有的东西变为私人的财产的是劳动。劳动把不属于自己的东西转化为自己的东西的基础正是来源于身体的自我所有权：每个自我对自己的身体天然地享有所有权，因此对身体所做出的行为——劳动——也享有所有权；如果自我将劳动掺进共有的东西上，那些东西将变成自我独有的财产，从而排斥其他人共有的权利。洛克总结道："对于他能以他的劳动予以影响的一切东西，他都享有财产权；凡是他的勤劳所及，以改变自然使其所处的原来状态的一切东西，都是属于他的。"[3]不是自然——"自然和土地只提供本身几乎没有价值的资料"，而是自我的身体——具体体现为身体的劳动——才是财产的源泉，"劳动所造成的占我们在世界上所享受的东西的价值中的绝大部分"[4]。根源于劳动的财产权是一种自然权利，它"无须任何人的让与或同意"，洛克反问道："如果这样的同意是必要的话……人类早已饿死。"[5]通过身体的劳动获得的财产是保存身体和生命的重要手段，夺走这些财产就是对身体和生命本身的伤害，谋财即害命。每个自我都可以通过身体的劳动占有对保存身体所必需的或有用的东西，但对这件东西的占有受"败坏之前尽量使用它来供生活所需"的规则之限制。也就是说，在败坏规则的限度

---

[1] [英]洛克：《政府论》（下篇），叶启芳、瞿菊农译，商务印书馆1964年版，第15页。
[2] [英]洛克：《政府论》（下篇），叶启芳、瞿菊农译，商务印书馆1964年版，第12页。
[3] [英]洛克：《政府论》（下篇），叶启芳、瞿菊农译，商务印书馆1964年版，第29页。
[4] [英]洛克：《政府论》（下篇），叶启芳、瞿菊农译，商务印书馆1964年版，第28、27页。
[5] [英]洛克：《政府论》（下篇），叶启芳、瞿菊农译，商务印书馆1964年版，第19页。列奥·施特劳斯对此有精辟的总结："劳动乃是与自然权利相符合的唯一的占有财产的资格。"[美]列奥·施特劳斯：《自然权利与历史》，彭刚译，生活·读书·新知三联书店2003年版，第241页。

内，自我不但可以占有对保存身体有用的东西，还可以贮藏大量不易腐坏但对保存身体"毫无用处"的东西（譬如金银和钻石），"超过他的正当财产的范围与否，不在于他占有多少，而在于是否有什么东西在他手里一无用处地会坏掉"。[1] 但在货币发明之前贮藏保存身体需要之外的东西"是一件蠢事"，这纯粹是在浪费身体的劳动，因此，"一个人有权享受所有那些他能施加劳动的东西，同时也不愿为他所享用不了的东西花费劳力"[2]。货币的发明使人们摆脱了败坏规则的限制，身体劳动产生的剩余产品通过货币的形式贮藏起来，自我再"用它交换真正有用但易于败坏的生活必需品"。现在再也没有什么东西由于过剩或其他原因而被败坏或浪费，贮藏多余能使用的东西就再不是"一件蠢事"。正是货币的出现提供了"继续积累和扩大财产的机会"，使自我可以占有比单纯的身体的自我保存所必需之物更多的东西，从而使舒适的身体的自我保存成为可能。

身体的自我保存权不仅来源于身体的自我保存的欲望，而且源自身体的自我所有权。因此，身体的自我保存权不仅被看作自然权利，还被看作财产权。身体的自我保存权具体包括生命权、自由权和财产权。其中生命权是首要的权利，自由和财产作为权利是因为它们作为手段有助于身体和生命的自我保存。作为手段的财产权不仅有助于单纯的身体的自我保存，还有助于舒适的身体的自我保存。换言之，身体的自我保存权在洛克那里既指单纯的身体的自我保存权，又指舒适的身体的自我保存权。

第二节　政府权力的宪制化

在自然状态下，由于没有一个公共权力和共同的裁判者去保护身体的自我保存权，自我的身体和生命是很不安全的。[3] 为了弥补在自然状态下

---

[1]［英］洛克：《政府论》（下篇），叶启芳、瞿菊农译，商务印书馆1964年版，第30页。
[2]［英］洛克：《政府论》（下篇），叶启芳、瞿菊农译，商务印书馆1964年版，第32页。
[3] 洛克认为，自然状态下对自然权利的保护缺少以下三样东西：一是缺少一种确定的、规定了的、众所周知的法律；二是缺少一个有权依照既定的法律来裁判一切争执的裁判者；三是缺少一种支持正确的判决并使它得到执行的权力。［英］洛克：《政府论》（下篇），叶启芳、瞿菊农译，商务印书馆1964年版，第77—78页。

的种种缺陷，人们建立政府权力来保护身体的自我保存权。为此，霍布斯把这种政府权力设计为绝对的主权权力。主权权力无论掌握在个人还是会议手里，都不受宪法和法律限制。为了弥补自然状态下身体的自我保存权得不到保护的缺陷，把它交给一个强大无比且不受宪法和法律控制的政府权力（主权权力），这无异于为了"不受狸猫或狐狸的可能搅扰，却甘愿被狮子所吞食"[1]的愚蠢之举。在这种情况下，人们还不如回到自然状态中去，在那里"他们还享有保卫自己的权利不受别人侵害的自由，并以平等的力量进行维护权利"[2]。霍布斯认识到自然状态下保护身体的自我保存权的困境，但他"开的药方比病症本身还要糟糕"[3]。对洛克而言，对身体的自我保存权最大的威胁与其说是自然状态，毋宁说是绝对的、任意的和不受限制的政治权力。如何对政府权力进行宪制化，使它保护而非侵害身体的自我保存权，这正是洛克身体宪法学的重要内容。

在论证洛克如何对政府权力进行宪制化之前，有必要把政府权力与政治权力区分开来。王涛认为，政府权力是指政府所具有的那些具有特定功能的具体权力，政治权力并不是政府的某项具体权力，而是政府所有权力的本质属性，与政治权力处于相同范畴的概念是父权和专制权力。[4]洛克给政治权力下了一个明确的定义：

> 为了规定和保护财产而制定法律的权利，判处死刑和一切较轻处分的权利，以及使用共同体的力量来执行这些法律和保卫国家不受外来侵害的权利；而这一切都只是为了公众福利。[5]

政治权力来源于前面论述的两种自然权力——保存自己和他人的权力以及执行自然法的权力，前者交给社会所制定的法律来调节，后者交给社会公众（the public），由公众来执行法律。自然权力转化为政治权力需要经过社会契约（原初宪法），即自然状态下的每个人签署社会契约同意放

---

[1] [英] 洛克：《政府论》（下篇），叶启芳、瞿菊农译，商务印书馆1964年版，第57页。
[2] [英] 洛克：《政府论》（下篇），叶启芳、瞿菊农译，商务印书馆1964年版，第86页。
[3] [美] 史蒂芬·B.斯密什：《政治哲学》，贺晴川译，北京联合出版公司2015年版，第208页。
[4] 王涛：《洛克对政治权力内涵的分析》，载《北京行政学院学报》2011年第2期，第99页。
[5] [英] 洛克：《政府论》（下篇），叶启芳、瞿菊农译，商务印书馆1964年版，第2页。

弃自然权力，并将它转移给他们所进入的社会。[1] 与此同时，每个人还同意由社会中的大多数（公众）行使属于这个共同体的权力。从此以后，共同体行使权力不再需要每个人的全部同意，只需要根据"多数人的意志和决定"，这样，它就能够像一个整体（body）一样行动。由于作为整体的共同体就是人民（people），因此，人民是共同体权力的主体。在和平时期人民运用共同体权力的方式是制定宪法，创立政府，共同体的权力在此转变为制宪权。

在创立政府的宪法中，人民把政治权力委托给政府，政治权力表现为政府权力。为了对政府权力进行限制，洛克把人民共同体和政府的关系理解为委托（trust）而不是政治契约。[2] 在委托中，"受托方并没有直接建立与委托方的契约关系，它对后者承担的是单边义务，保证受益方的权利不受任何他人的侵犯……并不强调受托方自身的权利"[3]。在宪法上确立立法权是社会的"首要的和基本的行为"[4]。立法权是政府的最高权力，宪法如何安置这一最高权力决定了政府的形式（政体）。立法权委托给多数人，就是民主政体；立法权委托给少数人，就是寡头政体；立法权委托给一个人，就是君主政体（又分为世袭君主政体和选任君主政体）；立法权委托给少数人或一人行使，然后收回重新交给所选出的人，就是混合政体。一旦宪法将立法权委托给某些人，他们就是"人世间的裁判者"，"有权裁判一切争端和救济国家的任何成员可能受到的损害"[5]。改变宪法设定的立法权，就是改变政府的形式，就会导致政府的解体。

立法权实现目的的"重要工具和手段"是"向全国人民公布周知的、经常有效的法律"，而不是各种临时的、不受限制的命令，依靠后者立法权容易转变为"任意的和专断的权力"——它对人民的身体和生命的威胁比自然状态下还要大。法律既约束人民，也约束统治者，"一方面使人民

---

[1] 自我放弃或让与的不是身体的自我保存权，而是保护它的自然权力，身体的自我保存权根源于自我或人格的内在构成——身体的自我所有权，放弃或让与身体的自我保存权就意味着失去了自我或人格。
[2] 也有学者认为人民共同体与政府的关系就是政治契约。参见霍伟岸：《洛克权利理论研究》，法律出版社2011年版，第253页。
[3] 李猛：《自然社会：自然法与现代道德世界的形成》，生活·读书·新知三联书店2015年版，第464页。
[4] [英]洛克：《政府论》（下篇），叶启芳、瞿菊农译，商务印书馆1964年版，第135页。
[5] [英]洛克：《政府论》（下篇），叶启芳、瞿菊农译，商务印书馆1964年版，第54页。

可以知道他们的责任并在法律范围内得到安全和保障,另一方面,也使统治者被限制在他们的适当范围之内,不致为他们所拥有的权力所诱惑,利用他们本来不熟悉的或不愿承认的手段来行使权力"[1]。因此,基于这种立法权建立的政府是法治政府和有限政府。洛克进而认为,君主专制政体根本不是政府的一种形式,因为君主"使用绝对的专断权力,或不以确定的、经常有效的法律来进行统治"[2]。

洛克之所以主张通过宪法建立法治政府,还与他对法律和自由的关系理解有关。宪法确立了立法权之后,政府权力转变为法律权力,人民转变为法律支配下的臣民,自然自由转变为臣民自由。在霍布斯那里,法律是"人为的锁链",臣民自由是通过法律限制自然自由来实现的。洛克认为,"法律按其真正的含义而言与其说是限制还不如说是指导一个自由而有智慧的人去追求他的正当利益,它并不在受这法律约束的人们的一般福利范围之外作出规定"[3]。法律是保护和扩大自然自由,而不是废除或限制自然自由;换言之,"哪里没有法律,那里就没有自由"。法律下的臣民自由是:

> 在他所受约束的法律许可范围内,随其所欲地处置或安排他的人身、行动、财富和他的全部财产的那种自由,在这个范围内他不受另一个人的任意意志的支配,而是可以自由地遵循他自己的意志。[4]

在洛克看来,臣民自由是通过法律限制绝对和专断的意志或政府权力来实现的。从这个意义上讲,政府也必须实行法治。

尽管宪法确立了立法权的至高地位,但法律可以在短期内制定,立法机关"没有经常存在的必要,而且经常存在也是不方便的"[5]。为了保证立法机关制定的法律持久有效地发挥作用,需要有一个经常存在的执行权。同一批人同时拥有制定和执行法律的权力,他们会使法律满足于自己的私人利益,这明显违背了政府的目的。因此,立法权和执行权需要掌握

---

[1] [英]洛克:《政府论》(下篇),叶启芳、瞿菊农译,商务印书馆1964年版,第87页。
[2] [英]洛克:《政府论》(下篇),叶启芳、瞿菊农译,商务印书馆1964年版,第86页。
[3] [英]洛克:《政府论》(下篇),叶启芳、瞿菊农译,商务印书馆1964年版,第35页。
[4] [英]洛克:《政府论》(下篇),叶启芳、瞿菊农译,商务印书馆1964年版,第35、36页。
[5] [英]洛克:《政府论》(下篇),叶启芳、瞿菊农译,商务印书馆1964年版,第96页。

在不同人手里。自然状态下正是因为每个人既掌握立法权（解释自然法）又掌握执行权（执行自然法），从而导致他们无法实现身体的自我保存。政府权力被洛克分离为立法权和执行权。他还提出了对外权（federative power），但执行权和对外权在实践中"很难分开和同时由不同的人所掌握"，因此，对外权可以算是广义的执行权的一部分，对外权用来处理对外的关系，狭义的执行权用来处理对内的关系。洛克始终强调立法权是最高权力，执行权都必须从属于立法权。施特劳斯指出：

  在洛克看来，对于个人权利的最好的制度性屏障乃是由这样一种宪制提供的：它在几乎所有的内政事务上都严格使执行权（那一定是很强大的）隶属于法律，并且最终隶属于有明确界定的立法会议。[1]

考虑到"人类事务的变幻无常"，"立法者不能预见并以法律规定一切有利于社会的事情"，需要赋予拥有执行权的人在法律没有作出规定的情况下，"根据一般的自然法享有利用自然法为社会谋福利的权利"，这种自由裁量权就是洛克所谓的特权（prerogative）。[2] 特权是直接对人民负责，而不再是对立法机关负责，它"在性质上类似于自然法的执行权，因此包含了某种与立法机构制定的法律具有同等效力，在某种意义上更接近政治权力来源的因素"[3]。特权的行使受政府的目的限制，即必须服务于人民身体和生命的保存，在这个意义上，它是"没有法律规定的情况下谋求公共福利的权力"，真正体现了宪法的精神——"人民的福利是最高的法律"[4]。

当特权落在一心关心人民福利的贤明君主手里，人们不会嫌他有过多的特权；但当特权落在昏暴的君主手里，为他谋求"自己的私人利益"时，他就违背了人民的委托。除了君主（暴君），立法机关也可能违背人民的委托。无论是君主，还是立法机关，只要他们试图用绝对和恣意的权力侵犯身体的自我保存权，即成为"人民的生命、权利或财富的主人或任

---

[1] [美]列奥·施特劳斯：《自然权利与历史》，彭刚译，生活·读书·新知三联书店2003年版，第238页。
[2] [英]洛克：《政府论》（下篇），叶启芳、瞿菊农译，商务印书馆1964年版，第102页。
[3] 李猛：《自然社会：自然法与现代道德世界的形成》，生活·读书·新知三联书店2015年版，第451页。
[4] [英]洛克：《政府论》（下篇），叶启芳、瞿菊农译，商务印书馆1964年版，第106、100页。

意处分者时"，他们就在违背人民的委托，也就在改变宪法。当君主或立法机关改变了宪法，政府就随之解体，立法权和行政权也一同消失。洛克把政府解体和社会解体明确区分开来，违背人民的委托而导致政府解体之后，权力并没有回到自然状态，它依然保留在社会中（社会并没有解体）。"社会始终保留着一种最高权力，以保卫自己不受任何团体、即使是他们的立法者的攻击和谋算。"[1]当社会有政府之后，人民停止行使共同体（社会）的最高权力；当政府解体时，人民重新行使共同体的权力，他有权再次行使制宪权，创立新的政府。洛克的宪法学中，存在着两种最终权力：共同体的最高权力和政府的最高权力——立法权，前者直接来源于自然权力，后者来源于前者的委托，因此，前者是"本原意义上的最高权力，是一种根本权力"[2]。人民通过共同体的最高权力对君主和立法机关违背委托的政府权力进行限制。洛克不仅将正常状态下（基于委托）的政府权力宪制化，而且把非常状态下（违背委托）的政府权力宪制化，这是洛克身体宪法学比霍布斯身体宪法学更为成熟的地方。

---

[1] [英]洛克：《政府论》（下篇），叶启芳、瞿菊农译，商务印书馆1964年版，第94页。
[2] 李猛：《自然社会：自然法与现代道德世界的形成》，生活·读书·新知三联书店2015年版，第471页。

结　语

根据对人的本性的不同认识，宪法学经历了从灵魂宪法学到身体宪法学的古今变化。古典灵魂宪法学在柏拉图的《理想国》中得到了鲜明的体现。在《理想国》中，人的本性即灵魂，灵魂由理性、激情和欲望构成，这三者之间的秩序安排形成了灵魂宪法。当理性联合激情统治欲望而达到和谐秩序时，灵魂宪法是正义的，也是完美的。哲人拥有最正义和最完美的灵魂宪法，他是最正义、最好、最自由和最幸福的人。灵魂宪法是城邦宪法的根源，灵魂宪法（关键是统治者的灵魂宪法）的好坏决定了城邦宪法的好坏。最正义和最美好的城邦宪法是哲人王制，它最有利于满足人性的最高要求，也最有利于人性的完美化。哲人王制的存在依赖于对身体的遗忘，它的实现依赖于哲人和权力的偶然结合。因而，它在现实中几乎不可能存在，用《理想国》中苏格拉底的话来说，它存在于言辞之中。现实存在的都是不太正义和不太完美的城邦宪法——荣誉制、寡头制、民主制和僭主制，它们源于统治者的灵魂宪法一步步偏离哲人的灵魂宪法。不太正义和不太完美的城邦宪法满足的是灵魂的激情和欲望，它无法满足灵魂的理性。为了满足人性的最高需求，《理想国》把哲人王制作为追求的目标。接近哲人王制的根本途径在于教育，教育就是在统治者和辅助者的灵魂中立法。

现代身体宪法学认为，古典灵魂宪法学把目标定得太高以致根本无法实现，哲人王制城邦宪法在他们看来就是一个"乌托邦"。为了目标变得容易实现必须降低对人性的要求，于是他们从身体出发对宪法学进行了重构。现代身体宪法学在霍布斯的《利维坦》中得到了鲜明的体现。霍布斯的身体宪法学仅探究有关原因的知识，这意味他不像柏拉图一样把宪法作为整全来思考，他摒弃了神、宇宙和灵魂等没有原因或独立存在的事物。在霍布斯看来，人的本性即一个运动的身体，驱使身体运动的是形形色色的激情。在自然状态下，主宰身体的运动是两种相互对立的激情——虚荣和恐惧：虚荣会导致"一切人对一切人的战争"，对虚荣进行驯服的是身体暴死于他人之手的恐惧。身体的恐惧唤醒了身体的自我保存的欲望，基于这种欲望产生了身体的自我保存权，后者是身体宪法学的道德基础。身体的恐惧还唤醒了理性，为了保护身体的自我保存权，理性指引人们彼此订立契约，根据契约产生了主权权力和国家。由于契约的本性是意志，主权权力和国家与其说是理性的产物，不如说是意志的产物。契约是原初的宪法，宪法的本性是意志，它的目的是保护身体的自我保存权，实现这一目的的根本途径是把自然的身体自由转变为法律保护下的身体自由。

洛克推进了霍布斯的身体宪法，这种推进主要体现在两个方面：首先，洛克重构了身体宪法学的道德基础——身体的自我所有权。在洛克那里，身体的自我保存权不仅来源于身体的自我保存的欲望，而且源自身体的自我所有权。因此，身体的自我保存权不仅被看作自然权利，而且被看作财产权；它除满足于单纯的身体的自我保存之外，还满足于身体的舒适的自我保存。其次，洛克对政府权力进行了宪制化，这不仅包括正常状态下政府权力的宪制化，还包括非正常状态下政府权力的宪制化。洛克通过建立宪制和法治政府，以更好地保护身体的自我保存权。

现代身体宪法学把人的本性设定为没有灵魂的身体性存在，这种认识是不全面和不真实的。霍布斯的身体宪法学的根本前提是自然状态下身体内两种对立的激情：虚荣和恐惧。他认为恐惧是最为理性和最为正义的激情，而虚荣是最不理性和最不义的激情。这是否符合人的本性呢？黑格尔就提出了与霍布斯不一样的观点。黑格尔认为，虽然在原始的战斗中，为荣誉而战（获得承认的欲望）和对暴死的恐惧（自我保存的欲望）处于一种根本的紧张关系；但是最初之人的本性恰恰在于他为了追求荣誉而甘愿冒生命危险，这是人类自由的根本。是主人还是奴隶就根据一个人对暴力死亡的态度来决定：敢于用生命来冒险的就是主人，不敢冒死的沦为奴隶。黑格尔说道："只有通过冒生命的危险才可以获得自由……一个不曾把生命拿去拼了一场的个人，诚然也可以被承认为一个人，但是他没有达到他之所以被承认的真理性作为一个独立的自我意识。"[1]科耶夫对黑格尔这段话进行了深度的解释：

> 为了人能真正地成为人，为了人能在本质上和实际上区别于动物，人的欲望必须在事实上超越他的动物欲望。然而，一切欲望都是对一种价值的欲望。对动物来说，最高价值是它的动物生

---

[1] [德]黑格尔：《精神现象学》（上册），贺麟、王玖兴译，商务印书馆1962年版，第168—169页。

命。归根结底，动物的所有欲望都与保存生命的欲望紧密联系在一起。而人的欲望超越这种保存生命的欲望。换句话说，只有当人冒着与人的欲望紧密联系在一起的（动物）生命的危险，人才"被确认"为人。[1]

身体的自我保存的欲望被认为是动物的欲望，人的欲望在于超越动物的欲望，追求一种灵魂上高贵的东西，也正因为这种灵魂的存在与否决定了奴隶主与奴隶的身份。福山由此作了如下评价："黑格尔在宁愿冒生命危险的贵族武士的骄傲中发现了一些道德上值得称颂的东西，也在寻求自我保存的奴隶意识中发现了某些卑贱的东西。"[2]霍布斯把基于暴死而产生的自我保存欲望作为人的本性的普遍特征，沃格林认为，这是"对人自己的本性和神的反叛"[3]。洛克则进一步推进了这种反叛，让"财产"取代了人在灵魂上的追求和对神的关注，人连自己的身体都变成一种财产。

现代身体宪法学摒弃对灵魂的思考，就意味着它斩断了人面向整全和接近超越存在的可能性，根据这种宪法而建立的政治社会不仅无法满足人性的最高需求和实现人性的完美化，而且最终会导致人性的毁灭。诚如施特劳斯所言：

> 一个没有为灵魂对伟大的渴求留有适当空间的政治社会，在短时间内可能成功地摧毁或抑制人的天性，但从长远来看可能导致它自身的毁灭。当被伟大抱负推动的灵魂没有空间来追求高贵和美丽的时候，他们就将变得倾向毁灭。如果他们不能成为英雄，他们将成为恶棍。[4]

人在本性上"是能动的、全面的人，而不是僵化的、'单向度'的人"[5]。现代身体宪法学由于在人的本性认识上的片面性而引发的危机，促使人们重新思考古典灵魂宪法学的教诲。如何用古典灵魂宪法学来化解

---

[1] [法] 科耶夫：《黑格尔导读》，姜志辉译，译林出版社2005年版，第7页。

[2] [美] 弗朗西斯·福山：《历史的终结及最后之人》，黄胜强、许铭原译，中国社会科学出版社2003年版，第179页。

[3] [美] 沃格林：《没有约束的现代性》，张新樟、刘景联译，华东师范大学出版社2007年版，第81页。

[4] [美] 列奥·施特劳斯、[法] 亚历山大·科耶夫：《论僭政——色诺芬〈希耶罗〉义疏》，何地译，华夏出版社2006年版，英文版编者导言，第16—17页。

[5] 习近平：《之江新语》，浙江人民出版社2013年版，第150页。

现代身体宪法学的危机,古人没有为现代人提供现存的解决方案,这个任务只能由现代人自己去完成。如何把灵魂宪法学、身体宪法学与中国实际结合,构建出符合国情的宪法学,以不断促进人的全面发展,这个任务只能由中国人自己去完成。

参考文献

一、译著

1. ［古希腊］赫拉克利特：《赫拉克利特著作残篇》，T. M. 罗宾森英译，楚荷中译，广西师范大学出版社2007年版。
2. ［古希腊］柏拉图：《苏格拉底的申辩》，吴飞译/疏，华夏出版社2007年版。
3. ［古希腊］柏拉图：《游叙弗伦》，顾丽玲编译，华东师范大学出版社2010年版。
4. ［古希腊］柏拉图：《斐多》，杨绛译，生活·读书·新知三联书店2011年版。
5. ［古希腊］柏拉图：《〈吕西斯〉译疏》，陈郑双译疏，华夏出版社2014年版。
6. ［古希腊］柏拉图：《克拉梯楼斯篇》，彭文林译注，联经出版社2002年版。
7. ［古希腊］柏拉图：《阿尔喀比亚德》，梁中和译/疏，华夏出版社2009年版。
8. ［古希腊］柏拉图：《理想国》，郭斌和、张竹明译，商务印书馆1986年版。
9. ［古希腊］柏拉图：《理想国》，王扬译注，华夏出版社2012年版。
10. ［古希腊］柏拉图：《〈理想国篇〉译注与诠释》（上、下册），徐学庸译，安徽人民出版社2013年版。
11. ［古希腊］柏拉图：《蒂迈欧篇》，谢文郁译注，上海人民出版社2003年版。
12. ［古希腊］柏拉图：《法律篇》，张智仁、何勤华译，上海人民出版社2001年版。
13. ［古希腊］柏拉图：《柏拉图全集》（第三卷），王晓朝译，人民出版社2003年版。
14. ［古希腊］亚里士多德：《形而上学》，吴寿彭译，商务印书馆1959年版。
15. ［古希腊］亚里士多德：《政治学》，吴寿彭译，商务印书馆1965年版。
16. ［古希腊］第欧根尼·拉尔修：《名哲言行录》，徐开来、溥林译，广西师范大学出版社2010年版。
17. ［古罗马］西塞罗：《论共和国 论法律》，王焕生译，中国政法大学出版社1997年版。
18. ［法］笛卡尔：《第一哲学沉思集》，庞景仁译，商务印书馆1986年版。
19. ［英］霍布斯：《法律要义：自然法与民约法》，张书友译，中国法制出版社2010年版。
20. ［英］霍布斯：《论公民》，应星、冯克利译，贵州人民出版社2003年版。
21. ［英］霍布斯：《论物体》，段德智译，商务印书馆2019年版。
22. ［英］霍布斯：《利维坦》，黎思复、黎廷弼译，商务印书馆1985年版。

23. ［英］霍布斯：《哲学家与英格兰法律家的对话》，姚中秋译，上海三联书店2006年版。

24. ［英］洛克：《人类理解论》（上、下册），关文运译，商务印书馆1959年版。

25. ［英］洛克：《政府论》（上篇），瞿菊农、叶启芳，商务印书馆1982年版。

26. ［英］洛克：《政府论》（下篇），叶启芳、瞿菊农译，商务印书馆1964年版。

27. ［英］洛克：《论宗教宽容：致友人的一封信》，吴云贵译，商务印书馆1982年版。

28. ［英］洛克：《教育漫话》，傅任敢译，教育科学出版社2014年版。

29. ［荷］斯宾诺莎：《神学政治论》，温锡增译，商务印书馆1963年版。

30. ［英］休谟：《人性论》（上册），关文运译，商务印书馆1980年版。

31. ［法］卢梭：《论人类不平等的起源》，高修娟译，上海三联书店2009年版。

33. ［法］卢梭：《社会契约论》，何兆武译，商务印书馆2003年版。

34. ［法］卢梭：《爱弥儿：论教育》（上卷），李平沤译，商务印书馆1978年版。

35. ［德］施莱尔马赫：《论柏拉图对话》，黄瑞成译，华夏出版社2011年版。

36. ［瑞士］葛恭：《柏拉图与政治现实》，黄瑞成、江澜等译，华东师范大学出版社2010年版。

37. ［英］厄奈斯特·巴克：《希腊政治理论——柏拉图及其前人》，卢华萍译，吉林人民出版社2003年版。

38. ［英］基托：《希腊人》，徐卫翔、黄韬译，上海人民出版社2006年版。

39. ［英］雪莱：《解放了的普罗密修斯》，邵洵美译，上海译文出版社1987年版。

40. ［瑞士］雅各布·布克哈特：《意大利文艺复兴时期的文化》，何新译，商务印书馆1979年版。

41. ［英］梅因：《古代法》，沈景一译，商务印书馆1959年版。

42. ［德］鲁道夫·冯·耶林：《为权利而斗争》，胡宝海译，中国法制出版2004年版。

43. ［美］汉密尔顿、杰伊、麦迪逊：《联邦党人文集》，程逢如、在汉、舒逊译，商务印书馆1980年版。

44. ［德］黑格尔：《精神现象学》（上册），贺麟、王玖兴译，商务印书馆1962年版。

45. ［英］戴雪：《英宪精义》，雷宾南译，中国法制出版社2001年版。

46. ［德］伽达默尔：《伽达默尔论柏拉图》，余纪元译，光明日报出版社1992年版。

47. ［意］登特列夫：《自然法——法律哲学导论》，李日章译，联经出版事业公司1984年版。

48. ［德］韦伯：《学术与政治》，钱永祥译，广西师范大学出版社2004年版。

49. ［美］梯利：《西方哲学史》（增补修订版），葛力译，商务印书馆1995年版。
50. ［英］罗素：《西方哲学史》（下卷），马元德译，商务印书馆1976年版。
51. ［美］乔治·萨拜因：《政治学说史》（下卷），托马斯·索尔森修订，邓正来译，上海人民出版社2010年版。
52. ［英］罗宾·柯林伍德：《自然的观念》，吴国盛、柯映红译，华夏出版社1999年版。
53. ［英］吉尔伯特·赖尔：《心的概念》，徐大建译，商务印书馆1992年版。
54. ［英］梅森：《自然科学史》，上海外国自然科学哲学著作编译组编译，上海人民出版社1977年版。
55. ［德］卡尔·施米特：《霍布斯国家学说中的利维坦》，应星、朱雁冰译，华东师范大学出版社2008年版。
56. ［法］科耶夫：《黑格尔导读》，姜志辉译，译林出版社2005年版。
57. ［美］汉娜·阿伦特：《人的条件》，竺乾威等译，上海人民出版社1999年版。
58. ［英］杰弗里·马歇尔：《宪法理论》，刘刚译，法律出版社2006年版。
59. ［美］谢尔登·S. 沃林：《政治与构想——西方政治思想的延续和创新》，辛亨复译，上海人民出版社2009年版。
60. ［法］吉尔·德勒兹：《尼采与哲学》，周颖、刘玉宇译，社会科学文献出版社2001年版。
61. ［英］以赛亚·伯林：《自由论》，胡传胜译，译林出版社2011年版。
62. ［伊朗］拉明·贾汉贝格鲁：《伯林谈话录》，杨祯钦译，译林出版社2002年版。
63. ［美］列奥·施特劳斯：《斯宾诺莎的宗教批判》，李永晶译，华夏出版社2013年版。
64. ［美］列奥·施特劳斯：《霍布斯的宗教批判——论理解启蒙》，杨丽等译，华夏出版社2012年版。
65. ［美］列奥·施特劳斯：《霍布斯的政治哲学：基础与起源》，申彤译，译林出版社2001年版。
66. ［美］列奥·施特劳斯、［法］亚历山大·科耶夫：《论僭政——色诺芬〈希耶罗〉义疏》，何地译，华夏出版社2006年版。
67. ［美］列奥·施特劳斯：《自然权利与历史》，彭刚译，生活·读书·新知三联书店2003年版。
68. ［美］列奥·施特劳斯：《什么是政治哲学》，李世祥等译，华夏出版社2011年版。
69. ［美］列奥·施特劳斯、约瑟夫·克罗波西主编：《政治哲学史》（上、下册），李天然译，河北人民出版社1993年版。

70. ［美］列奥·施特劳斯：《柏拉图式的政治哲学研究》，张缨等译，华夏出版社 2012 年版。

71. ［美］施特劳斯：《古典政治理性主义的重生——施特劳斯思想入门》，郭振华等译，华夏出版社 2011 年版。

72. ［美］列奥·施特劳斯：《论柏拉图的〈会饮〉》，邱立波译，华夏出版社 2012 年版。

73. ［美］布鲁姆：《人应该如何生活——柏拉图〈王制〉释义》，刘晨光译，华夏出版社 2009 年版。

74. ［美］伯纳德特：《苏格拉底的再次启航——柏拉图〈王制〉疏证》，黄敏译，华东师范大学出版社 2015 年版。

75. ［美］罗森：《诗与哲学之争》，张辉译，华夏出版社 2004 年版。

76. ［美］罗森：《哲学进入城邦——柏拉图〈理想国〉研究》，朱学平译，华东师范大学出版社 2016 年版。

77. ［美］尼柯尔斯：《苏格拉底与政治共同体——〈王制〉义疏：一场古老的论争》，王双洪译，华夏出版社 2007 年版。

78. ［美］郝兰：《哲学的奥德赛——〈王制〉引论》，李诚予译，华夏出版社 2016 年版。

79. ［美］G. R. F. 费拉里：《柏拉图〈理想国〉剑桥指南》，陈高华等译，北京大学出版社 2013 年版。

80. ［美］哈维·C. 曼斯菲尔德：《驯化君主》，冯克利译，译林出版社 2005 年版。

81. ［美］哈维·C. 曼斯菲尔德、［美］乔治·W. 凯利：《政治哲学·美国政治思想》，朱晓宇译，浙江大学出版社 2015 年版。

82. ［美］纳坦·塔科夫：《为了自由：洛克的教育思想》，邓文正译，生活·读书·新知三联书店 2001 年版。

83. ［美］迈克尔·扎科特：《自然权利与新共和主义》，王崟兴译，吉林出版集团有限责任公司 2008 年版。

84. ［美］迈克尔·扎克特：《洛克政治哲学研究》，石碧球等译，人民出版社 2013 年版。

85. ［美］朗佩特：《施特劳斯与尼采》，田立年、贺志刚等译，上海三联书店 2005 年版。

86. ［德］迈尔：《隐匿的对话——施米特与施特劳斯》，朱雁冰、汪庆华译，华夏出版社 2002 年版。

87. ［法］丹尼尔·唐格维：《列奥·施特劳斯：思想传记》，林国荣译，吉林出版集团有限责任公司 2011 年版。

88. ［美］埃里克·沃格林：《新政治科学》，段保良译，商务印书馆2018年版。

89. ［美］埃里克·沃格林：《柏拉图与亚里士多德：秩序与历史》卷三，刘曙辉译，译林出版社2014年版。

90. ［美］沃格林：《没有约束的现代性》，张新樟、刘景联译，华东师范大学出版社2007年版。

91. ［美］沃格林：《政治观念史稿·卷七：新秩序和最后的定向》，李晋、马丽译，华东师范出版社2019年版。

92. ［加］C. B. 麦克弗森：《占有性个人主义的政治理论：从霍布斯到洛克》，张传玺译，浙江大学出版社2018年版。

93. ［英］华特金斯：《霍布斯》，蓝玉人译，远景出版事业公司1985年版。

94. ［美］马歇尔·米斯纳：《霍布斯》，于涛译，中华书局2002年版。

95. ［美］A. P. 马蒂尼奇：《霍布斯传》，陈玉明译，上海人民出版社2007年版。

96. ［美］A. P. 马尔蒂尼：《霍布斯》，王军伟译，华夏出版社2015年版。

97. ［美］史蒂文·夏平、西蒙·谢弗：《利维坦与空气泵——霍布斯、玻意耳与实验生活》，蔡佩君译，上海人民出版社2008年版。

98. ［美］小詹姆斯·R. 斯托纳：《普通法与自由主义理论：柯克、霍布斯及美国宪政主义之诸源头》，姚中秋译，北京大学出版社2005年版。

99. ［英］罗宾·邦斯：《托马斯·霍布斯：国家与自由》，江威译，华中科技大学出版社2019年版。

100. ［爱尔兰］菲利普·佩迪特：《语词的创造：霍布斯论语言、心智与政治》，于明译，北京大学出版社2010年版。

101. ［英］迈克尔·莱斯诺夫等：《社会契约论》，刘训练、李丽红、张红梅译，江苏人民出版社2006年版。

102. ［英］马丁·洛克林：《公法与政治理论》，郑戈译，商务印书馆2002年版。

103. ［法］米歇尔·福柯：《不正常的人》，钱翰译，上海人民出版社2003年版。

104. ［法］米歇尔·福柯：《必须保卫社会》，钱翰译，上海人民出版社1999年版。

105. ［德］卡尔·洛维特：《纳粹上台前后我的生活回忆》，区立远译，学林出版社2008年版。

106. ［英］戴维·米勒、韦农·波格丹诺编：《布莱克维尔政治学百科全书》，邓正来等译，中国政法大学出版社1992年版。

107. ［英］苏珊·詹姆斯：《激情与行动：十七世纪哲学中的情感》，管可秾译，商务印书馆2017年版。

108. ［德］海因里希·罗门：《自然法的观念史和哲学》，姚中秋译，上海三联书店2007年版。

109. [美]科斯塔斯·杜兹纳：《人权的终结》，郭春发译，江苏人民出版社2002年版。

110. [澳]斯蒂芬·巴克勒：《自然法与财产权理论：从格劳秀斯到休谟》，周清林译，法律出版社2014年版。

111. [美]弗朗西斯·福山：《历史的终结及最后之人》，黄胜强、许铭原译，中国社会科学出版社2003年版。

112. [加]莎蒂亚·德鲁里：《亚历山大·科耶夫：后现代政治的根源》，赵琦译，新星出版社2007年版。

113. [美]马克·里拉：《夭折的上帝：宗教、政治与现代西方》，萧易译，新星出版社2010年版。

114. [英]A. E. 泰勒：《苏格拉底传》，赵继铨、李真译，商务印书馆2015年版。

115. [美]约翰·麦克里兰：《西方政治思想史》，彭淮栋译，海南出版社2003年版。

116. [美]汤姆·G. 帕尔默：《实现自由：自由意志主义的理论、历史与实践》，景朝亮译，法律出版社2011年版。

117. [美]史蒂芬·B. 斯密什：《政治哲学》，贺晴川译，北京联合出版公司2015年版。

118. [英]昆廷·斯金纳：《霍布斯与共和主义自由》，管可秾译，上海三联书店2011年版。

119. [英]昆廷·斯金纳：《国家与自由：斯金纳访华讲演录》，宋华辉译，北京大学出版社2018年版。

二、外文原著

1. Plato, *The Republic of Plato*, translated, with notes and an interpretive essay by Allan Bloom, New York: Basic Books, Inc., 1968.

2. Thomas Hobbes, *The Elements of Law: Natural and Politic*, edited with a preface and critical notes by Ferdinand Toennies; second edition, with a new introduction by M. M. Goldsmith, London: Frank Cass, 1969.

3. Thomas Hobbes, *On the Citizen*, ed. and tr. by Richard Tuck and Michael Silverthorne, Cambridge: Cambridge University Press, 1998.

4. Thomas Hobbes, *Leviathan*, ed. by Richard Tuck, Cambridge: Cambridge University Press, 1996.

5. *The English Works of Thomas Hobbes of Malmesbury*, Vol. VII, collected and edited by Sir William Molesworth, London: Rouledge/Thoemmes Press, 1839.

6. John Locke，*An Essay Concerning Human Understanding*，Ketchener：Batoche Books，2001.

7. John Locke，*Two Treatises of Government*，edited by Peter Laslett，Cambrige：Cambrige University Press，1988.

8. Leo Strauss，*The City and Man*，Chicago：University of Chicago Press，1964.

9. Leo Strauss，*Natural Right and History*，Chicago：The University of Chicago Press，1953.

10. Werner Jaeger，*Paideia：The Ideals of Greek Culture*，Vol. II，translated GilbertHighet，Oxford：Oxford University Press，1971.

11. Eric Voegelin，"Equivalences of Experience and Symbolization in History"，in *Eric Voegelin，Published Essays*，1966-1985，in *The Collected Works of Eric Voegelin*，V. 12，Baton Rouge：Louisiana State University Press，1990.

12. Eric Voegelin，"The Nature of the Law"，in *Eric Voegelin，The Nature of the Law and Related Legal Writings*，in *The Collected Works of Eric Voegelin*，V. 27，Baton Rouge and London：Louisiana State University Press，1991.

13. Carl Schmitt，*The Leviathan in the State Theory of Thomas Hobbes：Meaning and Failure of a Political Symbol*，trans. by George Schwab and Erna Hilfstein，Westport：Greenwood Press，1996.

14. Frank M. Coleman，*Hobbes and America：Exploring the constitutional foundations*，Toronto：University of Toronto Press，1977．

15. John Finnis，*Natual Law and Natual Rights*，New York：Oxford University Press，1980.

三、中文著作

1. 北京大学哲学系外国哲学史教研室编译：《西方哲学原著选读》（上卷），商务印书馆1981年版。

2. 陈嘉映：《哲学·科学·常识》，东方出版社2007年版。

3. 韩东晖：《西方政治哲学史：从霍布斯到黑格尔》（第二卷），中国人民大学出版社2017年版。

4. 胡景钊、余丽嫦：《十七世纪英国哲学》，商务印书馆2006年版。

5. 霍伟岸：《洛克权利理论研究》，法律出版社2011年版。

6. 孔新峰：《从自然之人到公民：霍布斯政治思想新诠》，国家行政学院出版社2011年版。

7. 李猛：《自然社会：自然法与现代道德世界的形成》，生活·读书·新知三联书店 2015 年版。

8. 梁成意：《西方现代宪法的危机与中国宪法学的困境》，人民出版社 2011 年版。

9. 林志猛：《柏拉图〈法义〉研究、翻译和笺注（三卷本）》，华东师范大学出版社 2019 年版。

10. 强世功：《立法者的法理学》，生活·读书·新知三联书店 2007 年版。

11. 汪栋：《霍布斯公民科学的宪法原理》，知识产权出版社 2010 年版。

12. 王军伟：《霍布斯政治思想研究》，人民出版社 2010 年版。

13. 王利：《国家与正义：利维坦释义》，上海人民出版社 2008 年版。

14. 王人博：《宪政的中国之道》，山东人民出版社 2003 年版。

15. 王玉峰：《城邦的正义与灵魂的正义——对柏拉图〈理想国〉的一种批判分析》，北京大学出版社 2009 年版。

16. 汪子嵩、王太庆编：《陈康：论古希腊哲学》，商务印书馆 1990 年版。

17. 王柯平：《〈理想国〉的诗学研究》（修订版），北京大学出版社 2014 年版。

18. 王楠：《劳动与财产——约翰·洛克思想研究》，上海三联书店 2014 年版。

19. 伍蠡甫：《西方文论选》（下），上海译文出版社 1979 年版。

20. 吴增定：《利维坦的道德困境——早期现代政治哲学的问题与脉络》，生活·读书·新知三联书店 2012 年版。

21. 《习近平谈治国理政》，外文出版社 2014 年版。

22. 习近平：《之江新语》，浙江人民出版社 2013 年版。

23. 余纪元：《〈理想国〉讲演录》（第 2 版），中国人民大学出版社 2011 年版。

24. 张德胜：《儒家伦理与秩序情结——中国思想的社会学诠释》，巨流图书公司 1989 年版。

25. 张文涛：《哲学之诗——柏拉图〈王制〉卷十义疏》，华东师范大学出版社 2012 年版。

四、期刊、论文集论文

1. ［美］安德鲁：《下降到洞穴》，张新樟译，载刘小枫选编：《施特劳斯与古今之争》，华东师范大学出版社 2010 年版。

2. ［英］奥克肖特：《〈利维坦〉导读》，应星译，载渠敬东编：《现代政治与自然》，上海人民出版社 2003 年版。

3. 德内恩：《解决诗与哲学的古老纷争：柏拉图的奥德赛》，刘麒麟译，载张文涛选编：《戏剧诗人柏拉图》，华东师范大学出版社 2007 年版。

4. ［德］弗里德兰德：《〈王制〉章句》，载刘小枫选编：《〈王制〉要义》，张映伟译，华夏出版社 2006 年版。

5. ［美］杰拉尔德·施图尔茨：《Constitution：17世纪初到18世纪末的词义演变》，载［美］特伦斯·鲍尔、约翰·波考克主编：《概念变迁与美国宪法》，谈丽译，华东师范大学出版社2010年版。

6. ［德］卡尔·施米特：《政治的概念（1932）》，刘宗坤译，载舒炜编：《施米特：政治的剩余价值》，上海人民出版社2002年版。

7. ［美］李尔：《〈理想国〉的内与外》，刘未沫译，载娄林主编：《〈理想国〉的内与外》，华夏出版社2013年版。

8. ［美］列奥·施特劳斯：《施米特〈政治的概念〉评注》，刘宗坤译，载舒炜编：《施米特：政治的剩余价值》，上海人民出版社2002年版。

9. ［美］列奥·施特劳斯：《现代性的三次浪潮》，丁耘译，载刘小枫编：《苏格拉底问题与现代性——施特劳斯演讲与论文集：卷二》，华夏出版社2008年版。

10. 马特：《柏拉图的神话戏剧》，罗晓颖译，载张文涛选编：《神话诗人柏拉图》，华夏出版社2010年版。

11. ［加］马修·克雷默：《作为规范状态的自由与作为身体事实的自由》，吕增奎译，载刘训练编：《后伯林的自由观》，江苏人民出版社2007年版。

12. ［英］欧内斯特·巴克：《社会契约论·导论》，载［英］迈克尔·莱斯诺夫等：《社会契约论》，刘训练、李丽红、张红梅译，江苏人民出版社2006年版。

13. ［美］克吕格：《〈王制〉要义》，载刘小枫选编：《〈王制〉要义》，张映伟译，华夏出版社2006年版。

14. ［德］沃格林：《〈王制〉义证》，载刘小枫选编：《〈王制〉要义》，张映伟译，华夏出版社2006年版。

16. 成官泯：《试论柏拉图〈理想国〉的开篇——兼论政治哲学研究中的译注疏》，载《世界哲学》2008年第4期。

17. 陈涛：《国家与政体——霍布斯论政体》，载《政治思想史》2015年第3期。

18. 邓世安：《古希腊人的魂（ψυχη）概念——从荷马到柏拉图》，载成功大学历史学系：《西洋史集刊》第二期，1990年。

19. 甘阳：《政治哲人施特劳斯：古典保守主义政治哲学的复兴》，载［美］列奥·施特劳斯：《自然权利与历史》，彭刚译，生活·读书·新知三联书店2003年版。

20. 贾冬阳：《"出离"与"返回"——柏拉图"洞穴比喻"的临界启示》，载萌萌学术工作室主编：《政治与哲学的共契》，上海人民出版社2009年版。

21. 梁启超：《论不变法之害》，载《梁启超全集》（第一卷），北京出版社1999年版。

22. 林国华：《身体、灵魂与主权者的权力》，载《法制日报》2008年8月6日。

23. 林来梵：《"身体宪法学"入门随谭》，载《浙江社会科学》2009年第1期。

24. 刘莘：《苏格拉底：灵魂与身体》，载《重庆师范大学学报（哲学社会科学版)》2009 年第 6 期。

25. 牛博文：《哲学抑或宗教——论克法洛斯的多重身份》，载《社科纵横》2014 年第 7 期。

26. 柯岚：《"自然"与"自然法"概念的古今之异——关于自然法学术史的一个初步反思》，载《法律科学》2008 年第 5 期。

27. 钱永祥：《伟大的界定者：霍布斯绝对主权论的一个新解释》，载渠敬东编：《现代政治与自然》，上海人民出版社 2003 年版。

28. 宋继杰：《柏拉图伦理学的宇宙论基础：从〈理想国〉到〈蒂迈欧篇〉》，载《道德与文明》2016 年第 6 期。

29. 王涛：《洛克对政治权力内涵的分析》，载《北京行政学院学报》2011 年第 2 期。

30. 吴增定：《霍布斯主权学说初探》，载《天津社会科学》2007 年第 5 期。

31. 吴增定：《有朽者的不朽：现代政治哲学的历史意识》，载渠敬东编：《现代政治与自然》，上海人民出版社 2003 年版。

32. 吴增定：《霍布斯与自由主义的"权力之恶"问题》，载《浙江学刊》2006 年第 3 期。

33. 杨帆：《自然权利理论研究》，吉林大学 2007 年博士学位论文。

34. 张千帆：《作为元宪法的社会契约》，载《比较法研究》2018 年第 4 期。

35. 赵广明：《柏拉图的神》，载《世界宗教研究》2001 年第 4 期。

36. 周威：《郑观应首次使用宪法语词考》，载《上海政法学院学报（法治论丛）》2017 年第 3 期。

后　记

本书从选题到付印历经十余年，其间思考的痛苦和写作的疲惫，唯有灵魂与身体自知。写作缘于对后现代思想家福柯作品的阅读，在福柯的世界中，随处可感受现代人的身体在权力宰制和规训之下的痛楚与无奈。为什么现代宪法保护下的身体竟然落到如此地步？为什么"人是生而自由的，却无往不在枷锁之中"（卢梭语）？带着这些问题，本书走进了霍布斯和洛克的身体宪法学世界，身体是权利和权力的共同对象，身体既受权利保护又受权力控制的双重性隐含着身体宪法学的秘密和困境。为了找寻走出身体宪法学困境的方法，本书又走进了柏拉图的灵魂宪法学世界，在那里自由的人指的是灵魂统治身体的人，唯有这种自由的人才有不受奴役的权利。

感谢我的博士导师周永坤教授。周老师于我而言，"望之俨然，即之也温，听其言也厉"，他"传道""授业""解惑"。从周老师身上，我感受到了学术的高贵和美好。本书从选题到定稿的整个过程，周老师都给予了我悉心的指导和帮助，并且欣然为本书作序。感谢我的博士后导师刘作翔教授，刘老师高深精湛的学术造诣、豁达宽容的气度和谦和近人的人格是我终生学习的楷模。感谢周洪波教授，在他的指引之下，我才猛然闯进福柯的世界，并从中找到了阅读的快乐。

感谢在博士学习期间给予我指导和帮助的老师：杨海坤教授、胡玉鸿教授、孙莉教授、于晓琪教授、庞凌教授、艾永明教授、方潇教授、陈立虎教授、上官丕亮教授、黄学贤教授、章志远教授、王克稳教授、李晓明教授和关保英教授。感谢周门的师姐和师兄弟：王蕾、王琼雯、徐继强、高军、薛华勇、吴鹏飞、吕康宁等。在这个小的法学共同体中，我感受到的不仅是知识的力量，还有"相呴以湿，相濡以沫"的友谊。感谢亲密的博士班同学：康敬奎、华燕、齐建东、吕新建、柳立业、王永杰、朱建宇、高艳、梁玥。我们一起学习的时光，是多么快乐的时光。感谢苏州大学王健法学院给予我到台湾东吴大学法学院访学的机会，杨奕华先生温文儒雅的举止和特有的温暖的微笑还不时在脑海闪现。感谢好友乐斌博士，他的关心和帮助使我行走于向上的路上。

感谢江苏科技大学马克思主义学院洪波院长等领导、姚允柱教授，他们为我的学习和工作提供了良好条件和各种帮助。

感谢知识产权出版社负责编辑、校对、设计等方面的老师所做的大量精心细致的工作，这些工作促进了本书质量的提升。特别感谢庞从容主任，没有她高尚的职业情怀和对本书的厚爱，这本书可能还静静地躺在抽屉里。

感谢父母含辛茹苦把我养育长大。感谢岳母帮我承担家务和照顾小孩。感谢大妹汪雪桃女士和小妹汪小桃女士对我学习和工作的长久支持，你们永远是我生活的一部分。感谢妻子潘英女士，她的理解、支持和关心让我能在闹市中于柏拉图与霍布斯之间穿梭遨游。感谢儿子诗哲，每当身心疲惫之时，总能从他身上汲取生命的力量。

汪祥胜
2021 年 12 月于镇江大市口